Excel 365 - Teil 2

Der einfache Einstieg für alle Altersgruppen!

Eine Schritt-für-Schritt-Anleitung mit 440 Bildern

Nummer der Schulungsunterlage: S0499

Für Windows

Autor: Peter Kynast

Impressum

Bibliografische Information der Deutschen Nationalbibliothek: Die Deutsche Nationalbibliothek verzeichnet diese Publikation in der Deutschen Nationalbibliografie; detaillierte bibliografische Daten sind im Internet über http://dnb.dnb.de abrufbar.

Wissenssprung
EDV-Schulungen und EDV-Schulungsunterlagen
Peter Kynast
Hochstraße 14
33615 Bielefeld

Telefon: +49 521 61846
Internet: www.wissenssprung.de
E-Mail: info@wissenssprung.de

Bildnachweis
stock.adobe.com - Bildnummer: 419110700 - deagreez

107

ISBN: 979-8-42907001-8
Independently Published

1. Auflage, Februar 2024, © Peter Kynast

Vorwort

Liebe Leserin, lieber Leser,

herzlich willkommen zur Excel 365 Einführung Teil 2!

Wenn Sie zuvor schon den ersten Teil dieser Einführung absolviert haben, dann ist dieser Kurs die passende Fortsetzung für Sie. Diese Schulungsunterlage ist auch ideal für Anwenderinnen und Anwender, die schon lange mit Excel arbeiten und sicher im Umgang mit der Summenfunktion und den Grundrechenarten sind, aber noch keine Berührung mit absoluten Bezügen (Dollarzeichen), Prozentrechnung oder den Funktionen MIN, MAX und MITTELWERT hatten. Diese Themen gehören zum Grundwissen von Excel und werden in diesem Buch ausführlich behandelt.

Um Ihnen das Lernen so leicht wie möglich zu machen, sind die Übungen wie immer Schritt für Schritt beschrieben und mit vielen Bildern ergänzt. Anhand praxisnaher Beispiele zeige ich Ihnen viele neue Funktionen, wichtige Arbeitstechniken und notwendiges Basiswissen für Ihre erfolgreiche Arbeit mit Microsoft Excel.

Dieses Buch ist selbsterklärend und die Sprache ist leicht verständlich – versprochen! Außerdem sind in den Anleitungen Wiederholungen eingebaut. Dadurch wird es Ihnen leichtfallen, sich das neue Wissen schnell einzuprägen. Auf diese Weise werden Sie viele Erfolgserlebnisse haben und einen großen Wissenssprung machen.

Jetzt wünsche ich Ihnen viel Spaß und Erfolg mit Excel 365!

Herzliche Grüße

P. Kynast

Peter Kynast

PS: Wenn Ihnen dieses Buch gefällt, empfehle ich Ihnen als Fortsetzung den Teil 3 unserer Excel-Einführung. Er erscheint im Sommer 2024.

Inhaltsverzeichnis

Abschnitt 1

Anleitungen

Inhalte dieses Abschnittes:

- Hinweise zu diesem Buch
- Übungsdateien herunterladen
- Funktionen: MIN, MAX und MITTELWERT
- Bezüge mit der Zeigen-Methode erstellen
- Zellen verschieben
- Auto-Ausfülloptionen
- Schaltfläche AutoSumme

1   Hinweise

Bitte lesen Sie die folgenden Hinweise zu diesem Buch aufmerksam durch.

1.1   Voraussetzungen

Um mit dieser Schulungsunterlage zu arbeiten, sollte Ihr Computer mit Microsoft Windows und Excel 365 ausgestattet sein. Eine optimale Vorbereitung hierfür ist der *Excel 365 - Teil 1*. Grundkenntnisse mit Microsoft Windows werden vorausgesetzt.

1.2   Zielgruppe

Bei dieser Schulungsunterlage handelt es sich um einen Leitfaden zum Selbstlernen und für Excel-Schulungen. Sie richtet sich an die Personen, die bereits über Grundkenntnisse in Excel verfügen und diese vertiefen möchten.

1.3   Inhalt

- Funktionen zum Ermitteln von Durchschnitts-werten, größten und kleinsten Werten
- Verschieben von Zellen, Zeilen und Spalten
- Einfügen und Löschen von Zeilen und Spalten
- alternative Eingabemöglichkeiten von Formeln
- Rechnen mit Prozenten, Datums- und Zeitan-gaben
- Grundlagen zu Zellinhalten und Zellformaten
- Anpassen von Bezügen beim Ausfüllen ver-hindern (absolute Bezüge, Dollarzeichen)
- Anwenden wichtiger Automatismen
- Summen per Knopfdruck berechnen
- Verknüpfen von Zellen (Überträge)
- hilfreiche Arbeitstechniken
- Tastaturbefehle
- Tipps und Tricks u. v. m

1.4   Gliederung

Dieses Buch besteht aus 5 Abschnitten und 27 Kapiteln. Abschnitte 1 bis 4 enthalten 16 Schritt-für-Schritt-Anleitungen mit genauen Anweisungen. Jeder Mausklick ist genau beschrieben und fast immer bebildert. Am Ende der ersten 4 Abschnitte finden Sie eine Aufgabe, mit der Sie die gelernten Inhalte anwenden können. Abschnitt 5 geht tiefer auf Grundlagen ein und liefert Ihnen weitere Erklärungen zu den Abschnitten 1 bis 4.

1.5   Wiederholungen

Neue Themen werden in dieser Unterlage mehrmals genau beschrieben und anschaulich bebildert. Nach einigen Wiederholungen wird der Ablauf als bekannt vorausgesetzt und daher nur noch verkürzt wiedergegeben. Bilder werden verkleinert oder ganz weggelassen.

1.6   Hervorhebungen

Betonte Begriffe werden unterstrichen oder in *Fettdruck und kursiv* dargestellt. Bemerkungen zu einzelnen Arbeitsschritten werden mit einem der folgenden Begriffe eingeleitet:

Achtung: Weist auf ein mögliches Problem hin.
Beispiel: Beschreibt ein Beispiel.
Ergebnis: Erklärt die Veränderung, die durch den aktuellen Arbeitsschritt eintritt.
Hinweis: Liefert weitere Erklärungen und Informationen.
Oder: Zeigt einen anderen, gleichwertigen Weg auf.
Weiterlesen: Verweist auf ein Kapitel mit weiterführenden Erklärungen.

2   Anleitung: Übungsdateien herunterladen

Für die folgenden Anleitungen benötigen Sie die dazugehörigen Übungsdateien. Sie können sie von der Wissenssprung-Homepage herunterladen. Diese Anleitung beschreibt diesen Vorgang.

2.1   Anleitung

2.1.1   Browser öffnen

1. Öffnen Sie den Browser Ihrer Wahl, z. B. **Edge, Chrome** oder **Firefox**.

Hinweis: In dieser Anleitung wird der Browser Edge verwendet, weil Edge sehr wahrscheinlich auf Ihrem Computer mit Windows installiert ist. Dieser Vorgang kann aber auch mit jedem anderen Browser durchgeführt werden.

2.1.2   Wissenssprung-Homepage aufrufen

2. Geben Sie in der Adressleiste die Adresse **www.wissenssprung.de** ein.

3. Drücken Sie die Taste **Enter** ⏎ , um die Homepage aufzurufen.

2.1.3   Übungsdatei herunterladen

4. Klicken Sie auf die Schaltfläche **Übungsdateien**, um die Seite mit den Übungsdateien zu öffnen.

5.   Geben Sie die Nummer dieser Schulungsunterlage **S0499** in das Suchfeld ein.

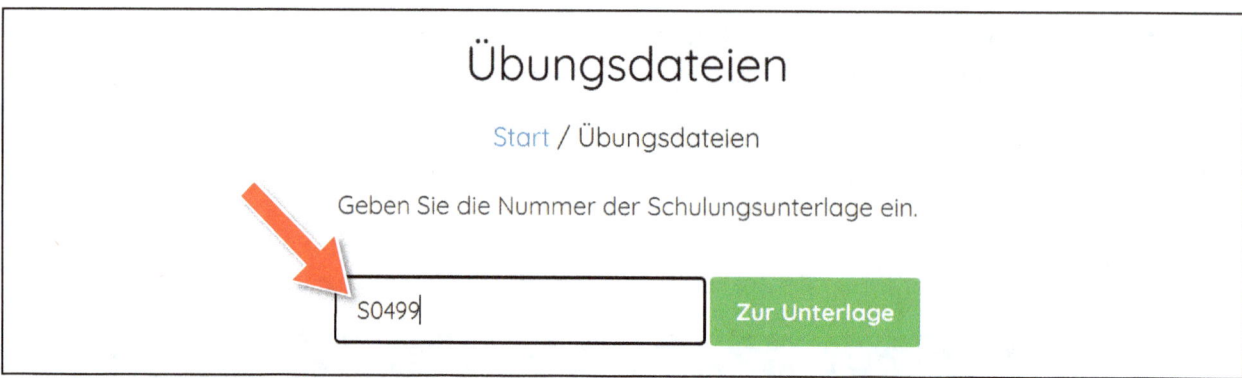

6.   Klicken Sie auf die Schaltfläche **Zur Unterlage**, um die Übungsdateien des Buches anzuzeigen.
7.   Scrollen Sie etwas nach unten, bis Sie den Link **Alle Übungsdateien als ZIP-Datei herunterladen** sehen. Klicken Sie auf diesen Link, um die Datei herunterzuladen.

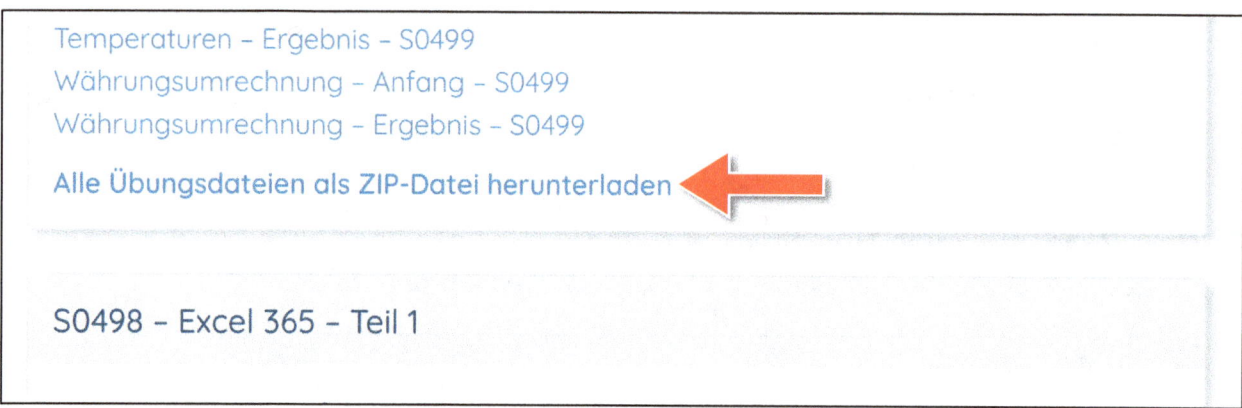

Ergebnis: Die Datei wird heruntergeladen und im Ordner **Downloads** abgelegt.
Achtung: Falls Sie den Browser **Firefox** benutzen, erscheint eventuell ein Fenster mit der Frage, ob Sie die Datei direkt öffnen oder zuerst speichern möchten. Wählen Sie hier die Option **Datei speichern**. Andernfalls kann es später Probleme geben, die Datei wiederzufinden.

8.   Klicken Sie auf die Schaltfläche **Schließen** ⌧ , um den Browser zu schließen.
9.   Klicken Sie auf das gelbe Ordnersymbol in der Taskleiste, um den **Explorer** zu öffnen.

Oder: Drücken Sie die Tastenkombination **Windows** ⊞ + E , um den Explorer zu öffnen.
Hinweis: Mit dem Explorer haben Sie Zugriff auf die Dateien und Ordner auf Ihrem Computer. Daher ist der Explorer das wichtigste Programm für die tägliche Arbeit.

10. Klicken Sie auf den Ordner **Downloads**, um ihn zu öffnen.

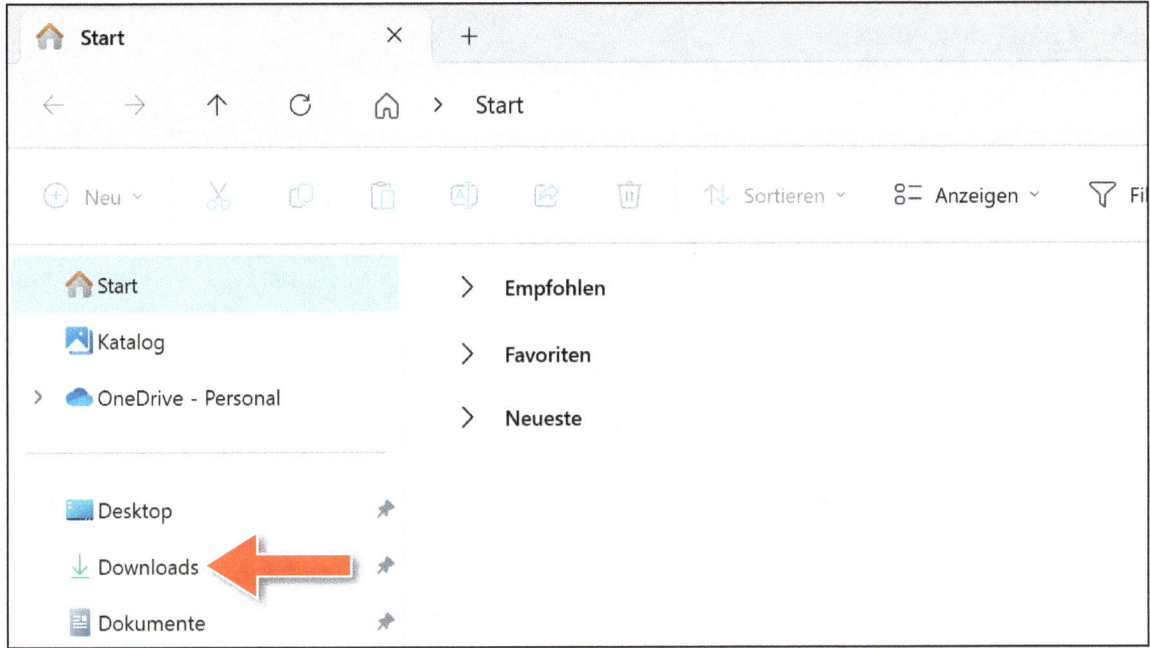

2.1.4   Entzippen

Die Übungsdateien sind in einer sogenannten ZIP-Datei zusammengefasst. Dieses Zusammenfassen wird auch Zippen oder Packen genannt. Um mit den Übungsdateien zu arbeiten, sollten Sie die ZIP-Datei vorher entzippen. Das Entzippen wird auch Entpacken oder Extrahieren genannt.

11. Betrachten Sie die heruntergeladene ZIP-Datei.

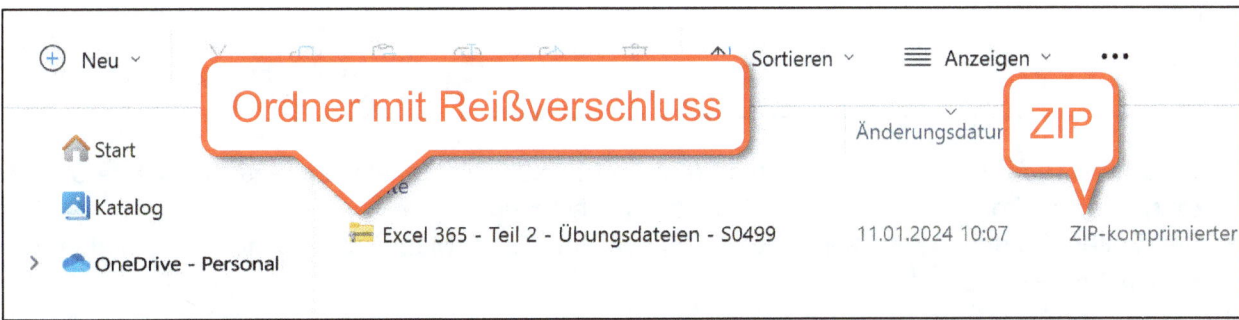

Hinweis: ZIP-Dateien werden als Ordnersymbol mit einem Reißverschluss dargestellt. In der Spalte **Typ** können Sie den Dateityp **ZIP** ablesen.

12. Klicken Sie mit der <u>rechten</u> Maustaste auf die ZIP-Datei, um das Kontextmenü zu öffnen.

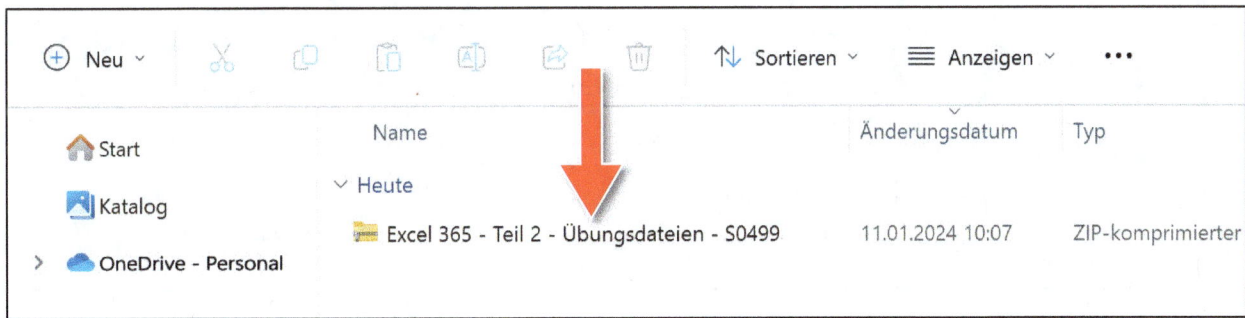

13. Klicken Sie im Kontextmenü auf **Alle extrahieren**, um das Extrahieren (Entzippen) zu starten.

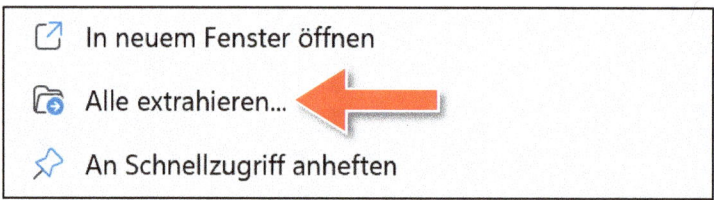

Ergebnis: Das Dialogfenster **ZIP-komprimierte Ordner extrahieren** wird geöffnet.

14. Klicken Sie auf das Kontrollkästchen **Dateien nach der Extrahierung anzeigen**, um diese Option auszuschalten.

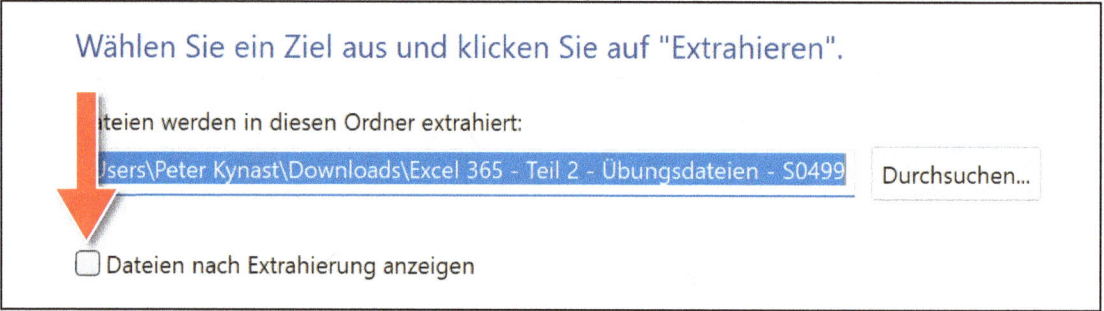

Hinweis: Durch das Extrahieren entsteht ein weiterer Ordner. Er enthält die extrahierten Übungsdateien. Wenn dieser Haken beim Extrahieren gesetzt ist, würde dieser Ordner automatisch geöffnet werden.

15. Klicken Sie auf die Schaltfläche **Extrahieren**, um das Extrahieren zu starten.

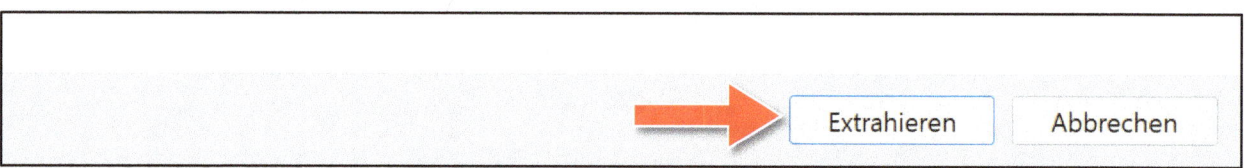

Ergebnis: Die ZIP-Datei wird extrahiert (entzippt). Das Dialogfenster **ZIP-komprimierte Ordner extrahieren** wird anschließend automatisch geschlossen.

16. Betrachten Sie das Ergebnis. Eventuell müssen Sie mit der Maus scrollen, um den extrahierten Übungsordner zu sehen.

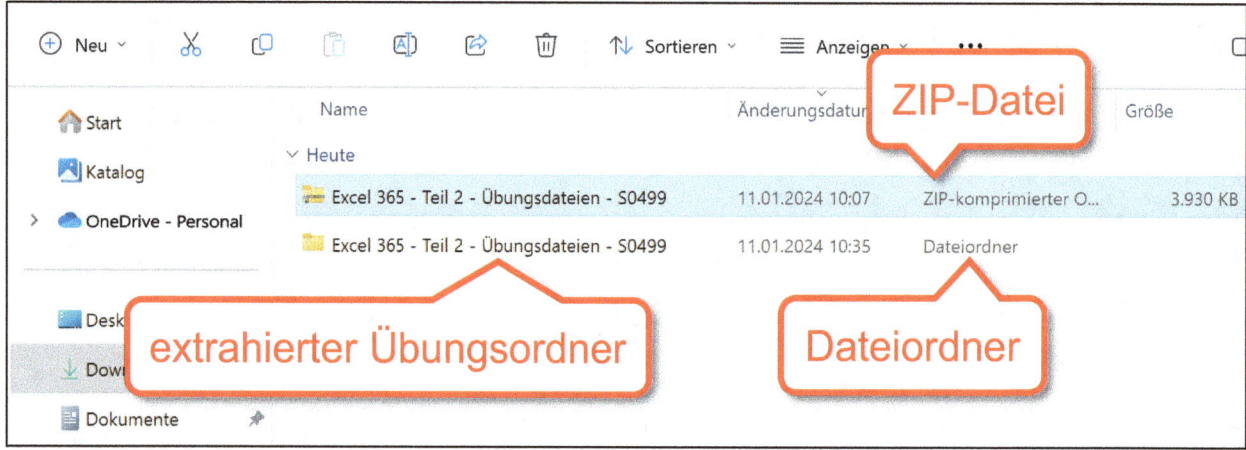

2.1.5   ZIP-Datei löschen

Die ZIP-Datei und der Ordner unterscheiden sich nur geringfügig. Es ist daher sinnvoll die ZIP-Datei zu löschen. Auf diese Weise vermeiden Sie Verwechselungen beim Durcharbeiten der Übungen. Bei Bedarf können Sie die ZIP-Datei jederzeit wieder von der Homepage herunterladen.

17. Klicken Sie mit der <u>rechten</u> Maustaste auf die ZIP-Datei.

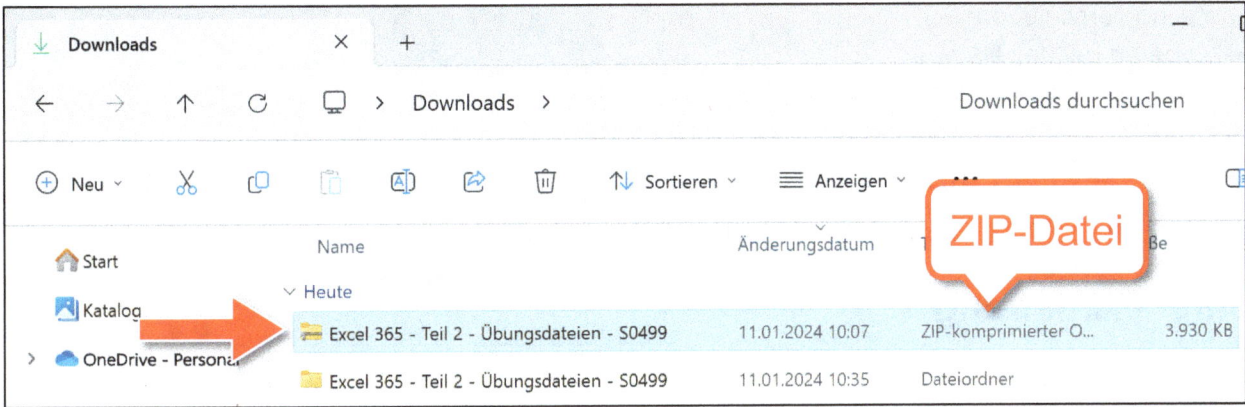

18. Klicken Sie auf *Löschen*, um die ZIP-Datei zu löschen.

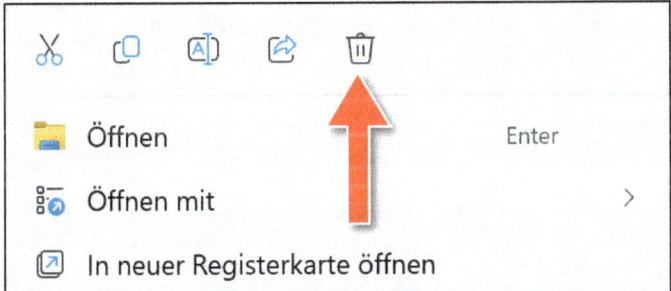

Achtung: Wenn Sie mit Windows 10 arbeiten, wird der Befehl *Löschen* <u>nicht</u> als Papierkorbsymbol, sondern als Wort in der Liste angezeigt.

19. Schließen Sie den *Explorer* und fahren Sie mit der Schulungsunterlage fort.

Brauchen Sie Hilfe?

Haben Sie Fragen zu diesem Buch oder zu Excel? Schreiben Sie uns eine E-Mail oder rufen Sie uns an, wir helfen Ihnen gerne persönlich weiter! Schauen Sie bitte auch auf unsere Homepage im Internet. Dort haben wir einige Hilfethemen für Sie vorbereitet.

E-Mail: info@wissenssprung.de

Telefon: +49 521 61846

Internet: www.wissenssprung.de → Hilfe

---

3   Anleitung: Schrank

In der folgenden Anleitung kalkulieren Sie den Rechnungsbetrag eines Schrankes. Das Resultat der Tabelle ist rechts abgebildet.

3.1   Neue Inhalte

- Zellen verschieben
- Zoomen mit der Maus
- Zellbezüge durch Anklicken einfügen

3.2   Wiederholungen

- einfache Formeln

3.3   Anleitung

	A	B
1	Schrank	
2	Verkaufspreis	1.800,00 €
3	Rabatt Ausstellungsstück	200,00 €
4	Zwischensumme	1.600,00 €
5	Anlieferung	59,00 €
6	**Rechnungsbetrag**	**1.659,00 €**
7		

Ergebnis: Schrank

3.3.1   Start

1. Öffnen Sie die Übungsdatei ***Schrank - Anfang - S0499***.
   Weiterlesen: Die Anleitung für das Herunterladen der Übungsdateien finden Sie in Kapitel 2, Seite 3.
2. Klicken Sie oben rechts am Menüband auf die Schaltfläche ***Bearbeitung aktivieren***.

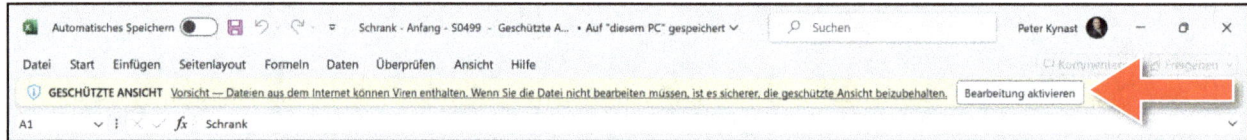

Ergebnis: Die Bearbeitung der Arbeitsmappe ist jetzt möglich.
Achtung: Diese Meldung erscheint nicht immer. Wenn Sie die Schaltfläche nicht sehen, können Sie die Datei bereits bearbeiten.

3.3.2   Zellen verschieben

In dieser Tabelle liegt ein Fehler vor. Die Zelle A8 soll auf A7 verschoben werden.

3. Markieren Sie die Zelle A8. Zeigen Sie an beliebiger Stelle mit der Maus auf den Rahmen des Zellzeigers. Zeigen Sie aber nicht auf den Anfasser.

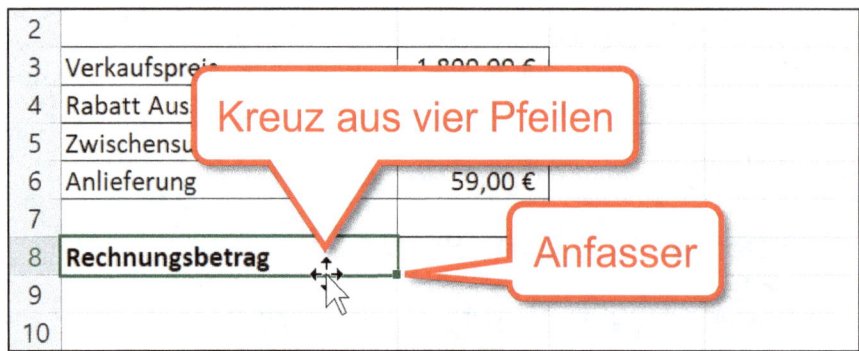

Ergebnis: Der Mauszeiger wird als Pfeil mit einem Kreuz aus vier Pfeilen dargestellt.

Hinweis: Dieser Mauszeiger symbolisiert das Verschieben von Zellen. Dagegen dient der Anfasser nur zum Ausfüllen von Zellen, nicht zum Verschieben.

4. Ziehen Sie die Maus bei gedrückter linker Maustaste auf die Zelle A7.

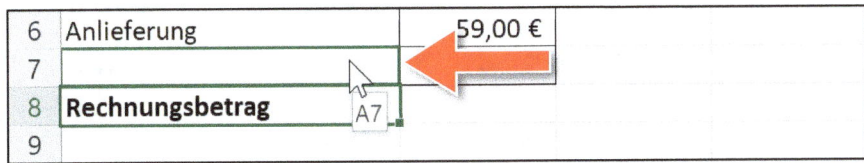

Hinweis: Der breite grüne Rahmen symbolisiert die neue Position der Zelle.

5. Lassen Sie die Maustaste los.

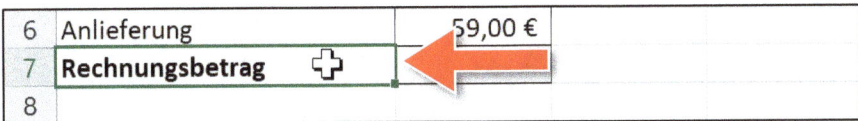

Ergebnis: Der Inhalt von A8 wird in die Zelle A7 geschoben. Auch die Formate werden dabei von A8 auf A7 übertragen.

3.3.3   Zoomen mit der Maus

Der standardmäßige Zoomfaktor einer Excel-Tabelle beträgt 100 %. Der Zoomfaktor gibt die Größenanzeige der Tabelle wieder. Sie können diesen Wert rechts unten im Programmfenster ablesen und verändern. Einfacher und schneller lässt sich dieser Wert mit der Maus verändern.

6. Drücken Sie die Taste **Steuerung** Strg und halten Sie sie gedrückt.

7. Drehen Sie das Rad der Maus nach vorne, um den **Zoomfaktor** zu vergrößern. Achten Sie dabei auf den Zoomfaktor im rechten Bereich der Excel-Statusleiste.

Ergebnis: Der Zoomfaktor wird in Schritten von **15 %** vergrößert.

8. Drehen Sie das Mausrad bei gedrückter Taste **Steuerung** Strg so weit nach vorne, bis der Zoomfaktor **130 %** eingestellt ist.
    Hinweis: Der Zoomfaktor ist in dieser Situation willkürlich gewählt. Sie können auch einen anderen Wert einstellen. Der Zoomfaktor hat keine Auswirkungen auf den Ausdruck. Es handelt sich um eine Größenveränderung Ihrer Tabelle, die nur am Bildschirm zu sehen ist.

3.3.4   Zellbezüge durch Anklicken in Formeln einfügen (Zeigen-Methode)

Zellbezüge können auf verschiedenen Wegen in eine Formel eingefügt werden. Im Excel Teil 1 haben Sie alle Zellbezüge von Hand über die Tastatur eingegeben. Nachfolgend werden Sie Zellbezüge durch Anklicken einer Zelle einsetzen. Hierbei müssen Sie den Namen der Zelle nicht vorher ablesen. Insbesondere bei großen Tabellen ist diese Vorgehensweise oft schneller und sicherer. Diese Methode wird auch Zeigen-Methode genannt.

9. Markieren Sie die Zelle B5 und geben Sie ein Gleichheitszeichen (=) ein.

4	Rabatt Ausstellungsstück	200,00 €	
5	Zwischensumme	= ⬅	
6	Anlieferung	59,00 €	

10. Klicken Sie mit der Maus auf die Zelle B3, um den Zellbezug einzufügen.

2			
3	Verkaufspreis	1.80⊕,00 €	**Maus**
4	Rabatt Ausstellungsstück	200,00 €	
5	Zwischensumme	=B3	**Zellbezug**
6	Anlieferung	59,00 €	

Ergebnis: Der Zellbezug der Zelle B3 wird automatisch in die Formel eingetragen.

11. Geben Sie über die Tastatur ein Minuszeichen (-) ein.

2			
3	Verkaufspreis	1.800,00 €	
4	Rabatt Ausstellungsstück	200,00 €	
5	Zwischensumme	=B3-	**Minus**
6	Anlieferung	59,00 €	

12. Klicken Sie mit der Maus auf die Zelle B4, um den Zellbezug einzufügen.

2			
3	Verkaufspreis	1.800,00 €	**Maus**
4	Rabatt Ausstellungsstück	20⊕00 €	
5	Zwischensumme	=B3-B4	**Zellbezug**
6	Anlieferung	59,00 €	

Ergebnis: Der Bezug zur Zelle B4 wird in die Formel eingetragen.

13. Bestätigen Sie die Eingabe wie gewohnt mit der Taste **Enter** ↵ .

3.3.5   *Rechnungsbetrag berechnen*

14. Markieren Sie die Zelle B7 und geben Sie wieder ein Gleichheitszeichen (=) ein.

5	Zwischensumme	1.600,00 €	
6	Anlieferung	59,00 €	
7	**Rechnungsbetrag**	= ⬅	
8			

15. Klicken Sie auf die Zelle B5, um den Bezug der Zelle B5 in die Formel einzutragen.

4	Rabatt Ausstellungsstück	200,00 €
5	Zwischensumme	1.600,00 €
6	Anlieferung	59,00 €
7	**Rechnungsbetrag**	=B5
8		

Maus

Zellbezug

16. Geben Sie über die Tastatur ein Pluszeichen (+) ein.

4	Rabatt Ausstellungsstück	200,00 €
5	Zwischensumme	1.600,00 €
6	Anlieferung	59,00 €
7	**Rechnungsbetrag**	=B5+
8		

Plus

17. Klicken Sie auf die Zelle B6, um den Zellbezug der Zelle B6 in die Formel einzutragen.

4	Rabatt Ausstellungsstück	200,00 €
5	Zwischensumme	1.600,00 €
6	Anlieferung	59,00 €
7	**Rechnungsbetrag**	=B5+B6
8		

Maus

Zellbezug

18. Bestätigen Sie die Eingabe wie gewohnt mit der Taste **Enter** ↵ .

3.3.6   *Zellen verschieben*

Die Zellen von A3 bis B7 sollen um eine Zeile nach oben geschoben werden.

19. Markieren Sie die Zellen von A3 bis B7.

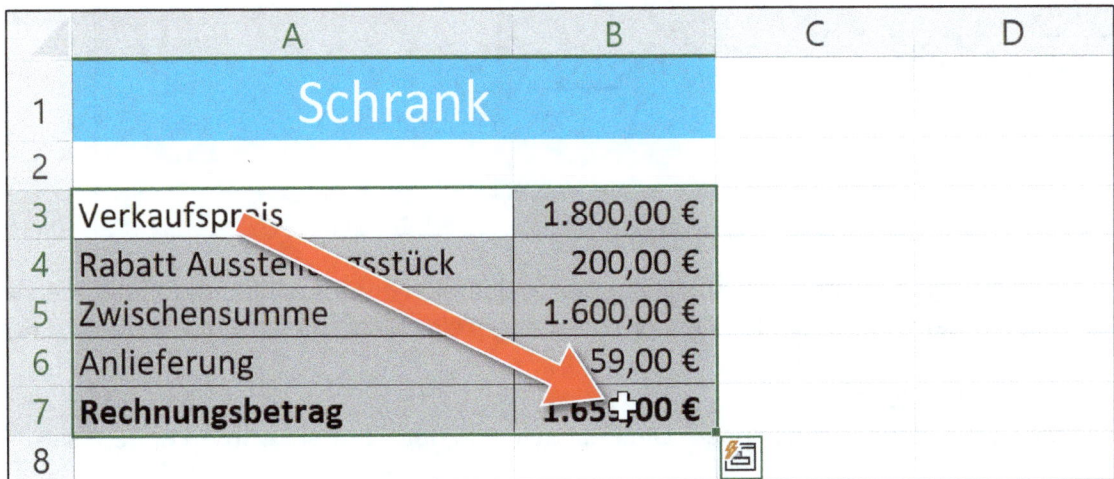

	A	B	C	D
1	Schrank			
2				
3	Verkaufspreis	1.800,00 €		
4	Rabatt Ausstellungsstück	200,00 €		
5	Zwischensumme	1.600,00 €		
6	Anlieferung	59,00 €		
7	**Rechnungsbetrag**	1.659,00 €		
8				

20. Zeigen Sie an beliebiger Stelle mit der Maus auf den Rahmen des Zellzeigers. Zeigen Sie dabei aber <u>nicht</u> auf den Anfasser.

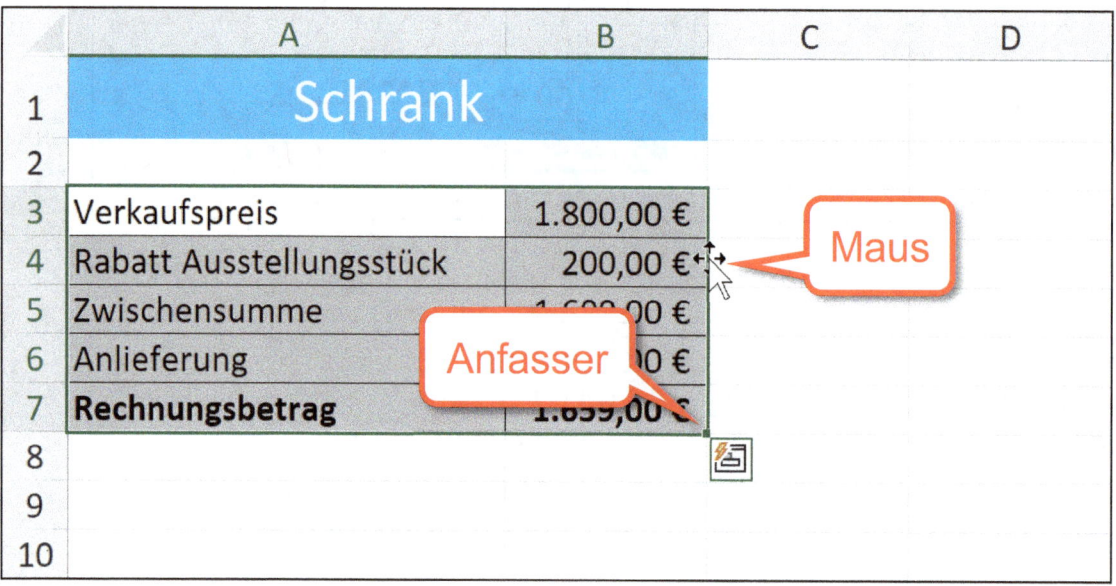

Ergebnis: An der Spitze der Maus wird ein Kreuz bestehend aus vier Pfeilen ⛶ angezeigt.

Hinweis: Zum Verschieben von Zellen muss die Maus auf den Rand der Markierung gesetzt werden. Sie darf dabei aber <u>nicht</u> auf den Anfasser gesetzt werden. Dadurch würden Sie die Ausfüllfunktion aktivieren.

21. Ziehen Sie die Maus bei gedrückter linker Maustaste eine Zeile nach oben.

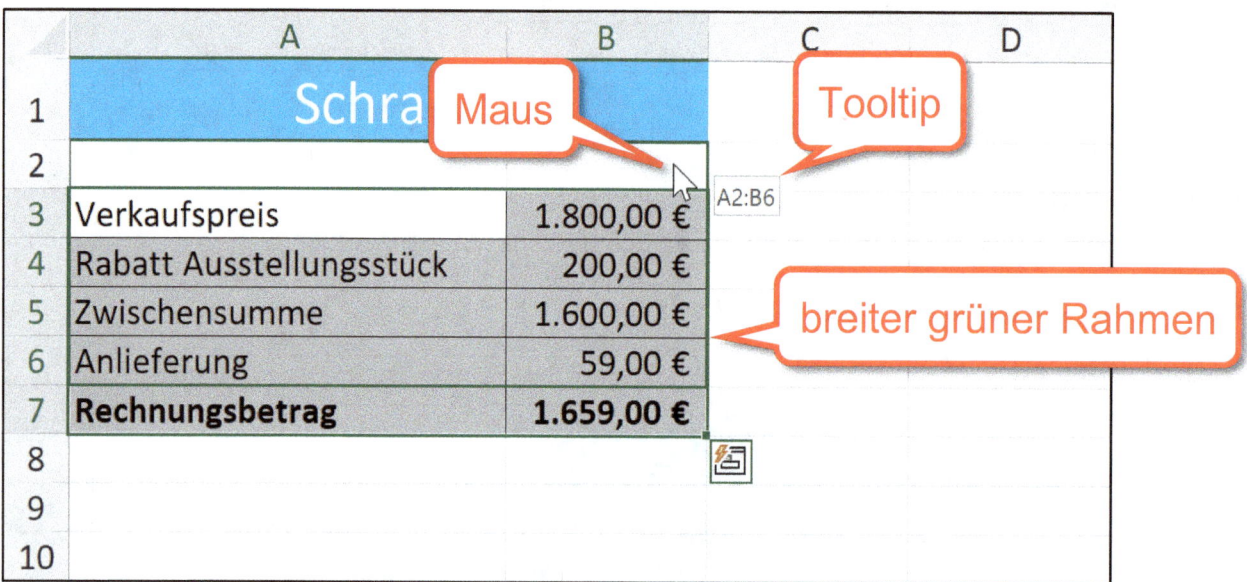

Hinweis: Der breite grüne Rahmen symbolisiert den Zielbereich der Verschiebung. Zusätzlich wird ein *Tooltip* mit der neuen Position des Zielbereiches angezeigt (engl.: tool = Werkzeug, tip = Hinweis).

22. Lassen Sie die Maustaste los.

Ergebnis: Die Zellen werden verschoben. Die Zellbezüge in den Formeln werden angepasst.

23. Heben Sie die Markierung auf und betrachten Sie das Ergebnis.

1	**Schrank**	
2	Verkaufspreis	1.800,00 €
3	Rabatt Ausstellungsstück	200,00 €
4	Zwischensumme	1.600,00 €
5	Anlieferung	59,00 €
6	**Rechnungsbetrag**	**1.659,00 €**
7		

3.3.7   Kontrolle der Formeln

24. Markieren Sie die Zelle B4 und kontrollieren Sie die Formel in der Bearbeitungsleiste.

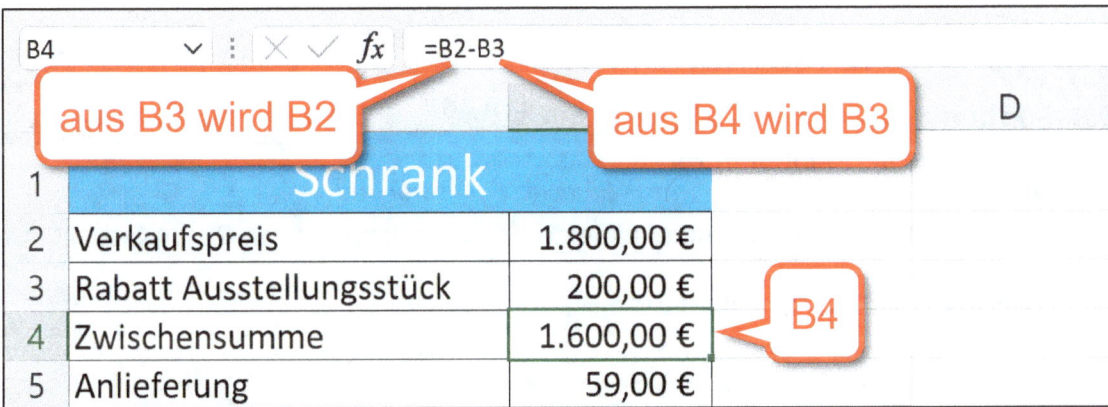

Hinweis: Durch das Verschieben der Zellen werden die Zellbezüge automatisch angepasst.

3.3.8   Speichern

25. Speichern Sie die Datei und schließen Sie das Programm Excel.
    Hinweis: Der veränderte Zoomfaktor wird in der Datei gespeichert.

3.3.9   Zoomfaktor kontrollieren

26. Öffnen Sie die Datei erneut, um die Einstellung des Zoomfaktors zu kontrollieren.
    Ergebnis: Der zuvor festgelegte Zoomfaktor von 130 % ist beim wiederholten Öffnen der Datei immer noch eingestellt.
    Hinweis: Neue Dateien werden dagegen mit dem Standard-Zoomfaktor von 100 % erstellt. Excel-Dateien werden auch als Mappen oder Arbeitsmappen bezeichnet.

3.3.10   Abschluss

27. Schließen Sie das Programm Excel.

Wiederholen Sie!

Wiederholungen sind beim Lernen entscheidend! Wir empfehlen Ihnen daher, diese Schulungsunterlage mindestens **zweimal** durchzuarbeiten, um das neue Wissen zu festigen.

---

4 Anleitung: Temperaturen

Mit dieser Anleitung erstellen Sie eine Auswertung von Temperaturen in Deutschland.

4.1 Neue Inhalte

- Funktionen: MIN, MAX und MITTELWERT
- Dezimalstellen ausblenden
- Zeilenhöhe ändern
- vertikale Zellausrichtung
- letzten Vorgang mit F4 wiederholen
- mehrere Formeln gleichzeitig übertragen

4.2 Wiederholungen

- Funktion SUMME

4.3 Anleitung

4.3.1 Datei öffnen

1. Öffnen Sie die Übungsdatei **Temperaturen - Anfang - S0499**.
   Weiterlesen: Die Anleitung für das Herunterladen der Übungsdateien finden Sie in Kapitel 2, Seite 3.
2. Klicken Sie oben rechts auf die Schaltfläche **Bearbeitung aktivieren**.

	A	B	C	D	E
1		Temperaturen			
2		Höchstwerte gemessen in Grad Celsius			
3					
4	**Stadt**	**Frühling**	**Sommer**	**Herbst**	**Winter**
5	Aachen	21	33	12	9
6	Berlin	19	36	14	9
7	Dortmund	22	36	14	11
8	Dresden	20	34	14	6
9	Essen	20	34	12	6
10	Freiburg	22	38	11	12
11	Göttingen	21	37	14	6
12	Jena	20	35	13	7
13	Leipzig	20	35	10	7
14	Magdeburg	21	35	13	8
15	Potsdam	21	36	11	7
16	Stuttgart	22	37	12	11
17		**Ergebnisse**			
18	Niedrigste Temperatur	19	33	10	6
19	Höchste Temperatur	22	38	14	12
20	Durchschnittstemperatur	21	36	13	8
21					

Ergebnis: Temperaturen

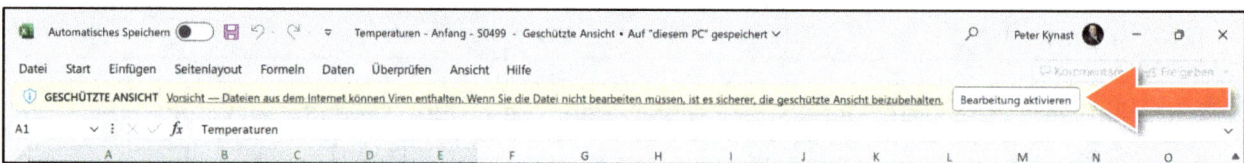

4.3.2 Kleinsten Wert ermitteln

Im ersten Teil der Excel-Einführung haben Sie bereits die Funktion SUMME kennengelernt. Neben der Funktion SUMME gibt es viele weitere Funktionen für verschiedene Einsatzzwecke. Nachfolgend wird die Funktion MIN vorgestellt. Sie ermittelt die kleinste Zahl eines Bereiches.

3. Geben Sie in der Zelle B18 die Formel **=MIN(B5:B16)** ein.

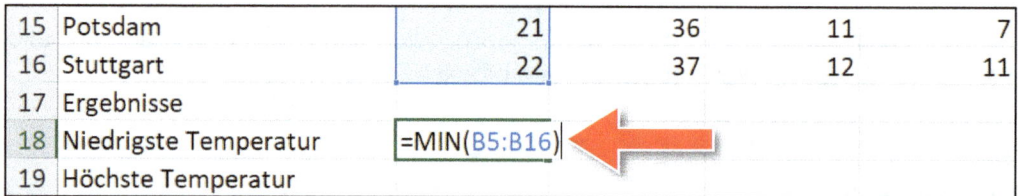

Hinweis: Wenn die Addition dieser Werte das Ziel gewesen wäre, würde die Formel **=SUMME(B5:B16)** lauten. Der einzige Unterschied zur aktuellen Eingabe **=MIN(B5:B16)** ist das Funktionswort **MIN**. Mit dem Funktionswort erteilen Sie Excel einen Befehl. Der Befehl lautet: Ermittle den kleinsten Wert aus dem folgenden Bereich. Nach dem Funktionswort wird in Klammern der Bereich angegeben, der ausgewertet werden soll.

4. Bestätigen Sie wie gewohnt mit der Taste **Enter** ⏎ und betrachten Sie das Resultat.

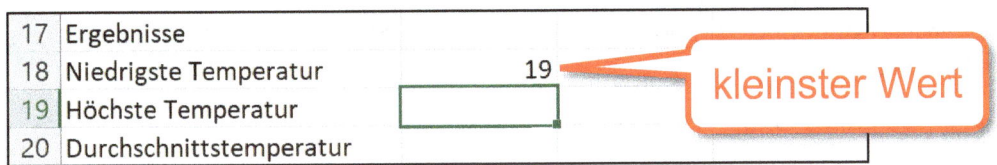

17	Ergebnisse	
18	Niedrigste Temperatur	19
19	Höchste Temperatur	
20	Durchschnittstemperatur	

kleinster Wert

Ergebnis: Der kleinste Wert in dem angegebenen Bereich ist die Zahl 19.
Weiterlesen: Lesen Sie hierzu auch Kapitel 23 Erklärung: Funktionen, Seite 149.

4.3.3   Größten Wert ermitteln

5. Geben Sie in Zelle B19 die Formel **=MAX(B5:B16)** ein, um den größten Wert zu ermitteln.

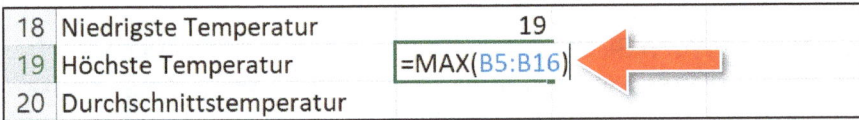

18	Niedrigste Temperatur	19
19	Höchste Temperatur	=MAX(B5:B16)
20	Durchschnittstemperatur	

Hinweis: Die Funktion **MAX** ist das Gegenstück zur Funktion MIN. MAX ermittelt den größten Wert aus einem Bereich. Die Schreibweise ist identisch mit den Funktionen SUMME und MIN. Einzig das Funktionswort unterscheidet sich. Bei der Schreibweise einer Funktion spricht man auch von Syntax. Die Syntax der Funktion MAX lautet: **=MAX(Bereich)**

6. Betrachten Sie das Ergebnis.

18	Niedrigste Temperatur	19
19	Höchste Temperatur	22
20	Durchschnittstemperatur	
21		

4.3.4   Durchschnitt errechnen

Mit der Funktion MITTELWERT können Sie den Durchschnitt mehrerer Zahlen errechnen. Diese Funktion ist vom Aufbau her identisch mit den vorangegangenen Funktionen SUMME, MIN und MAX. Wiederum liegt der einzige Unterschied im Funktionswort. Die Schreibweise (Syntax) lautet: **=MITTELWERT(Bereich)**. Die Funktion MITTELWERT addiert und zählt die Werte im angegebenen Bereich. Das Ergebnis der Addition wird anschließend durch die Anzahl der Werte geteilt.

7. Geben Sie in der Zelle B20 die Formel **=MITTELWERT(B5:B16)** ein.

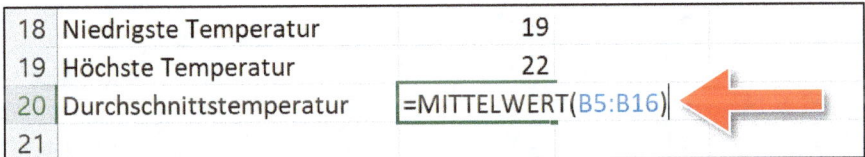

18	Niedrigste Temperatur	19
19	Höchste Temperatur	22
20	Durchschnittstemperatur	=MITTELWERT(B5:B16)
21		

8. Betrachten Sie das Ergebnis. Der Durchschnitt der Frühlingstemperaturen beträgt 20,75 °C.

18	Niedrigste Temperatur	19
19	Höchste Temperatur	22
20	Durchschnittstemperatur	20,75
21		

4.3.5   Bewusst Fehler machen

Beim Lernen lassen sich Fehler nicht vermeiden. Oft ist es auch sinnvoll, einen Fehler bewusst herbei-zuführen, um ihn besser zu verstehen. Nachfolgend geben Sie in der Zelle B21 eine Formel ein. Sie ist mathematisch korrekt, führt aber zu einem Problem.

9. Geben Sie in der Zelle B21 die Formel **=SUMME(B5:B16)/12** ein.

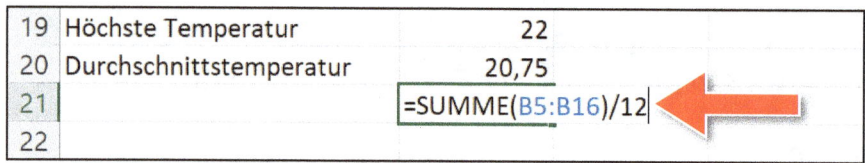

19	Höchste Temperatur	22
20	Durchschnittstemperatur	20,75
21		=SUMME(B5:B16)/12
22		

Hinweis: Diese Formel ist mathematisch völlig korrekt. Sie führt zum gleichen Ergebnis wie die For-mel mit der Funktion MITTELWERT in der Zelle B20. Das Problem dieser Formel ist die Zahl 12. Sie wurde als fester Wert eingetragen. Wenn Sie Zahlen in der Liste löschen würden und sich dadurch die Anzahl der Werte verändert, dividiert diese Formel die Summe aber immer noch durch 12 (Summe = Addition). Das Resultat wäre dann fehlerhaft. Zur Demonstration wird dieser Fehler anschließend bewusst herbeigeführt.

10. Markieren Sie die Zellen B5 bis B7.

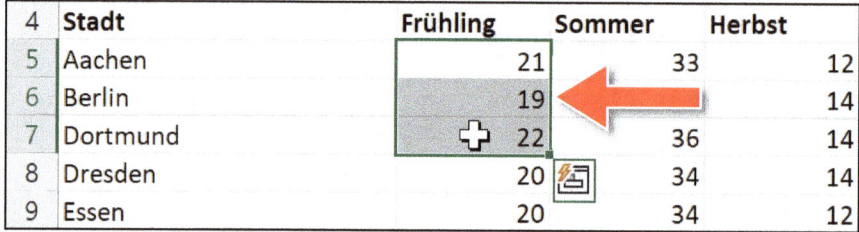

4	Stadt	Frühling	Sommer	Herbst
5	Aachen	21	33	12
6	Berlin	19		14
7	Dortmund	22	36	14
8	Dresden	20	34	14
9	Essen	20	34	12

11. Drücken Sie die Taste **Entfernen** Entf , um die Zellen zu löschen.
12. Betrachten Sie das Ergebnis.

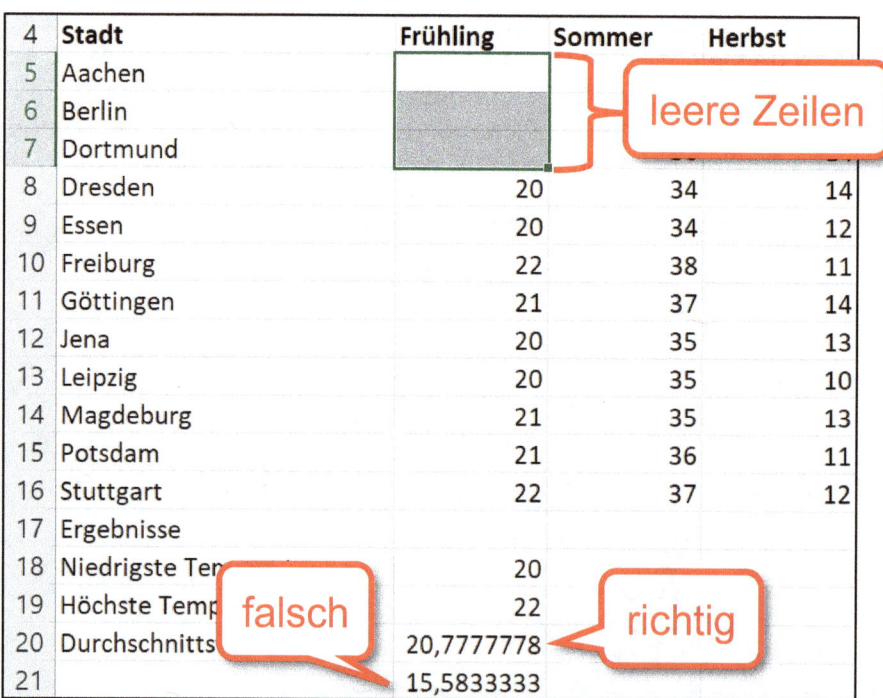

4	Stadt	Frühling	Sommer	Herbst
5	Aachen			
6	Berlin			
7	Dortmund			
8	Dresden	20	34	14
9	Essen	20	34	12
10	Freiburg	22	38	11
11	Göttingen	21	37	14
12	Jena	20	35	13
13	Leipzig	20	35	10
14	Magdeburg	21	35	13
15	Potsdam	21	36	11
16	Stuttgart	22	37	12
17	Ergebnisse			
18	Niedrigste Tem	20		
19	Höchste Temp	22		
20	Durchschnitts	20,7777778		
21		15,5833333		

leere Zeilen

falsch

richtig

Hinweis: Alle aktuell sichtbaren Frühlingstemperaturen liegen zwischen 20 und 22 °C. Der Durchschnitt muss daher zwischen diesen Werten liegen. Die Funktion MITTELWERT in B20 zeigt den richtigen Wert an. Die Summe der Zahlen wird durch die tatsächlich vorhandene Anzahl der Werte (9) geteilt. B21 zeigt einen falschen Wert an. Die Summe wird in B21 immer noch durch 12 geteilt. Die Funktion MITTELWERT besitzt noch einen weiteren Vorteil. Wenn Sie aus vielen Zahlen den Durchschnitt ermitteln wollen, zählt MITTELWERT die Anzahl der Werte schneller und sicherer als ein Mensch. Nur mit der Taste **Entfernen** Entf können mehrere Zellen auf einmal gelöscht werden. Mit der Taste **Löschen** ← ist dies in Excel nicht möglich.

13. Klicken Sie zweimal auf die Schaltfläche **Rückgängig** ↺ , um die Werte in B5 bis B7 wiederherzustellen und um die Formel in B21 wieder zu entfernen.

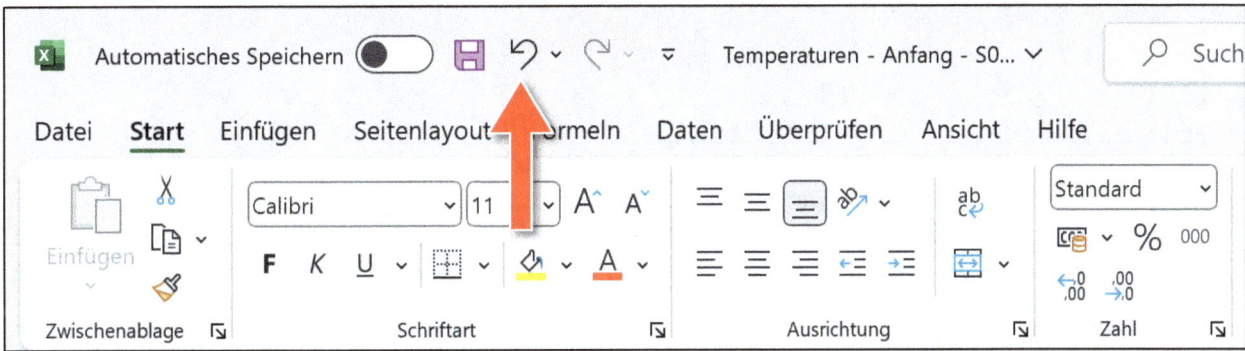

4.3.6   Dezimalstellen entfernen

14. Markieren Sie die Zelle B20 und klicken Sie zweimal auf **Dezimalstelle entfernen** , um die beiden Dezimalstellen zu entfernen.

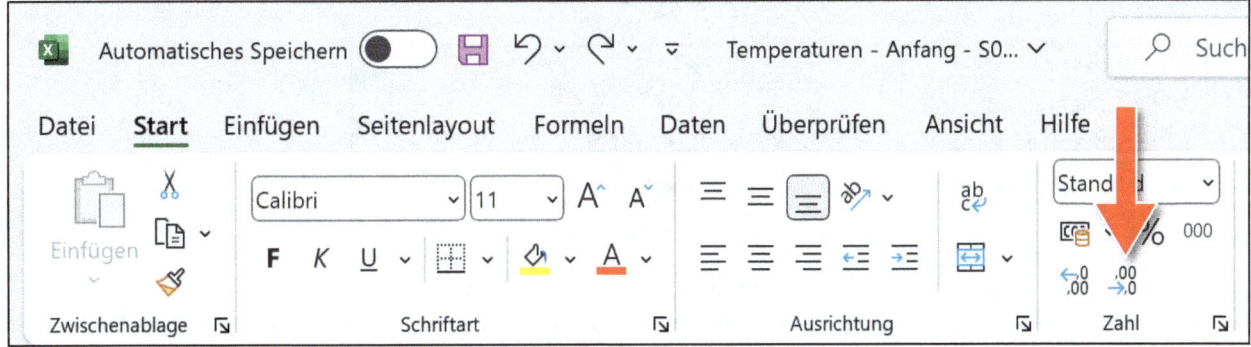

Ergebnis: Die Durchschnittstemperatur in B20 wird ohne Dezimalstellen angezeigt.
Hinweis: Der Name dieser Schaltfläche ist irreführend. Mit der Schaltfläche **Dezimalstelle entfernen** werden Dezimalstellen lediglich ausgeblendet. Sie werden <u>nicht</u> gelöscht. Beim Rechnen mit diesem Wert werden auch die ausgeblendeten Dezimalstellen berücksichtigt.

4.3.7   Kontrolle der unsichtbaren Dezimalstellen

15. Geben Sie in der Zelle B21 die Formel **=B20*2** ein, um die ausgeblendeten Dezimalstellen sichtbar zu machen.

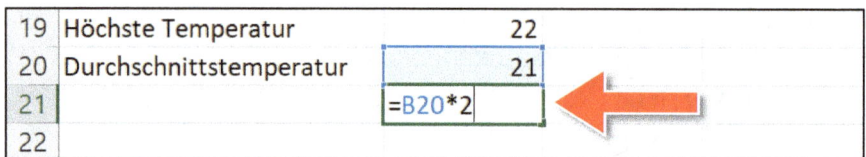

19	Höchste Temperatur	22
20	Durchschnittstemperatur	21
21		=B20*2
22		

16. Bestätigen Sie die Eingabe mit der Taste **Enter** ⏎ und betrachten Sie das Ergebnis.

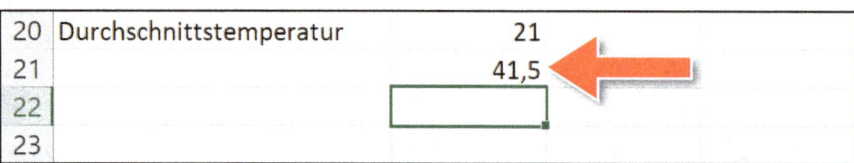

20	Durchschnittstemperatur	21
21		41,5
22		
23		

Ergebnis: Das Ergebnis 41,5 wird angezeigt. Es ist das Resultat aus 20,75 * 2.
Hinweis: Der angezeigte Wert 41,5 beweist, dass die Dezimalstellen noch vorhanden sind. Sie sind nur ausgeblendet und werden bei allen Berechnungen berücksichtigt. Dezimalstellen werden auch Nachkommastellen genannt.

17. Löschen Sie die Berechnung in der Zelle B21 wieder. Sie diente nur zur Kontrolle.

4.3.8   Formeln übertragen

In Teil 1 der Excel-Einführung wurden Formeln immer einzeln übertragen. Sie können aber auch mehrere Formeln in einem Arbeitsschritt übertragen.

18. Markieren Sie die Zellen B18 bis B20 und zeigen Sie mit der Maus auf den Anfasser.

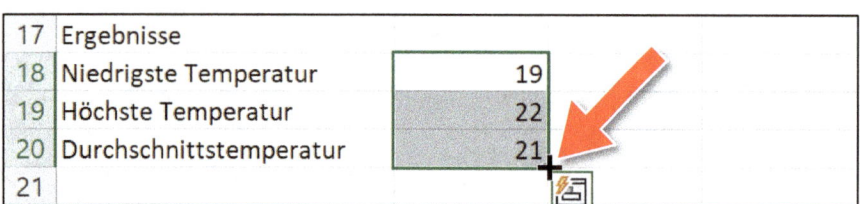

17	Ergebnisse	
18	Niedrigste Temperatur	19
19	Höchste Temperatur	22
20	Durchschnittstemperatur	21
21		

Ergebnis: Die Maus wird als schwarzes Kreuz ✚ dargestellt.

19. Ziehen Sie die Maus bei gedrückter linker Maustaste nach rechts und übertragen Sie die Formeln auf die Spalten C, D und E.

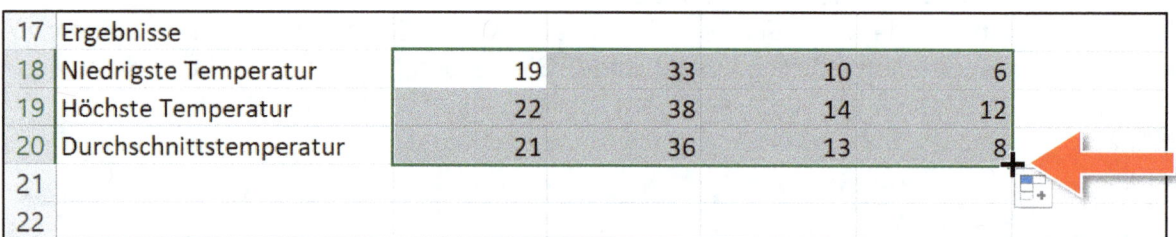

17	Ergebnisse				
18	Niedrigste Temperatur	19	33	10	6
19	Höchste Temperatur	22	38	14	12
20	Durchschnittstemperatur	21	36	13	8
21					
22					

4.3.9   Ganze Zeile markieren

Die Überschriften in Zeile 4 sollen in der Schriftgröße 12 formatiert werden. Eine Markierung kann mit dem weißen Kreuz gezogen oder mit einem Klick auf den Zeilenkopf erzeugt werden.

20. Zeigen Sie mit der Maus auf den Zeilenkopf der Zeile 4.

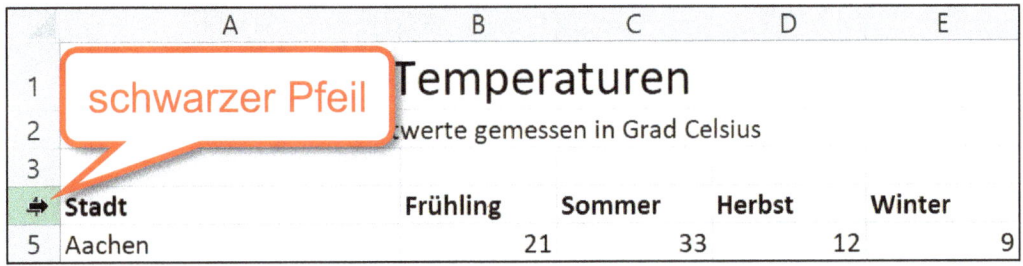

Ergebnis: Die Maus wird als schwarzer Pfeil ➡ dargestellt.

21. Klicken Sie auf den Zeilenkopf der Zeile 4, um die ganze Zeile 4 zu markieren.

Hinweis: Der schwarze Pfeil ➡ dient zum Markieren einer ganzen Zeile.

22. Stellen Sie die *Schriftgröße 12* ein.

Ergebnis: Alle Zellen in der Zeile 4 werden in Schriftgröße 12 formatiert. Ab Spalte F enthalten die Zellen keinen Text mehr. Die Änderung der Größe hat dort keine sichtbaren Auswirkungen.

Hinweis: Das Formatieren einer ganzen Zeile ist aber nicht für alle Formate sinnvoll. Es eignet sich z. B. weniger für das Format *Füllfarbe*. Würden Sie dieses Format anwenden, wären auch die leeren Zellen ab Spalte F farbig hinterlegt.

23. Markieren Sie die Zellen B4 bis E4 und formatieren Sie die Texte *rechtsbündig* ≡.

4.3.10   Zeilenhöhe verändern

24. Zeigen Sie mit der Maus auf die Trennlinie zwischen dem Zeilenkopf der Zeilen 17 und 18.

16	Stuttgart		22	37	12	11
17	Ergebnisse					
18	Niedr.		19	33	10	6
19	Höchste Temperatur		22	38	14	12

(Sprechblase: Doppelpfeil)

Ergebnis: Die Maus wird als Doppelpfeil ✛ dargestellt.

25. Ziehen Sie die Maus bei gedrückter linker Maustaste nach unten, um die Zeilenhöhe zu vergrößern. Achten Sie beim Ziehen auf den *Tooltip*. Die Höhe soll ungefähr 60 Pixel betragen.

16	Stuttgart	22	37	12	11
	Höhe: 45,00 (60 Pixel) Ergebnisse				
	Niedrigste Temperatur	19	33	10	6
17	Höchste Temperatur	22	38	14	12
18	Durchschnittstemperatur	21	36	13	8
19					

(Sprechblase: Tooltip)

Hinweis: Der Tooltip ist ein kleines Hilfefenster (engl.: tool = Werkzeug, tip = Hinweis).

26. Lassen Sie die Maustaste los und betrachten Sie das Ergebnis.

16	Stuttgart	22	37	12	11
17	Ergebnisse				
18	Niedrigste Temperatur	19	33	10	6

Ergebnis: Der Text von A17 wird unten in der Zelle angezeigt.

4.3.11   Vertikale Textausrichtung

27. Stellen Sie für die Zellen A17 bis E17 das Format **Verbinden und zentrieren** ⊞ ein.

28. Klicken Sie auf **Zentriert ausrichten** ☰, um den Text vertikal (senkrecht) zu zentrieren.

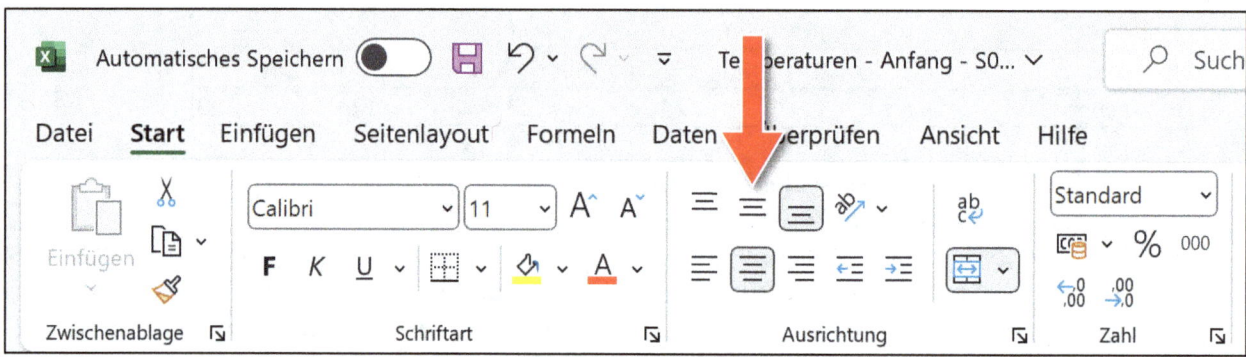

29. Stellen Sie für die Zelle A17 **Fettdruck** und **Schriftgröße 12** ein. Betrachten Sie das Ergebnis.

16	Stuttgart	22	37	12	11
17	Ergebnisse				
18	Niedrigste Temperatur	19	33	10	6

4.3.12   Farbwechsel erzeugen

30. Markieren Sie die Zellen A5 bis E5. Drücken Sie die Taste **Steuerung** Strg und halten Sie die Taste gedrückt. Markieren Sie anschließend die Zellen A7 bis E7.

4	Stadt	Frühling	Sommer	Herbst	Winter
5	Aachen	21	33	12	9
6	Berlin	19	36	14	9
7	Dortmund	22	36	14	11
8	Dresden	20	34	14	6

Ergebnis: Durch das Festhalten der Taste Steuerung bleibt die erste Markierung erhalten.

31. Halten Sie die Taste **Steuerung** Strg weiter gedrückt und markieren Sie jede zweite Zeile.

32. Markieren Sie auch die Zeilen 18 und 20.

33. Stellen Sie die Füllfarbe **Orange, Akzent 2, heller 60%** ein.

4.3.13   *Rahmen formatieren*

34. Markieren Sie die Zellen A5 bis E16.

35. Klicken Sie auf den kleinen Pfeil ⌄ an der Schaltfläche *Rahmenlinien* ⊞⌄ , um das Listenfeld der Schaltfläche zu öffnen.

36. Klicken Sie auf den Listenpunkt *Weitere Rahmenlinien*.

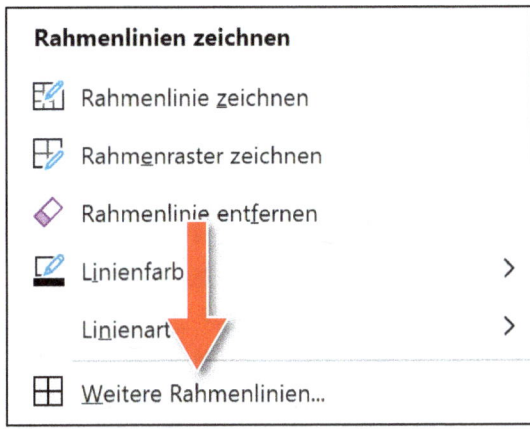

Ergebnis: Das Fenster *Zellen formatieren* wird geöffnet.

37. Klicken Sie auf die Schaltfläche *Außen* ⊞ und auf die Schaltfläche für die senkrechte Trennlinie ⊡ . Die horizontalen Trennlinien sollen nicht gesetzt werden.

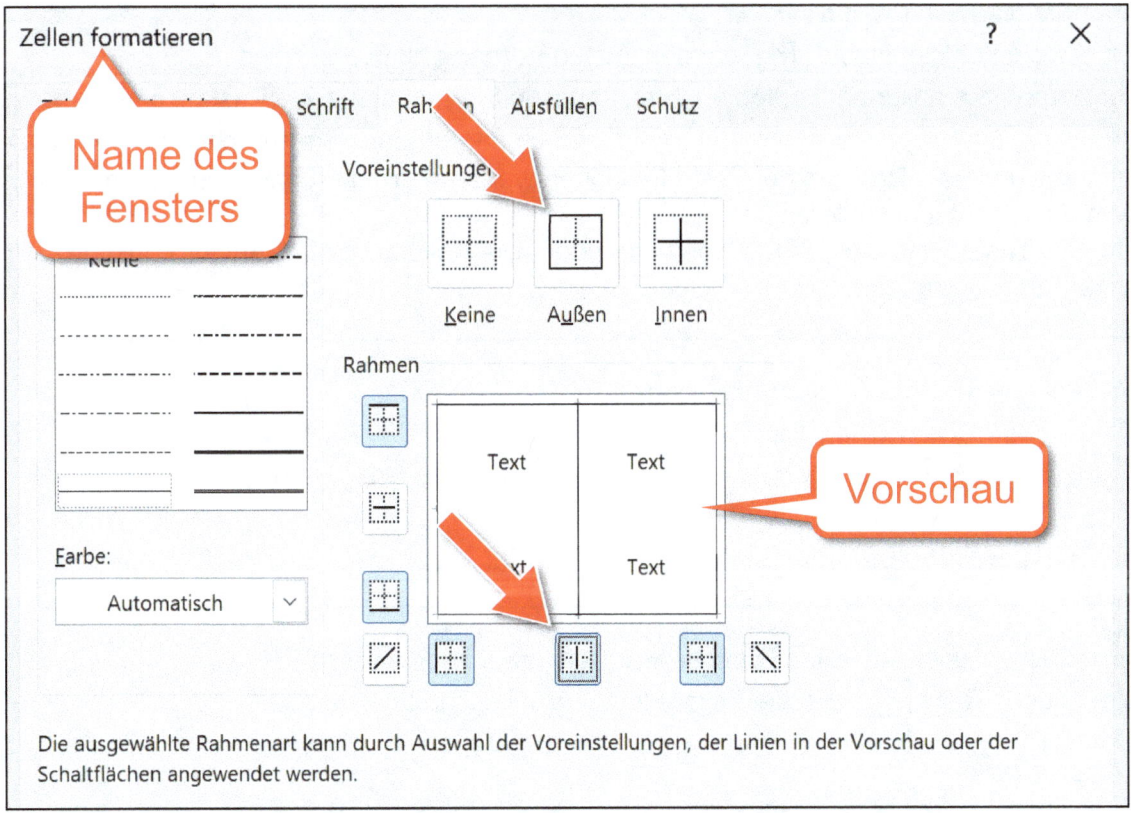

Ergebnis: Die Vorschau zeigt die aktuell eingestellten Rahmen an.

38. Klicken Sie auf die Schaltfläche *OK* und betrachten Sie das Ergebnis.

	Stadt	Frühling	Sommer	Herbst	Winter
3					
4	Stadt	Frühling	Sommer	Herbst	Winter
5	Aachen	21	33	12	9
6	Berlin	19	36	11	9
7	Dortmund	22	36	11	11
8	Dresden	20	34	11	6
9	Essen	20	34	11	6
10	Freiburg	22	38	11	12
11	Göttingen	21	37	14	6
12	Jena	20	35	13	7
13	Leipzig	20	35	10	7
14	Magdeburg	21	35	13	8
15	Potsdam	21	36	11	7
16	Stuttgart	22	37	12	11

(Beschriftungen: senkrechte Trennlinien, äußerer Rahmen)

Ergebnis: Die Rahmen werden dem markierten Bereich zugewiesen.
Hinweis: Diese Darstellung entspricht der DIN 5008. Jede zweite Zeile wird farbig dargestellt. Der Bereich wird eingerahmt und nur die senkrechten Trennlinien werden gesetzt.

4.3.14   Rahmen erneut zuweisen

39. Markieren Sie die Zellen A18 bis E20.
40. Drücken Sie die Funktionstaste $\boxed{F4}$, um den letzten Vorgang zu wiederholen.

   Achtung: Wenn Sie an einem Laptop arbeiten, müssen Sie manchmal die Tastenkombination $\boxed{Fn}$ + $\boxed{F4}$ drücken, um $\boxed{F4}$ zu aktivieren. Achten Sie auch darauf, dass Sie zwischen dem Zuweisen des Rahmens und dem Drücken der Taste F4 keinen weiteren Arbeitsschritt vornehmen. F4 würde in diesem Falle nicht funktionieren.

   Hinweis: Die Taste Fn ist nur auf Laptops vorhanden. Die Abkürzung Fn steht für Funktion.
41. Betrachten Sie das Ergebnis.

	Ergebnisse			
17				
18	Niedrigste Temperatur	19	33	10	6
19	Höchste Temperatur	22	38	14	12
20	Durchschnittstemperatur	21	36	13	8
21				

(Beschriftung: Rahmen)

Ergebnis: Die zuvor eingestellten Rahmen werden erneut zugewiesen.
Hinweis: Mit der Taste $\boxed{F4}$ wird der jeweils letzte Arbeitsschritt wiederholt.

4.3.15   Abschluss

42. Speichern Sie die Datei und schließen Sie das Programm Excel.

5   Anleitung: Kleidung

Mit dieser Anleitung werten Sie die Verkaufszahlen von Kleidungsstücken aus.

5.1   Neue Inhalte

- Fehlerüberprüfung
- Auto-Ausfülloptionen
- Bereiche in Formeln mit der Maus markieren (Zeigen-Methode)
- Tausender-Trennzeichen

5.2   Wiederholungen

- Funktionen: SUMME, MIN, MAX,
- MITTELWERT
- Zellen verschieben

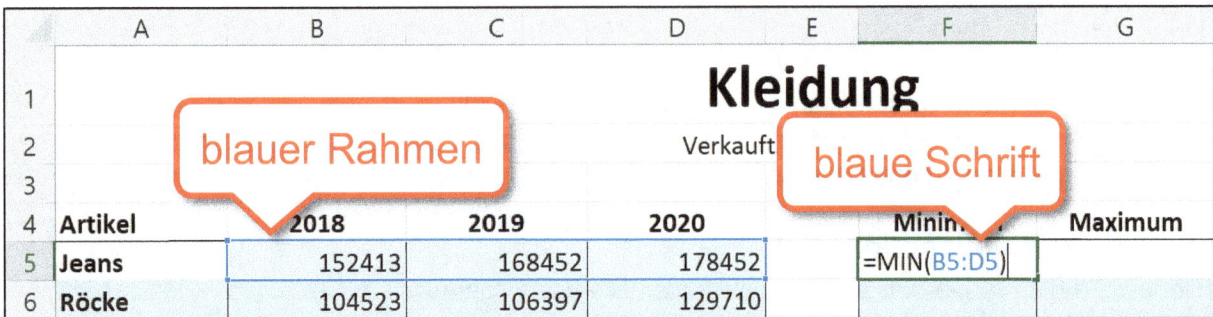

Ergebnis: Kleidung

5.3   Anleitung

5.3.1   Datei öffnen

1. Öffnen Sie die Übungsdatei **Kleidung - Anfang - S0499** und aktivieren Sie die Bearbeitung.
   Weiterlesen: Die Anleitung für das Herunterladen der Übungsdateien finden Sie in Kapitel 2, Seite 3.

5.3.2   Kleinsten Wert ermitteln

2. Geben Sie in der Zelle F5 die Formel **=MIN(B5:D5)** ein, um den kleinsten Wert zu ermitteln.

Ergebnis: Um den ausgewählten Bereich schnell erkennen zu können, wird dieser farblich hervorgehoben. Der gewählte Bereich wird in der Klammer in blauer Schrift dargestellt. Die dazugehörigen Zellen werden in der gleichen Farbe eingerahmt.

5.3.3   Größten Wert ermitteln

3. Geben Sie in der Zelle G5 die Formel **=MAX(B5:D5)** ein, um den größten Wert zu ermitteln.

5.3.4   Durchschnitt ermitteln

4. Geben Sie in H5 die Formel **=MITTELWERT(B5:D5)** ein, um den Durchschnitt zu berechnen.

2020			Minimum	Maximum	Durchschnitt	Summe
178452			152413	178452	=MITTELWERT(B5:D5)	
129710						

Hinweis: Mittelwert ist ein anderes Wort für den Durchschnitt. Die Funktion MITTELWERT führt drei Rechenschritte durch. Zuerst werden die Zahlen in dem angegebenen Bereich addiert. Danach wird die Anzahl der Zahlen in diesem Bereich gezählt. Im dritten Schritt wird die Summe der Werte durch die Anzahl der Zahlen geteilt, um den Durchschnitt zu ermitteln. Sie können Funktionsnamen und Zellbezüge auch immer in Kleinbuchstaben eingeben. Die Großschreibung ist die Standardschreibweise für Funktionen und Zellbezüge. Daher wandelt Excel Kleinbuchstaben beim Abschluss der Eingabe automatisch in Großbuchstaben um.
Aus **=mittelwert(b5:d5)** wird **=MITTELWERT(B5:D5)**.

5. Ermitteln Sie in der Zelle I5 (i5) die Summe der Zellen von B5 bis D5.

2020			Minimum	Maximum	Durchschnitt	Summe
178452			152413	178452	166439	=SUMME(B5:D5)
129710						

5.3.5   Formeln übertragen

6. Markieren Sie die Zellen F5 bis I5 (i5). Zeigen Sie mit der Maus auf den Anfasser.

Minimum	Maximum	Durchschnitt	Summe
152413	178452	166439	499317

Ergebnis: Die Maus wird als schwarzes Kreuz **+** dargestellt.

7. Ziehen Sie die Maus bei gedrückter linker Maustaste bis zur Zeile 9, um die Formeln auf die darunterliegenden Zellen zu übertragen.

5.3.6   Auto-Ausfülloptionen

8. Heben Sie die Markierung auf und betrachten Sie das Ergebnis.

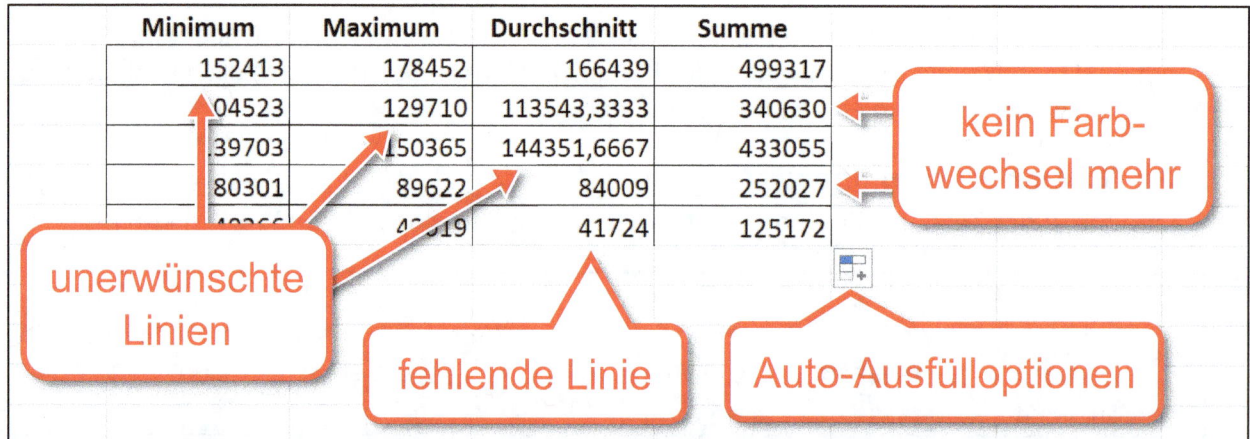

Ergebnis: Die Formeln werden übertragen. Gleichzeitig werden auch die Formate der Zeile 5 übertragen. Sie überschreiben die bisherigen Rahmenlinien und den Farbwechsel. Unten rechts am markierten Bereich wird die Schaltfläche **Auto-Ausfülloptionen** eingeblendet.

Hinweis: Beim Ausfüllen werden standardmäßig die Inhalte und die Formate übertragen.

9. Klicken Sie auf die Schaltfläche **Auto-Ausfülloptionen**, um das Listenfeld dieser Schaltfläche zu öffnen.

| | 80301 | 89622 | 84009 | 252027 |
| | 40366 | 43019 | 41724 | 125172 |

10. Klicken Sie im Listenfeld dieser Schaltfläche auf den Listenpunkt **Ohne Formatierung ausfüllen**, um die Formate wiederherzustellen.

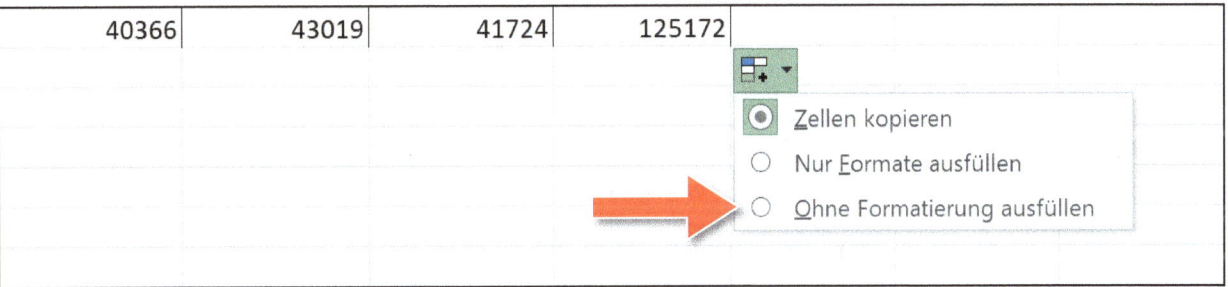

11. Heben Sie die Markierung auf und betrachten Sie das Ergebnis.

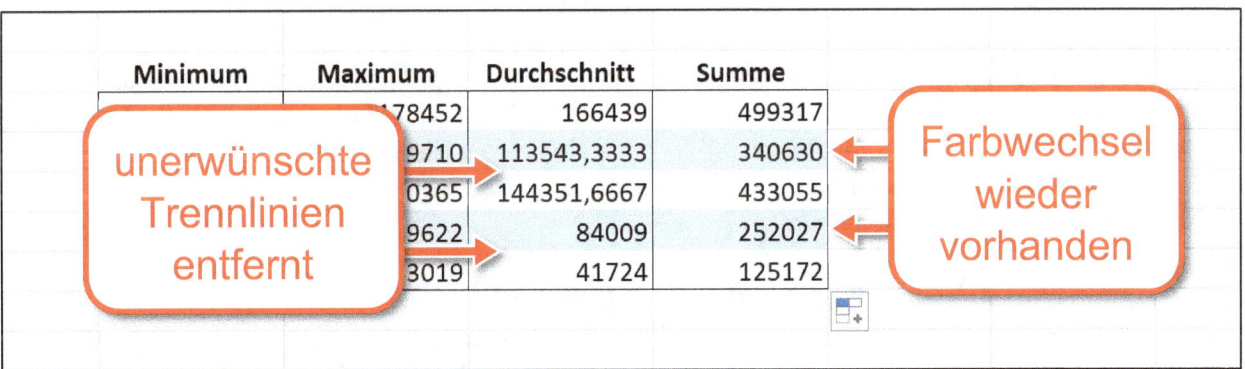

Ergebnis: Die bisherigen Formate werden wiederhergestellt.

5.3.7 Fehlerüberprüfung

Excel untersucht Tabellen automatisch auf mögliche Fehler und hebt diese mit einem grünen Dreieck hervor. Das Programm kann aber nicht alle Fehler zweifelsfrei erkennen. Es kommt vor, dass auch richtige Berechnungen als Fehler markiert werden. Durch das folgende Beispiel lernen Sie eine solche Situation kennen.

12. Geben Sie in der Zelle B11 die Formel **=MIN(B5:B9)** ein, um den kleinsten Wert zu ermitteln.

4	Artikel	2018	2019	2020
5	Jeans	152413	168452	178452
6	Röcke	104523	106397	129710
7	Kleider	139703	142987	150365
8	Tops	80301	82104	89622
9	Mäntel	40366	41787	43019
10				
11	Minimum	=MIN(B5:B9)		
12	Maximum			

13. Schließen Sie die Eingabe wie gewohnt ab und betrachten Sie das Ergebnis.

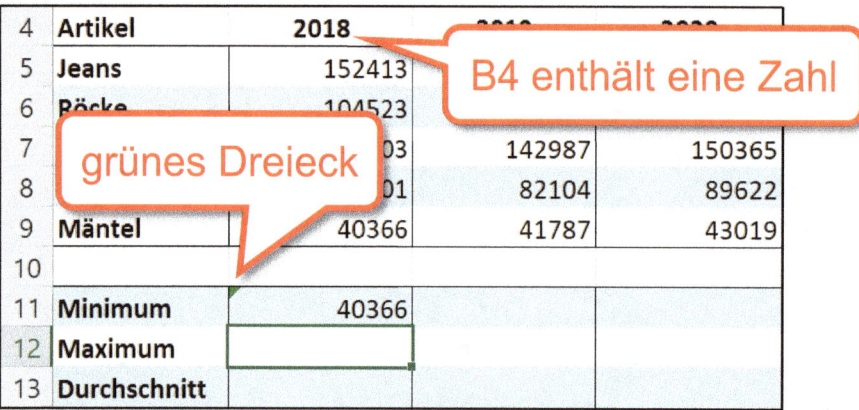

4	Artikel	2018		
5	Jeans	152413		
6	Röcke	104523		
7		03	142987	150365
8		01	82104	89622
9	Mäntel	40366	41787	43019
10				
11	Minimum	40366		
12	Maximum			
13	Durchschnitt			

B4 enthält eine Zahl

grünes Dreieck

Ergebnis: Das Ergebnis wird angezeigt. Links oben in der Zelle B11 erscheint zusätzlich ein grünes Dreieck.

Hinweis: Excel <u>vermutet</u> einen Fehler bei dieser Berechnung. Das grüne Dreieck ist dafür die Kennzeichnung. Die Formel ist aber vollkommen richtig! B4 enthält eine Zahl und grenzt direkt an den Bereich B5 bis B9. Excel glaubt daher, dass B4 bei der Eingabe vergessen wurde und weist Sie darauf hin. Dass diese Jahreszahl eine Überschrift darstellt, erkennt Excel nicht. Ignorieren Sie das grüne Dreieck in dieser Situation.

5.3.8   Bereich mit der Zeigen-Methode auswählen

Bislang haben Sie die Bereichsangabe in einer Funktion (SUMME, MIN, MAX oder MITTELWERT) immer von Hand eingegeben. Der Zellbereich kann aber auch mit der Maus markiert werden. Dadurch wird die Eingabe vereinfacht und Tippfehler reduziert. Diese Vorgehensweise wird auch Zeigen-Methode genannt.

14. Geben Sie in B12 die Teilformel **=MAX(** ein. Schließen Sie die Eingabe aber noch nicht ab.

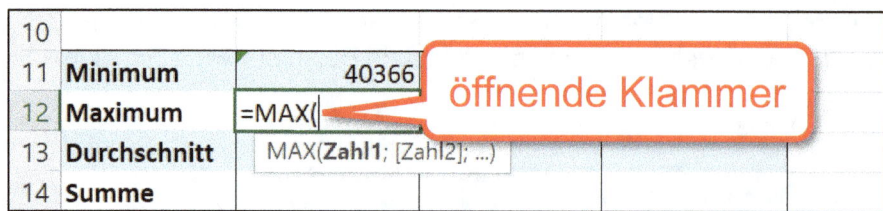

10			
11	Minimum	40366	
12	Maximum	=MAX(	
13	Durchschnitt	MAX(**Zahl1**; [Zahl2]; ...)	
14	Summe		

öffnende Klammer

Achtung: Geben Sie die Teilformel genau bis zur öffnenden Klammer ein.

Hinweis: Die Formel ist in dieser Form nicht vollständig. Der Bereich, der ausgewertet werden soll, wird nachfolgend mit der Maus markiert.

15. Klicken Sie mit der Maus auf die Zelle B5 und ziehen Sie die Maus bei gedrückter linker Maustaste bis zur Zelle B9, um diesen Bereich in die Formel zu übernehmen.

4	Artikel	2018	2019	2020
5	Jeans	152413	168452	178452
6	Röcke	104523		
7	Kleider	139703		
8	Tops	80301	82104	89622
9	Mäntel	40366	41787	43019
10				
11	Minimum	40366		
12	Maximum	=MAX(B5:B9		
13	Durchschnitt	MAX(**Zahl1**; [Zahl2]; ...)		
14	Summe			

animierter Rahmen

Bereich

Ergebnis: Der ausgewählte Bereich wird mit einem animierten Rahmen hervorgehoben und in die Formel übernommen.

16. Drücken Sie die Taste **Enter** ⏎, um die Eingabe abzuschließen.

12	Maximum	152413	
13	Durchschnitt		
14	Summe		

Ergebnis: Das Ergebnis wird angezeigt. Auch in der Zelle B12 erscheint ein grünes Dreieck.

Hinweis: Die schließende Klammer ist fester Bestandteil aller Funktionen. Daher muss sie in vielen Situationen nicht eingegeben werden. Excel ergänzt die Klammer automatisch.

17. Markieren Sie die Zelle B12 und kontrollieren Sie, ob die schließende Klammer vorhanden ist.

schließende Klammer

Ergebnis: Die Klammer wurde beim Bestätigen der Eingabe automatisch ergänzt.

5.3.9   MITTELWERT mit der Zeigen-Methode

18. Geben Sie in B13 die Teilformel **=MITTELWERT(** ein. Schließen Sie die Eingabe aber noch nicht ab.

öffnende Klammer

19. Klicken Sie mit der Maus auf die Zelle B5 und ziehen Sie die Maus bei gedrückter linker Maustaste bis zur Zelle B9, um diesen Bereich in die Formel zu übernehmen.

4	Artikel	2018	2019	2020
5	Jeans	152413	168452	178452
6	Röcke	104523		
7	Kleider	139703		animierter Rahmen
8	Tops	80301	82104	89622
9	Mäntel	40366	41787	43019
10		5Z x 1S		
11	Minimum	40366		
12	Maximum	152413		Bereich
13	Durchschnitt	=MITTELWERT(B5:B9		
14	Summe	MITTELWERT(Zahl1; [Zahl2]; ...)		
15				

Ergebnis: Der ausgewählte Bereich wird mit einem animierten Rahmen hervorgehoben und in die Formel übernommen.

20. Schließen Sie die Eingabe ab.

Hinweis: Die schließende Klammer ist fester Bestandteil aller Funktionen. Daher muss sie in dieser Situation nicht eingegeben werden. Excel ergänzt die Klammer beim Bestätigen der Eingabe automatisch. Es gibt aber auch Situationen, in denen die Ergänzung der schließenden Klammer nicht so reibungslos funktioniert wie hier.

5.3.10   Summe ermitteln

21. Ermitteln Sie in der Zelle B14 die Summe für den Bereich B5 bis B9. Verwenden Sie dabei wieder die Zeigen-Methode.

5.3.11   Formeln übertragen

22. Markieren Sie den Bereich B11 bis B14 und übertragen Sie die Formeln bis zur Spalte D.

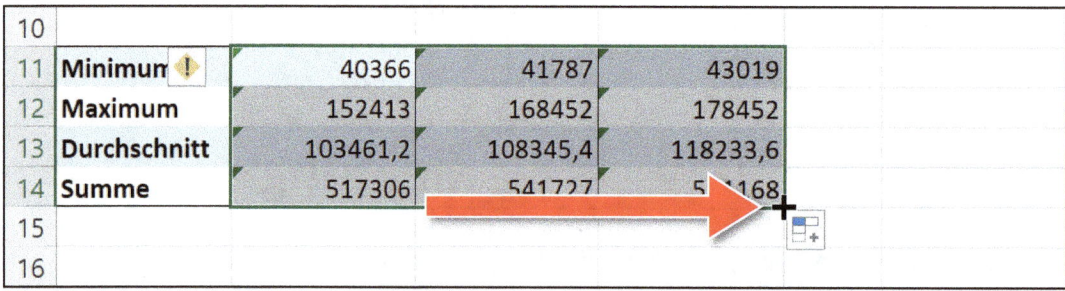

10				
11	Minimum	40366	41787	43019
12	Maximum	152413	168452	178452
13	Durchschnitt	103461,2	108345,4	118233,6
14	Summe	517306	541727	5 168
15				
16				

Hinweis: Da die Formeln seitlich übertragen werden, bleibt der Farbwechsel erhalten.

5.3.12   Tausender-Trennzeichen

Um die Lesbarkeit der Zahlen zu erhöhen, sollen sie mit einem Tausender-Trennzeichen (.) formatiert werden. Das Tausender-Trennzeichen ist ein Punkt und gehört zu den **Zahlenformaten**.

23. Erstellen Sie mit der Taste **Steuerung** Strg eine Mehrfachmarkierung. Markieren Sie die Bereiche B5 bis D9, F5 bis I9 (i9) und B11 bis D14.

24. Klicken Sie auf den kleinen Pfeil ⌐⌐ unten rechts in der Gruppe *Zahl*, um das Dialogfenster ***Zellen formatieren*** zu öffnen.

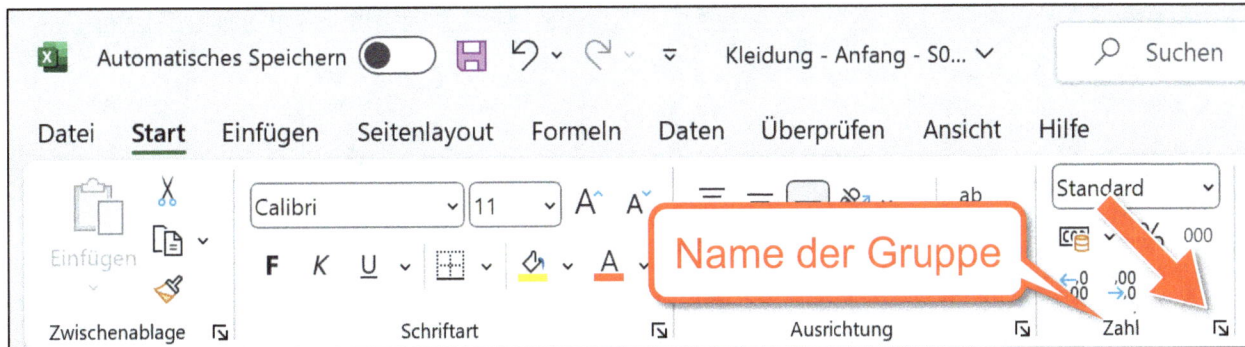

Hinweis: Das Dialogfenster ***Zellen formatieren*** gehört zu den wichtigsten Dialogfenstern in Excel. Hier können fast alle Formate für Zellen ein- und ausgeschaltet werden. Es existieren unterschiedliche Wege, um dieses Dialogfenster zu öffnen.

25. Klicken Sie im Register *Zahlen* auf die Kategorie *Zahl*, um sie zu aktivieren.

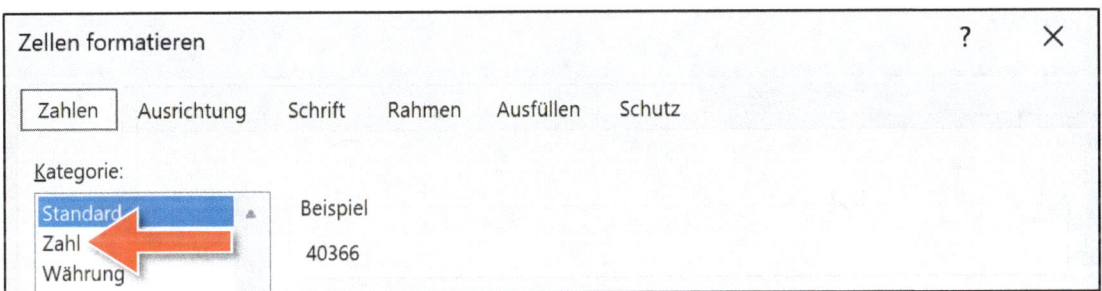

Hinweis: Das Register ***Zahlen*** enthält alle Formate, die für Zahlen eingestellt werden können.

26. Nehmen Sie folgende Einstellungen vor:
   • Dezimalstellen: 0
   • 1000er-Trennzeichen verwenden: Aktivieren (Haken setzen)

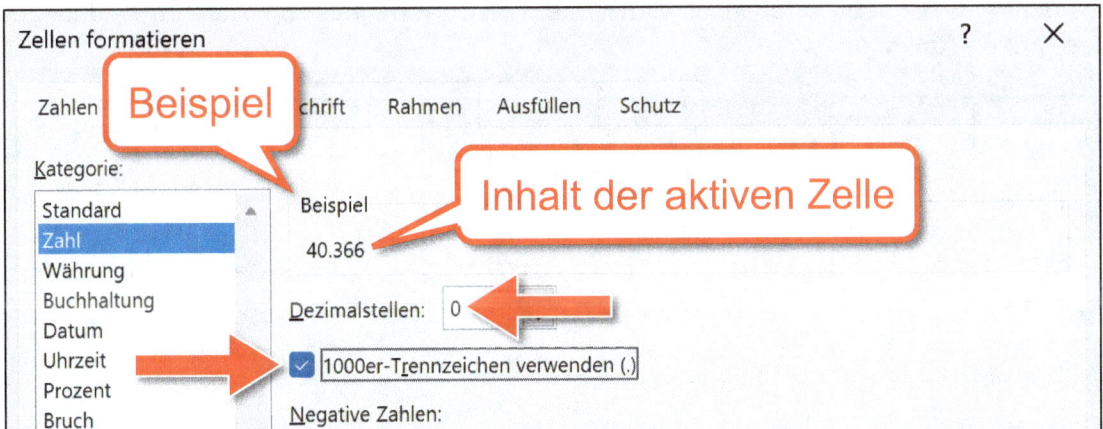

Hinweis: Das Beispiel zeigt das Ergebnis der Einstellungen an. Die angezeigte Zahl 40.366 ist der Inhalt der aktiven Zelle (B11). Als Tausender-Trennzeichen wird ein Punkt (.) dargestellt. Er wird nach jeder dritten Stelle von rechts gesetzt, um die Lesbarkeit der Zahl zu verbessern. Auch Millionen und Milliarden sind auf diese Weise für das Auge einfacher zu erkennen.

27. Klicken Sie auf die Schaltfläche *OK*, um die Einstellungen zu übernehmen.
28. Heben Sie die Markierung wieder auf und betrachten Sie das Ergebnis.

	Artikel	2018	2019	2020		Minimum	Maximum	Durchschnitt	Summe
4	Artikel	2018	2019	2020		Minimum	Maximum	Durchschnitt	Summe
5	Jeans	152.413	168.452	178.452		152.413	178.452	166.439	499.317
6	Röcke	104.523	106.397	129.710		104.523	129.710	113.543	340.630
7	Kleider	139.703	142.987	150.365		139.703	150.365	144.352	433.055
8	Tops	80.301	82.104	89.622		80.301	89.622	84.009	252.027
9	Mäntel	40.366	41.787	43.019		40.366	43.019	41.724	125.172
10									
11	Minimum	40.366	41.787	43.019					
12	Maximum	152.413	168.452	178.452		Tausender-Trennzeichen			
13	Durchschnitt	103.461	108.345	118.234					
14	Summe	517.306	541.727	591.168					
15									

5.3.13   Zellen verschieben

Die Zellen A11 bis D14 sollen um eine Zelle tiefer gesetzt werden.

29. Markieren Sie die Zellen A11 bis D14.
30. Zeigen Sie mit der Maus an beliebiger Stelle auf den Rand der Markierung. Zeigen Sie aber <u>nicht</u> auf den Anfasser.

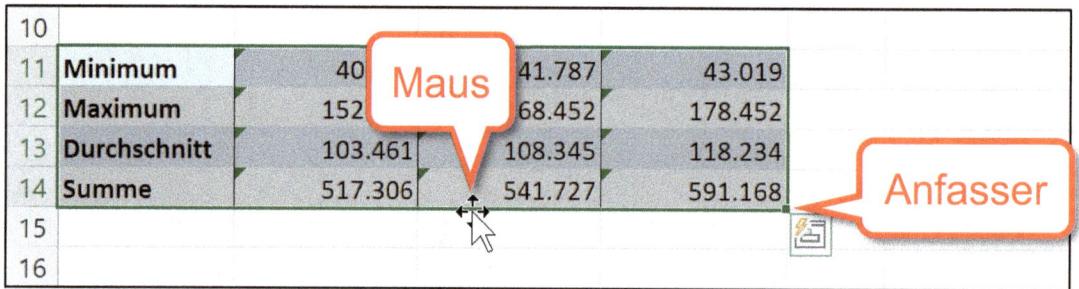

Ergebnis: An der Spitze des Mauszeigers wird ein Kreuz mit vier Pfeilen ⤡ angezeigt.

Hinweis: Dieser Mauszeiger symbolisiert das Verschieben von Zellen.

31. Ziehen Sie die Maus bei gedrückter linker Maustaste eine Zeile nach unten. Achten Sie dabei auf den breiten grünen Rahmen.

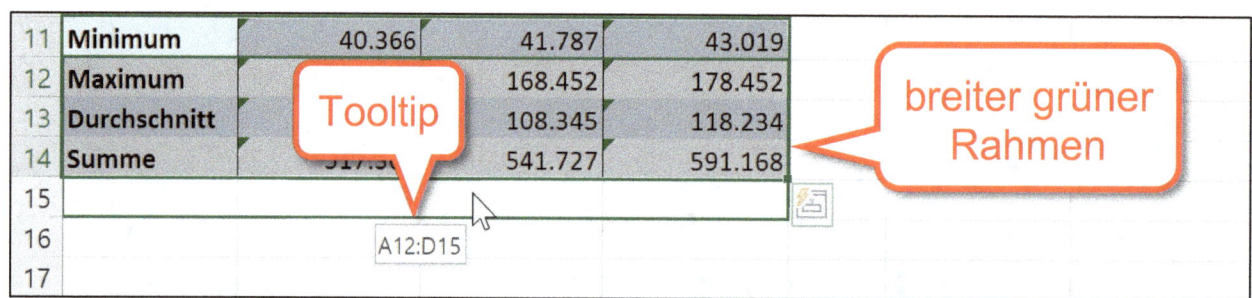

Ergebnis: Der breite grüne Rahmen zeigt die neue Position des Bereiches an. Neben dem Mauszeiger wird ein *Tooltip* eingeblendet. Der Tooltip zeigt die neue Position als Bereichsangabe A12 bis D15 an.

5.3.14   Abschluss

32. Speichern Sie die Datei und schließen Sie das Programm Excel.

6   Anleitung: Fleischerei

Mit dieser Anleitung berechnen Sie den Gewinn für mehrere Fleischereifilialen.

6.1   Neue Inhalte

- mehrere Spalten verbreitern
- Spalten einfügen
- Einzelzelle minus Summe eines Bereiches
- Spaltenbreite einem bestimmten Wort anpassen
- Addition von zwei Bereichen

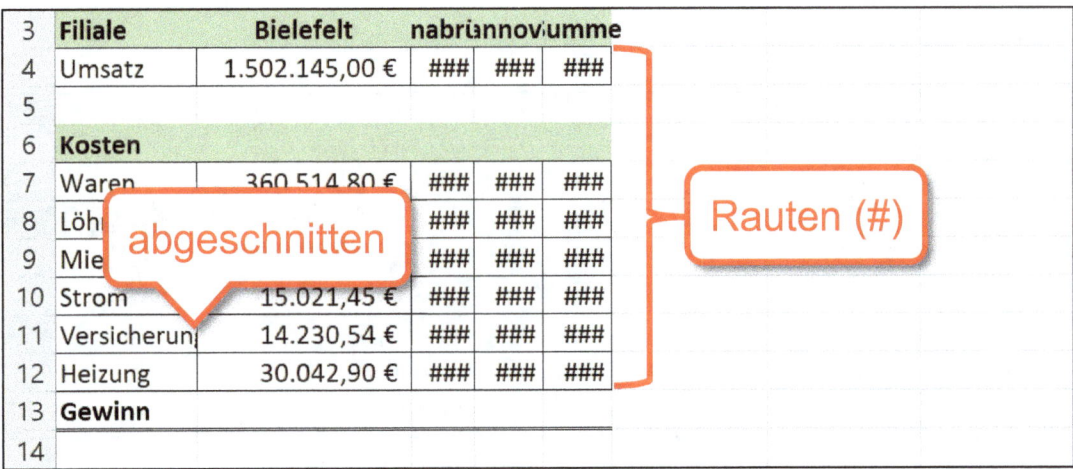

Ergebnis: Fleischerei

6.2   Wiederholungen

- Zahlen, die durch Rauten unkenntlich gemacht wurden
- Schreibmodus mit F2 aufrufen
- Formeln kopieren

6.3   Anleitung

6.3.1   Datei öffnen

1. Öffnen Sie die Übungsdatei **Fleischerei - Anfang - S0499** und aktivieren Sie die Bearbeitung.
2. Betrachten Sie die Tabelle.

Ergebnis: In einigen Zellen werden Rauten (#) anstelle von Zahlen angezeigt. Das Wort **Versicherungen** in der Zelle A11 ist abgeschnitten.

Hinweis: Wenn ein Wort zu lang für eine Spalte ist und die Nachbarzelle gefüllt ist, wird dieses Wort abgeschnitten. Bei Zahlen verhält sich Excel anders. Zahlen werden niemals abgeschnitten. Ist eine Zahl für eine Spalte zu lang, wird die Zahl durch Rauten unkenntlich gemacht. Bei den Rauten handelt es sich daher um eine Schutzfunktion. Excel verhindert auf diese Weise die Anzeige und den Ausdruck falscher Zahlen. Rauten werden oft auch als **Doppelkreuze** oder **Hashtags** bezeichnet. Der Begriff Hashtag wird in Excel aber nicht verwendet. Er bezieht sich auf soziale Netzwerke wie Twitter oder Instagram.

6.3.2   Kontrolle

3. Markieren Sie die Zelle C4, um den Inhalt der Zelle in der Bearbeitungsleiste abzulesen.

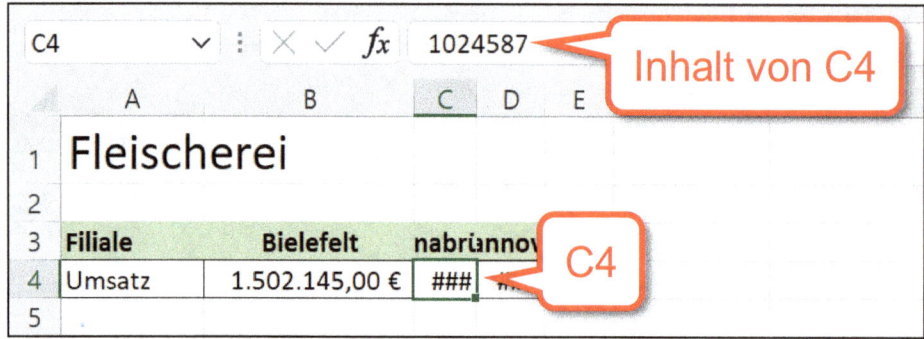

Hinweis: Auch wenn Zahlen durch Rauten unkenntlich gemacht worden sind, können sie in der Bearbeitungsleiste abgelesen werden.

6.3.3   Breiten mehrerer Spalten gleichzeitig anpassen

4. Klicken Sie auf den Spaltenkopf der Spalte C und ziehen Sie die Maus bis zum Spaltenkopf der Spalte E, um diese drei Spalten zu markieren.

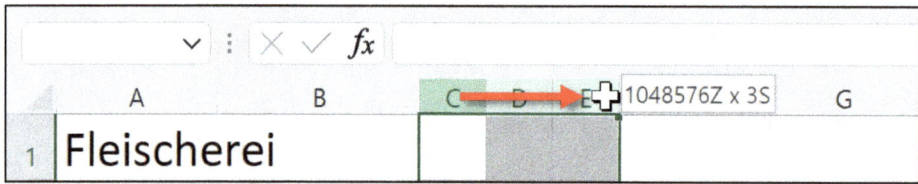

5. Klicken Sie auf die Schaltfläche *Format* 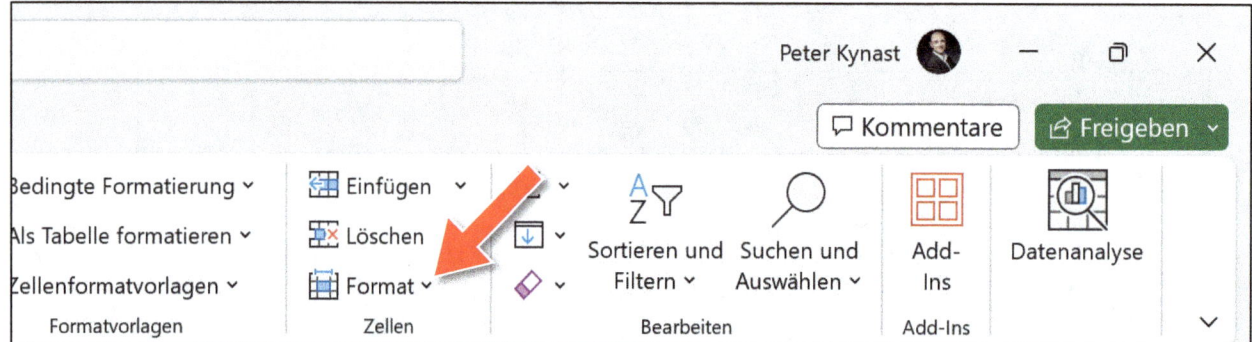 , um das Listenfeld zu öffnen.

Hinweis: Je nach Größe Ihres Bildschirms kann die Darstellung der Schaltflächen abweichen. Auf größeren Monitoren wird die Schaltfläche größer angezeigt (siehe Abbildung auf der nächsten Seite).

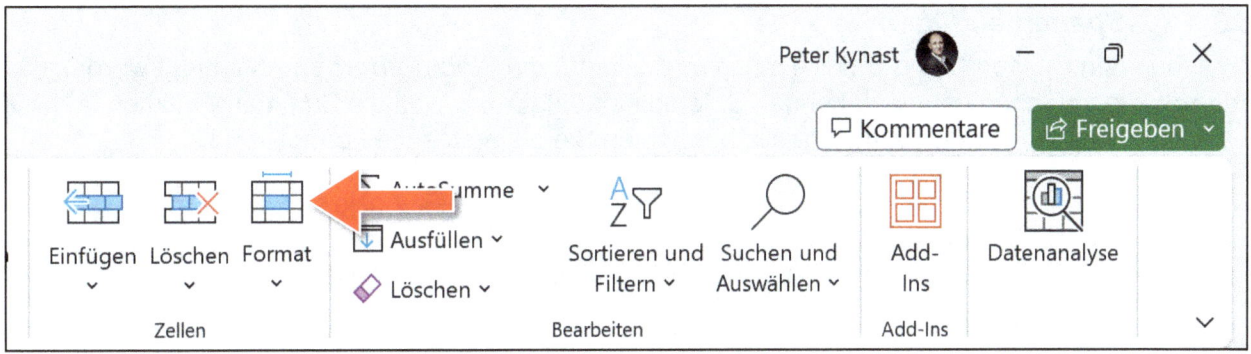

6. Klicken Sie in dem Listenfeld auf **Spaltenbreite automatisch anpassen**.

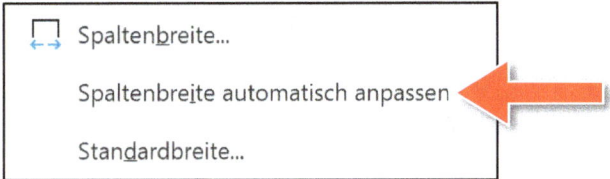

Ergebnis: Die Spalten werden verbreitert. Die Breite richtet sich nach dem jeweils längsten Inhalt in jeder Spalte. Die Rauten verschwinden und die Zahlen sind sichtbar.

6.3.4   Inhalte korrigieren

Korrekturen können über die Bearbeitungsleiste oder direkt in der Zelle vorgenommen werden. Beide Methoden sind gleichwertig. Das Arbeiten direkt in der Zelle ist in vielen Fällen aber einfacher.

7. Markieren Sie die Zelle B3. Drücken Sie die Taste $\boxed{\text{F2}}$, um den Schreibmodus zu aktivieren.

Hinweis: Das F in $\boxed{\text{F2}}$ steht für Funktionstaste. Die Funktionstasten sind je nach Programm mit unterschiedlichen Funktionen versehen.

Achtung: Wenn Sie an einem Laptop arbeiten, müssen Sie manchmal die Tastenkombination $\boxed{\text{Fn}}$ + $\boxed{\text{F2}}$ drücken, um $\boxed{\text{F2}}$ zu aktivieren. Die Taste Fn ist nur auf Laptops vorhanden.

Weiterlesen: Lesen Sie hierzu auch Kapitel 26 Erklärung: Tastaturbefehle, Seite 153.

8. Löschen Sie den Buchstaben *t* und geben Sie ein *d* ein.
9. Schließen Sie die Eingabe wie gewohnt mit der Taste **Enter** $\boxed{\leftarrow}$ ab.

3	Filiale	Bielefeld	Osnabrück	Hannover	Summe
4	Umsatz	1.502.145,00 €	1.024.587,00 €	1.865.412,00 €	4.392.144,00 €
5					

6.3.5   Spalten einfügen

Zwischen den Spalten C und D soll eine neue Spalte für die Stadt **Paderborn** eingefügt werden. Da die neue Spalte zwischen den bestehenden Städten eingefügt wird, wird die Summen-Funktion in der Zelle E4 automatisch angepasst. Zur Kontrolle betrachten Sie als erstes die Formel in E4.

10. Markieren Sie die Zelle E4 und kontrollieren Sie in der Bearbeitungsleiste die Formel dieser Zelle. Sie lautet: ***=SUMME(B4:D4)***

11. Klicken Sie auf eine beliebige Zelle in der Spalte D, um diese Spalte zu markieren.

Hinweis: Auch das Markieren der ganzen Spalte D ist möglich.

12. Klicken Sie auf den kleinen Pfeil ⌄ an der Schaltfläche **Einfügen** ⊞ Einfügen ⌄, um das Listenfeld dieser Schaltfläche zu öffnen.

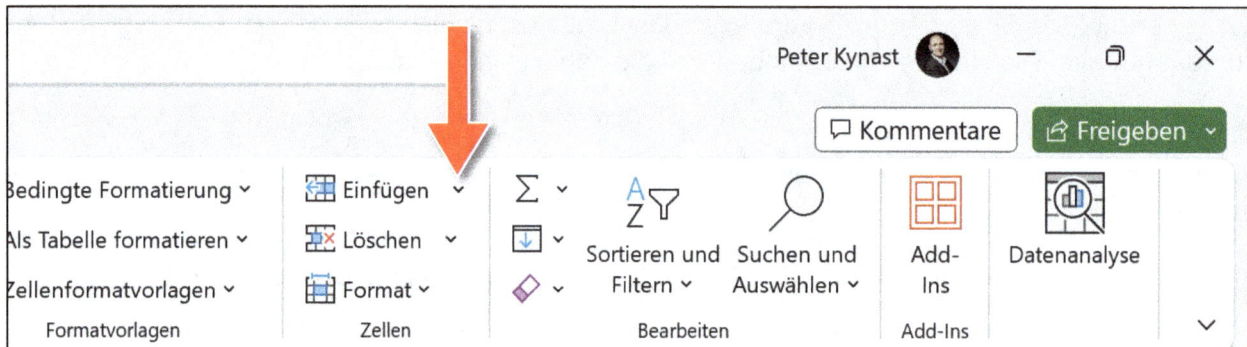

Hinweis: Der Begriff **Einfügen** wird in Excel mehrfach verwendet. Dies kann zu Irritationen führen. In dieser Situation ist weder das Register **Einfügen** noch das Einfügen aus der Zwischenablage (Kopieren und Einfügen) gemeint. Die gesuchte Schaltfläche befindet sich weit rechts im Menüband. Je nach Größe Ihres Bildschirms kann die Darstellung der Schaltflächen abweichen. Auf größeren Monitoren wird die Schaltfläche **Einfügen** größer (siehe nachfolgende Abbildung) angezeigt. In diesem Fall befindet sich der Pfeil unterhalb der Schaltfläche.

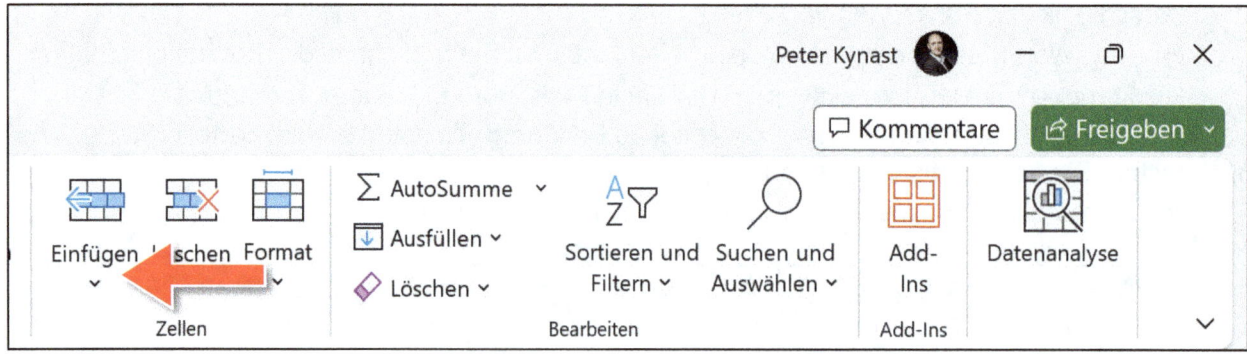

13. Klicken Sie im Listenfeld dieser Schaltfläche auf den Listenpunkt **Blattspalten einfügen**.

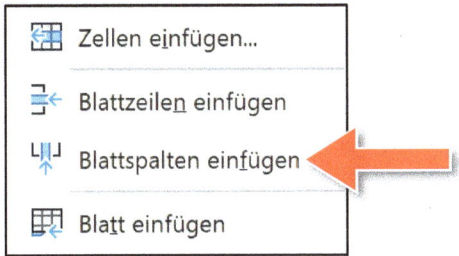

Ergebnis: Eine neue Spalte wird links von der Spalte D eingefügt. Sie übernimmt die Formate der angrenzenden Spalten. Die Formeln in der Summen-Spalte F werden angepasst.
Hinweis: Neue Spalten werden immer links von der markierten Spalte eingefügt. Auf diese Weise können Sie auch <u>vor</u> der Spalte A Spalten einfügen. Neue Zeilen werden immer oberhalb der markierten Zeile eingefügt. Daher können Sie auch <u>über</u> der Zeile 1 neue Zeilen einfügen.

6.3.6   Kontrolle

14. Markieren Sie die Zelle F4 und betrachten Sie die Formel **=SUMME(B4:E4)** in dieser Zelle.

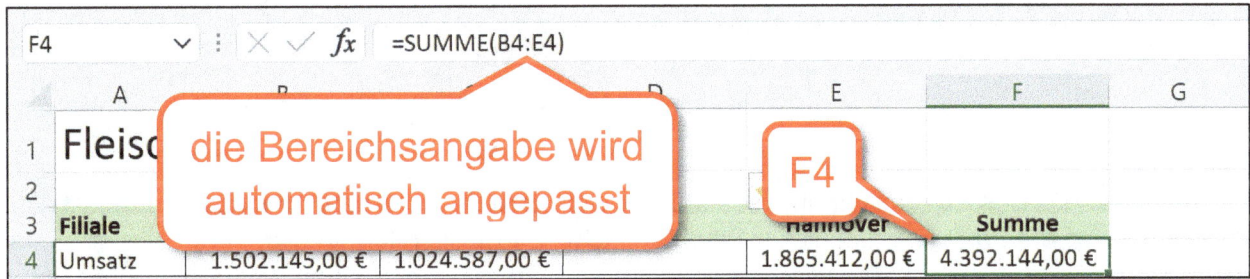

Ergebnis: Die Bereichsangabe wurde automatisch angepasst.
Achtung: In vielen Fällen nimmt Excel automatisch die richtigen Anpassungen vor. Diese Automatismen arbeiten aber nicht immer wie vielleicht erwartet. Hierfür werden in den kommenden Kursen verschiedene Beispiele aufgezeigt. Führen Sie auf jeden Fall Kontrollen durch, solange Sie mit einem Automatismus noch nicht richtig vertraut sind.

15. Geben Sie in der leeren Spalte die nachfolgenden Daten für die Stadt **Paderborn** ein. Geben Sie aber bei der Eingabe die Punkte <u>nicht</u> mit ein.

3	Filiale	Bielefeld	Osnabrück	Paderborn	Hannover	Summe
4	Umsatz	1.502.145,00 €	1.024.587,00 €	1.289.574,00 €	1.365.412,00 €	5.681.718,00 €
5						
6	Kosten					
7	Waren	360.514,80 €	245.900,88 €	315.648,25 €	447	€
8	Löhne	460.686,40 €	321.867,84 €	399.852,61 €	940	€
9	Miete	140.214,50 €	104.458,70 €	121.692,00 €	166	€
10	Strom	15.021,45 €	10.245,87 €	13.208,25 €	18.054,12	57.129,69 €
11	Versicherun	14.230,54 €	9.801,00 €	12.198,59 €	18.097,23 €	54.327,36 €
12	Heizung	30.042,90 €	20.491,74 €	25.289,33 €	37.308,24 €	113.132,21 €

Hinweis: Durch das Euro-Format werden die Punkte (Tausender-Trennzeichen) automatisch gesetzt. Dies geschieht beim Bestätigen der Eingabe. Die Kommas müssen eingetippt werden.

6.3.7   Automatische Fortsetzung des Formates

16. Geben Sie in der Zelle G3 die Überschrift *Durchschnitt* ein.

Ergebnis: Beim Bestätigen der Eingabe übernimmt die Zelle G3 automatisch das Format (Füllfarbe und Zentrierung) der links angrenzenden Zellen.
Hinweis: Für viele Formate gilt: Wenn ein Format mindestens dreimal ohne Unterbrechung verwendet wurde, wird dieses Format beim Befüllen einer angrenzenden Zelle automatisch fortgesetzt. Es gibt aber auch Formate, die nicht automatisch fortgesetzt werden.

6.3.8   Durchschnitt ermitteln

17. Ermitteln Sie in der Zelle G4 den Durchschnitt (Mittelwert) der Zellen B4 bis E4. Verwenden Sie dafür die Zeigen-Methode (Bereich mit der Maus markieren).
18. Betrachten Sie das Ergebnis.

Hannover	Summe	Durchschnitt
1.865.412,00 €	5.681.718,00 €	1.420.429,50 €

Ergebnis: Da das Ergebnis breiter ist als die Spalte, wird die Breite automatisch angepasst. Das Format *Rahmenlinien* wird in dieser Situation nicht automatisch fortgesetzt.

19. Formatieren Sie die Zelle G4 mit *Allen Rahmenlinien* ⊞.

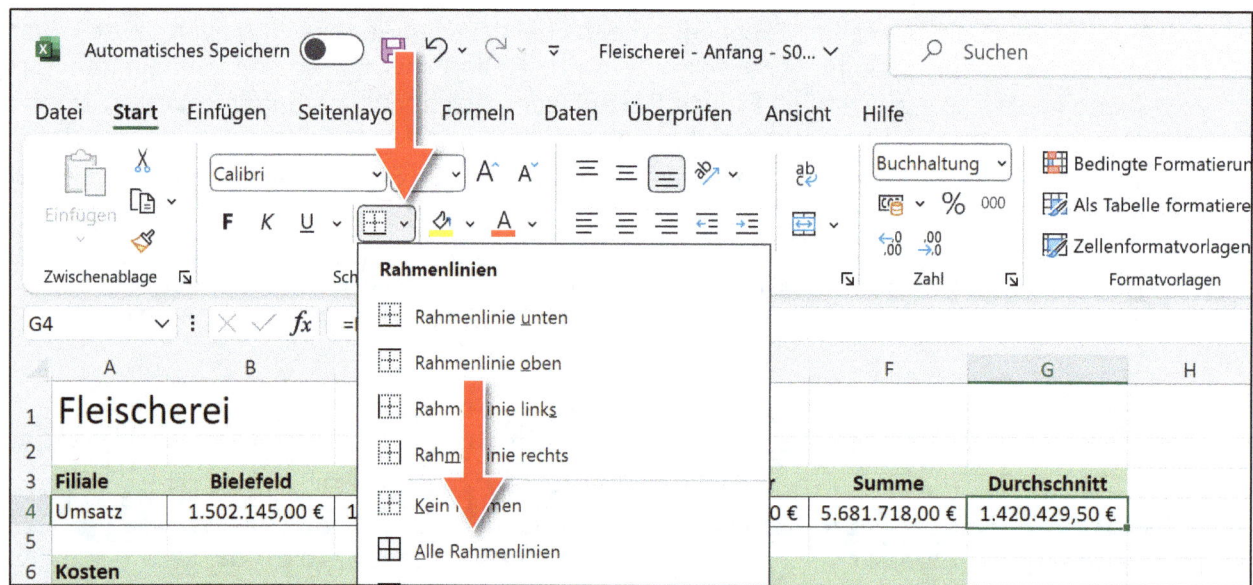

6.3.9   Formel kopieren

Die Formel in G4 soll auf die Zellen G7 bis G12 übertragen werden. Das Übertragen mit dem Anfasser ist möglich. Es hat aber den Nachteil, dass die Zellen G5 und G6 auch ausgefüllt werden. Die Inhalte und die Formate dieser Zellen müssten anschließend wieder gelöscht werden. Um diesen Aufwand zu sparen, wird die Formel in G4 auf die Zellen von G7 bis G12 kopiert. Wie beim Übertragen mit dem An-fasser werden dabei die Zellbezüge automatisch angepasst.

20. Markieren Sie die Zelle G4 und klicken Sie auf die Schaltfläche **Kopieren** ⬚, um die Formel der

Zelle G4 zu kopieren. Klicken Sie <u>nicht</u> auf den kleinen Pfeil ⬚ an der Schaltfläche.

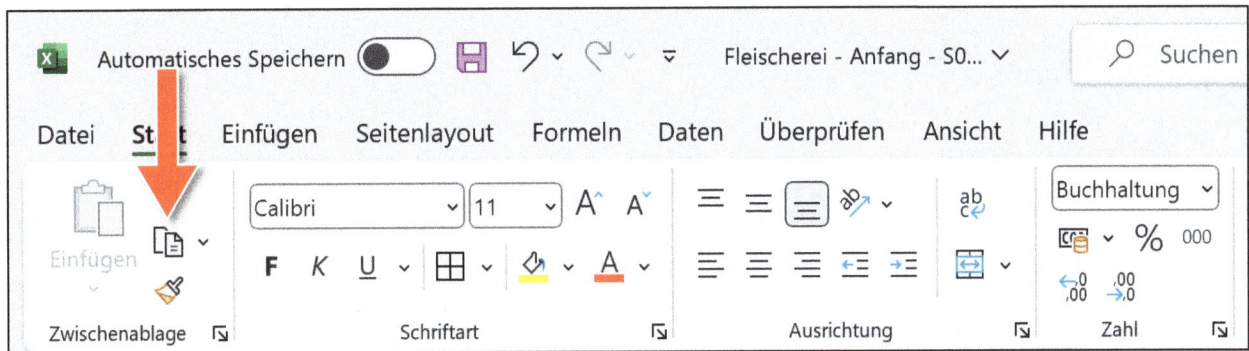

Ergebnis: Die Formel wird kopiert. Der animierte Rahmen symbolisiert den aktiven Kopiermodus.
Hinweis: Je nach Größe Ihres Bildschirms kann die Darstellung der Schaltflächen abweichen. Auf größeren Monitoren wird die Schaltfläche **Kopieren** größer (siehe nachfolgende Abbildung) ange-zeigt. Klicken Sie in diesem Fall auf das Symbol oder das Wort der Schaltfläche.

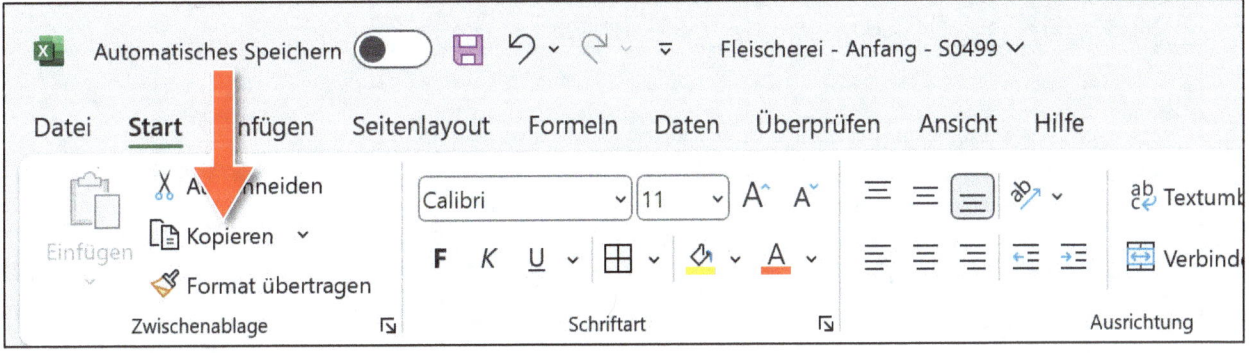

21. Markieren Sie die Zellen G7 bis G12.

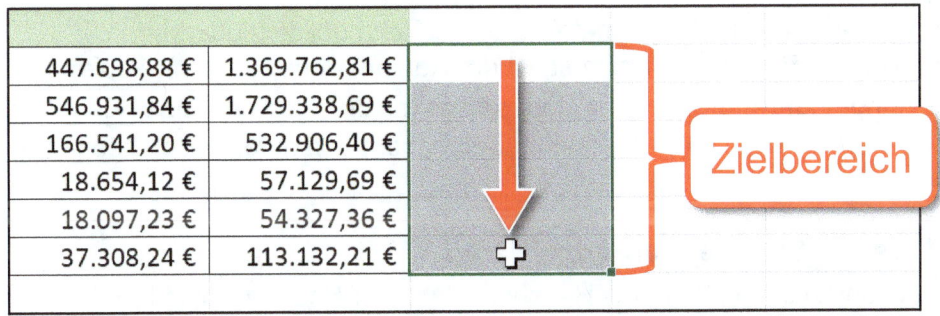

Hinweis: G7 bis G12 ist der Zielbereich. Hier soll die Formel eingefügt werden.

22. Klicken Sie auf die Schaltfläche *Einfügen*, um die Formel in die markierten Zellen einzufügen.

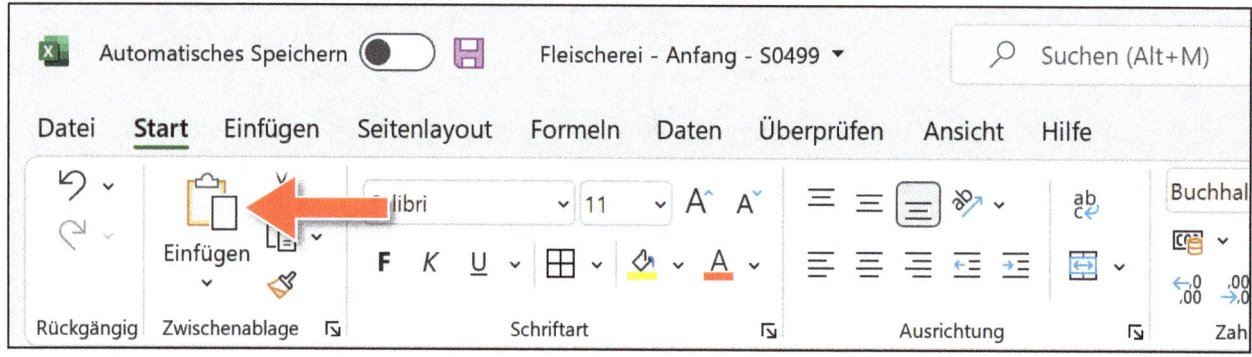

Achtung: Klicken Sie aber nicht auf das Wort *Einfügen* oder auf den Pfeil unterhalb der Schaltfläche. Klicken Sie auch nicht auf das Register *Einfügen*.

Ergebnis: Beim Einfügen werden die Zellbezüge automatisch angepasst.

Hinweis: Beim Kopieren von Formeln verhält sich Excel wie beim Ausfüllen mit dem schwarzen Kreuz. Wird eine Formel in eine Zelle kopiert, die unter der ursprünglichen Zelle liegt, werden die Zahlen der Zellbezüge (Zeilenangaben) angepasst. Wird eine Formel zur Seite kopiert, werden die Buchstaben (Spaltenangaben) verändert.

23. Betrachten Sie das Ergebnis.

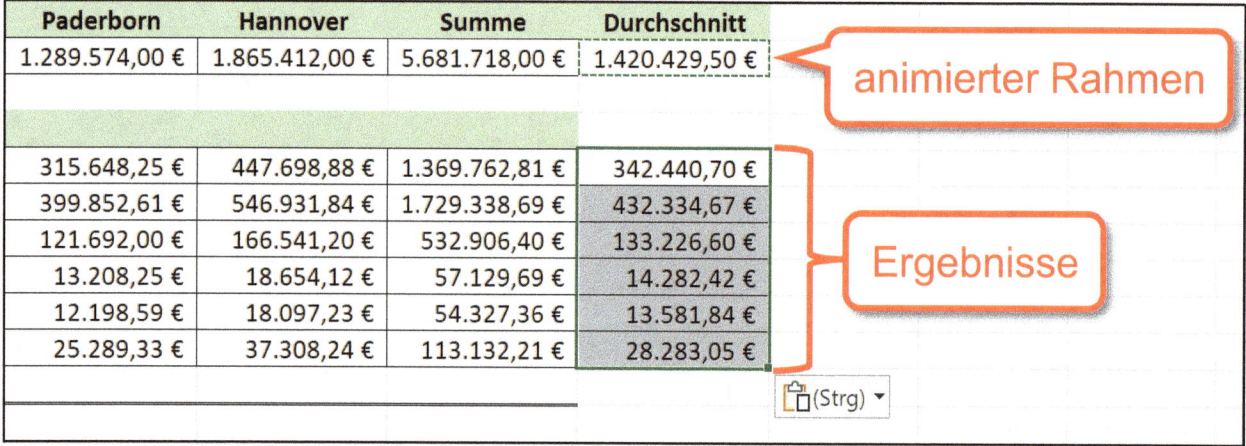

Ergebnis: Beim Kopieren werden auch die Formate Euro und Rahmenlinien übertragen.

Hinweis: Solange der animierte Rahmen sichtbar ist, ist der Kopiermodus aktiv. Der kopierte Inhalt könnte in weitere Zellen eingefügt werden. Dieser Modus kann mit der Taste *Escape* Esc beendet werden. Er würde bei der nächsten Eingabe in einer Zelle aber auch automatisch beendet werden.

6.3.10 Einzelzelle minus der Summe mehrerer Zahlen

Der Excel 365 - Teil 1 enthält die Anleitung für einen Haushaltsplan. Der Haushaltsplan hat eine ähnliche Aufgabenstellung wie die Anleitung Fleischerei. Mehrere Kosten sollen mit den Einnahmen verrechnet werden. In der Kalkulation des Haushaltsplanes werden zuerst die Kosten in einer separaten Zelle addiert. Danach werden die Kosten in einer weiteren Zelle vom Lohn abgezogen. In der Übung Fleischerei wird der Gewinn ohne die vorherige Addition der Kosten ermittelt. Die gesamte Berechnung findet in <u>einer</u> Zelle statt.

24. Geben Sie in die Zelle B13 die Formel **=B4-SUMME(B7:B12)** ein, um den Gewinn zu ermitteln.

3	Filiale	Bielefeld	Osnabrück	Paderborn	Hannover	Summe
4	Umsatz	1.502.145,00 €		89.574,00 €	1.865.412,00 €	5.681.718,00 €
5						
6	**Kosten**					
7	Waren	360.514,80 €	245.900,88 €	315.648,25 €	447.698,88 €	1.369.762,81 €
8	Löhne	460.686,40 €	321.867,84 €	399.852,61 €	546.931,84 €	1.729.338,69 €
9	Miete			121.692,00 €	166.541,20 €	532.906,40 €
				13.208,25 €	18.654,12 €	57.129,69 €
		14.230,54 €	9.801,00 €	12.198,59 €	18.097,23 €	54.327,36 €
12	Heizung	30.042,90 €	20.491,74 €	25.289,33 €	37.308,24 €	113.132,21 €
13	Gewinn	=B4-SUMME(B7:B12)				
14						

(Beschriftungen im Bild: *Umsatz* → B4; *Summe der Kosten* → B7:B12; *Umsatz* → B4)

Hinweis: B4 ist der Umsatz. Von diesem Umsatz wird die Summe der Kosten abgezogen. In vielen Fällen können Sie die schließende Klammer weglassen. Excel ergänzt sie automatisch ohne Rückfrage. In dieser Situation muss die schließende Klammer gesetzt werden. Andernfalls würde beim Bestätigen der Eingabe ein Korrekturvorschlag für die Formel erscheinen.

25. Übertragen Sie die Formel auf die angrenzenden Zellen C13 bis F13.

Hinweis: Es macht in dieser Situation keinen Unterschied, ob Sie dazu das schwarze Kreuz ✚ benutzen oder die Formel in die Zielzellen kopieren.

6.3.11 Spaltenbreite einem bestimmten Wort anpassen

Die Überschrift **Fleischerei** ist das längste Wort in der Spalte A. Bei einem Doppelklick auf die Trennlinie zwischen den Spaltenköpfen A und B würde sich die Spaltenbreite diesem Wort anpassen. Das zweitlängste Wort in der Spalte A ist das Wort **Versicherungen**. Die Breite von A soll diesem Wort angepasst werden.

26. Markieren Sie die Zelle A11 und klicken Sie auf die Schaltfläche **Format** ⊞ Format ✓ .

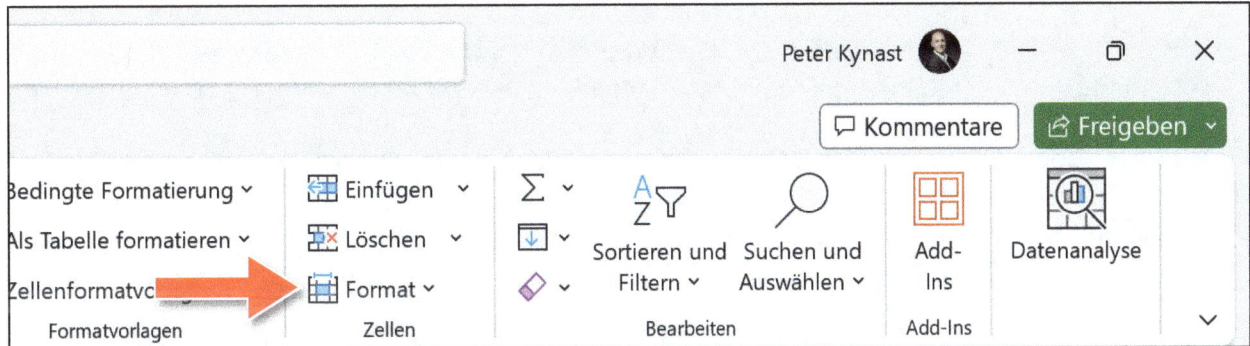

27. Klicken Sie auf **Spaltenbreite automatisch anpassen**.

Ergebnis: Die Breite der Spalte A wird dem Wort **Versicherungen** angepasst.

6.3.12 Funktionen mit zwei Bereichen

In der Zelle B17 sollen die Energiekosten für Strom und Gas ermittelt werden. Die dazugehörigen Werte befinden sich in den Bereichen B10 bis E10 und B12 bis E12.

28. Geben Sie in der Zelle B17 die Formel **=SUMME(B10:E10;B12:E12)** ein, um sämtliche Kosten für Strom und Heizung zu addieren. Achten Sie auf das Semikolon zwischen den Bereichen.

7		360.514,80 €	245.900,88 €	315.648,25 €	447.698,88 €	1.369.762,81 €
8		460.686,40 €	321.867,84 €	399.852,61 €	546.93...	...59 €
9		...40.214,50 €	104.458,70 €	121.692,00 €	166.54...	...40 €
10	Strom	15.021,45 €	10.245,87 €	13.208,25 €	18.654...	57.129,69 €
11	Versicherungen	14.230,54 €	9.801,00 €	12.198,59 €	18.09...,23 €	54.327,36 €
12	Heizung	30.042,90 €	20.491,74 €	25.289,33 €	37.308,24 €	113.132,21 €
13	**Gewinn**	**481.434,41 €**	**311.820,97 €**	**401.684,97 €**	**630.180,49 €**	**1.825.120,84 €**
14						
15						
16						
17	Energiekosten	=SUMME(B10:E10;B12:E12)				
18						
19						
20						
21						

Bereich 1 · Bereich 2 · Bereich 1 · Bereich 2 · Semikolon (;) bedeutet *und*

Hinweis: Bisher stand bei den Funktionen immer nur ein Bereich in der Klammer. Diese Summen-Funktion enthält zwei Bereichsangaben. Sie werden durch ein Semikolon (;) getrennt. Ein Doppelpunkt (:) in der Bereichsangabe bedeutet **bis**. Das Semikolon (;) steht für **und**. Die Formel liest sich daher wie folgt: Bilde die Summe aus den Bereichen B10 bis E10 und B12 bis E12. Diese Schreibweise lässt sich auch auf andere Funktionen, z. B. MIN, MAX oder MITTELWERT, übertragen. Auch mehr als zwei Bereiche sind möglich. Das gleiche Resultat erhalten Sie mit der Schreibweise **=SUMME(B10:E10)+SUMME(B12:E12)**. Da die zuerst genannte Schreibweise kürzer ist, sollten Sie diese vorziehen.

6.3.13 Formate

29. Klicken Sie auf den Zeilenkopf der Zeile 3, um diese Zeile zu markieren.

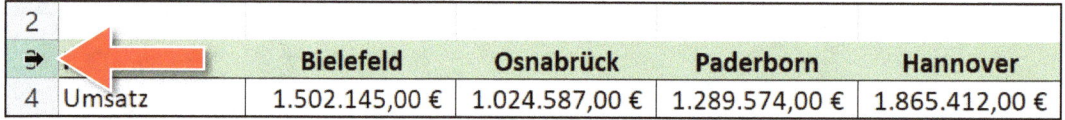

2					
➡		**Bielefeld**	**Osnabrück**	**Paderborn**	**Hannover**
4	Umsatz	1.502.145,00 €	1.024.587,00 €	1.289.574,00 €	1.865.412,00 €

Hinweis: Beim Klicken auf den Zeilenkopf wird die Maus als schwarzer Pfeil ➡ dargestellt.

30. Formatieren Sie die Zeile in der Schriftgröße 12.
31. Verbinden und zentrieren Sie die Zellen A1 bis G1 und A6 bis G6.

6.3.14 Abschluss

32. Speichern Sie die Datei und schließen Sie das Programm Excel.

7   Anleitung: Datenvolumen

In dieser Anleitung werten Sie das monatliche Internet-Datenvolumen einer Familie der letzten beiden Jahre aus, um einen neuen Handyvertrag zu kalkulieren.

7.1   Neue Inhalte

- Formate übertragen
- Zellen zwischen andere Zellen schieben
- Textumbrüche in Zellen
- Mittelwert von zwei Bereichen
- Schaltfläche AutoSumme

7.2   Wiederholungen

- Dezimalstellen entfernen
- Summe von zwei Bereichen
- Formeln per Doppelklick automatisch übertragen
- Funktionen: SUMME, MITTELWERT

Ergebnis: Datenvolumen

7.3   Anleitung

7.3.1   Datei öffnen

1. Öffnen Sie die Übungsdatei **Datenvolumen - Anfang - S0499** und aktivieren Sie die Bearbeitung.

7.3.2   Dezimalstellen entfernen

Das verbrauchte Datenvolumen soll mit einer Stelle nach dem Komma dargestellt werden.

2. Markieren Sie den Bereich von B5 bis M9. Klicken Sie auf die Schaltfläche **Dezimalstelle entfernen** $\begin{smallmatrix}.00\\\to.0\end{smallmatrix}$, um bei den markierten Zahlen eine Nachkommastelle auszublenden.

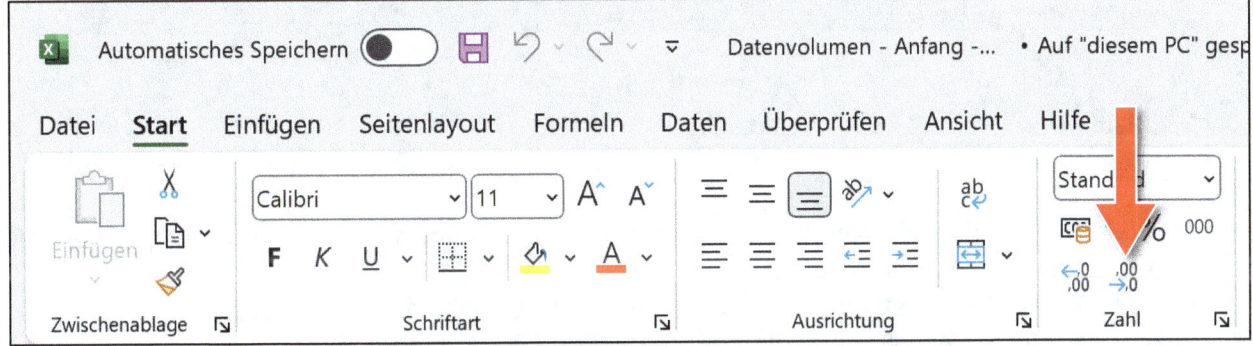

Hinweis: Der Name **Dezimalstelle entfernen** ist irritierend. Es werden keine Nachkommastellen entfernt. Sie werden nur ausgeblendet. Alle Stellen bleiben erhalten und werden beim Rechnen berücksichtigt. Die Begriffe Nachkommastellen und Dezimalstellen sind gleichbedeutend.

3. Klicken Sie ein weiteres Mal auf die Schaltfläche **Dezimalstelle entfernen** $\begin{smallmatrix}.00\\\to.0\end{smallmatrix}$, um auch die zweite Nachkommastelle auszublenden.

7.3.3   Formate übertragen

Die Tabelle für das Jahr 2021 soll die gleichen Formate erhalten wie die Tabelle des Jahres 2020.

4. Klicken Sie auf eine beliebige Zelle in dem Bereich von A4 bis M9.
5. Drücken Sie die Tastenkombination *Steuerung* $\boxed{\text{Strg}}$ + $\boxed{\text{A}}$, um diesen Bereich zu markieren.
    Hinweis: Durch diese Tastenkombination markiert Excel die Zellen, die als ein zusammenhängender Bereich erkannt werden.

6. Klicken Sie auf die Schaltfläche *Format übertragen* $\boxed{\text{🖌}}$, um das Format dieses Bereiches zu kopieren.

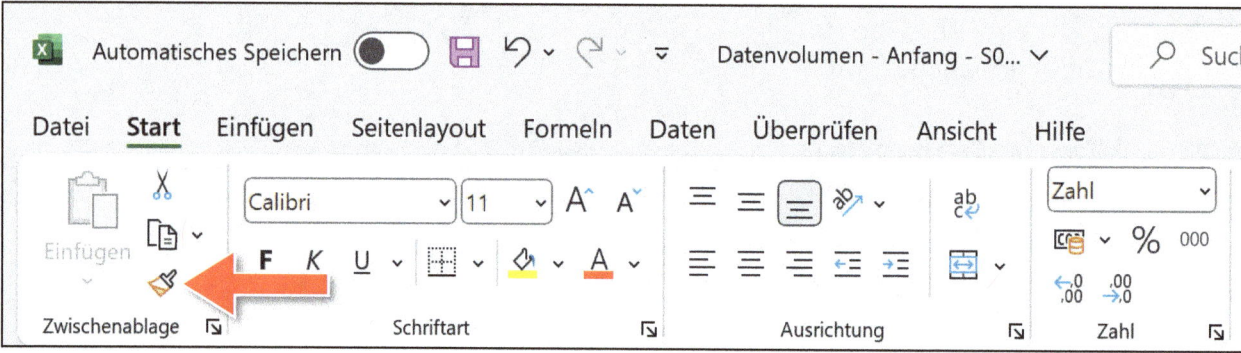

Ergebnis: Die Formate dieses Bereiches werden kopiert. Die Inhalte werden nicht kopiert. Der markierte Bereich wird durch einen animierten Rahmen hervorgehoben.

7. Zeigen Sie mit der Maus auf die Zelle A11. Betrachten Sie erst die folgende Abbildung! Klicken Sie noch nicht auf die Zelle A11.

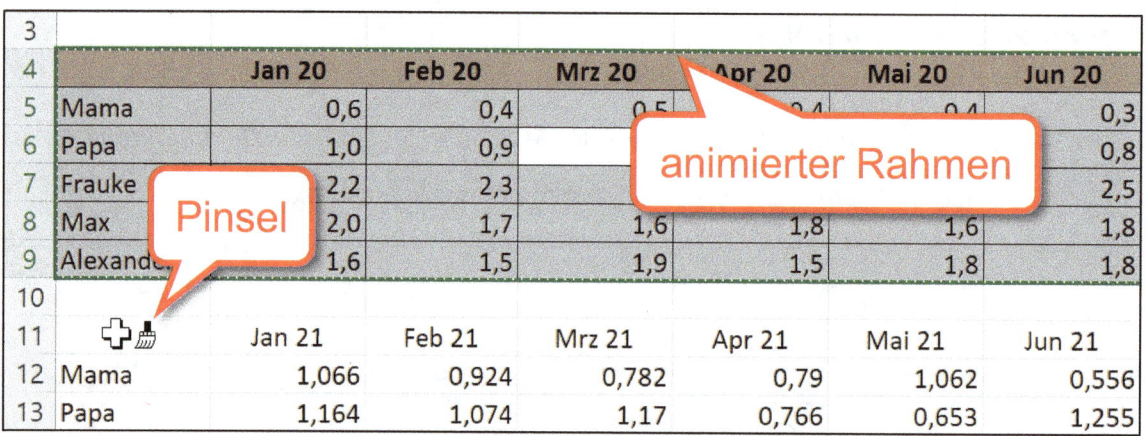

Ergebnis: Neben dem weißen Kreuz ⊕ wird ein Pinsel 🖌 angezeigt. Der Pinsel symbolisiert die aktive Funktion *Format übertragen*.
Hinweis: Zeigen bedeutet, die Maus auf eine Position zu setzen, ohne zu klicken.

8. Klicken Sie auf die Zelle A11, um die Formate auf den Bereich ab A11 zu übertragen.
    Ergebnis: Die Formate des Bereiches A4 bis M9 werden auf den Bereich von A11 bis M16 übertragen.

9. Heben Sie die Markierung auf und betrachten Sie das Ergebnis.

	Jan 20	Feb 20	Mrz 20	Apr 20	Mai 20	Jun 20	Jul 20	Aug 20	Sep 20	Okt 20	Nov 20	Dez 20
Mama	0,6	0,4	0,5					0,2	0,7	0,2	0,1	0,4
Papa	1,0	0,9	1,0					,8	0,8	0,8	0,9	0,9
Frauke	2,2	2,3	2,6					2	2,2	2,1	2,3	2,6
Max	2,0	1,7	1,6					7	1,6	1,5	1,8	1,9
Alexander	1,6	1,5	1,9					,6	1,5	1,8	1,5	1,6
	Jan 21	Feb 21	Mrz 21	Apr 21	Mai 21	Jun 21	Jul 21	Aug 21	Sep 21	Okt 21	Nov 21	Dez 21
Mama	1,1	0,9	0,8	0,8	1,1	0,6	0,4	1,1	0,6	1,0	0,7	0,9
Papa	1,2	1,1	1,2	0,8	0,7	1,3	1,1	0,7	0,7	0,8	1,0	1,0
Frauke	2,2	2,5	2,3	2,0	2,6	1,5	1,5	2,0	2,3	1,7	2,6	2,8
Max	1,5	1,7	2,2	1,3	2,6	3,8	1,8	2,3	1,8	1,9	1,5	1,6
Alexander	2,2	1,7	1,8	2,4	2,1	2,3	1,9	2,1	2,3	2,8	2,1	1,6

übertragene Formate

7.3.4   Zellen zwischen andere Zellen schieben

10. Betrachten Sie die Zellen von A19 bis A23.

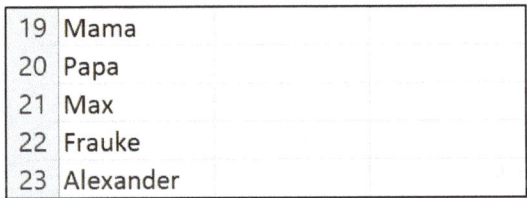

Hinweis: An dieser Stelle hat sich ein Fehler in die Tabelle eingeschlichen. Die Reihenfolge der Familienmitglieder weicht von der Reihenfolge der beiden anderen Tabellen ab. Frauke ist älter als Max und soll daher über Max stehen.

11. Markieren Sie die Zelle A22.
12. Zeigen Sie mit der Maus auf den Rand des Zellzeigers. Zeigen Sie aber nicht auf den Anfasser unten rechts am Zellzeiger.

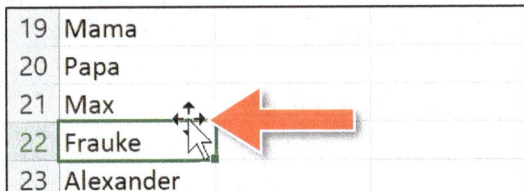

Ergebnis: Der Mauszeiger wird als Pfeil mit einem Kreuz aus vier Pfeilen ⤧ dargestellt.

Hinweis: Dieser Mauszeiger symbolisiert das Verschieben von Zellen. Der Anfasser dagegen dient nur zum Ausfüllen von Zellen.

13. Drücken Sie die Taste **Umschalten** (Großschreibtaste) ⇧ und halten Sie sie gedrückt.
14. Ziehen Sie die Maus bei gedrückter Taste **Umschalten** ⇧ nach oben zwischen die Zellen A20 und A21. Achten Sie dabei auf die grüne Linie.

grüne Linie

15. Lassen Sie zuerst die Maustaste und danach die Taste **Umschalten** ⇧ los.

    Hinweis: Diese Reihenfolge ist entscheidend. Würden Sie erst die Taste Umschalten loslassen, würden Sie die Zelle überschreiben. Die grüne Linie zeigt die neue Position der Zelle an. Sie wird zwischen den Zellen A20 und A21 eingesetzt. Die nachfolgenden Zellen werden nach unten verschoben.

16. Betrachten Sie das Ergebnis. Frauke wird über Max eingefügt.

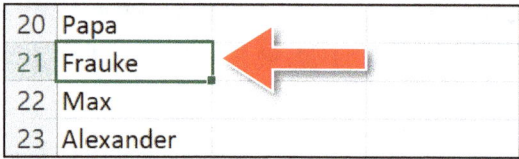

7.3.5   Textumbrüche in Zellen

17. Markieren Sie die Zelle B18 und geben Sie das Wort **Summe** ein. Schließen Sie die Eingabe aber noch nicht ab.

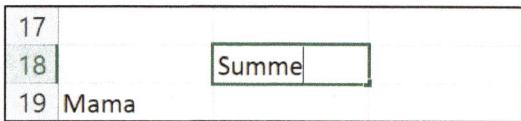

18. Drücken Sie die Tastenkombination Alt + **Enter** ↵ , um einen Textumbruch einzufügen.

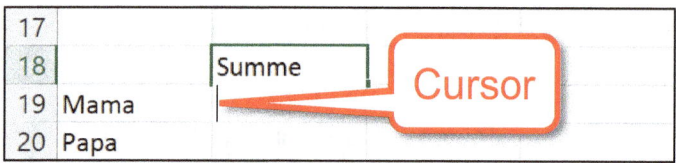

    Hinweis: Die Eingabe wird durch diese Tastenkombination <u>nicht</u> abgeschlossen. Der Cursor steht in der zweiten Zeile der Zelle. Der Textumbruch wurde früher auch **Zeilenumbruch** genannt. Für alle Tastenkombinationen gilt: Drücken Sie die erste Taste und halten Sie sie gedrückt. Drücken Sie dann die zweite Taste kurz. Lassen Sie danach die erste Taste wieder los.

19. Geben Sie **2020 + 2021** in der zweiten Zeile ein.

20. Drücken Sie die Taste **Enter** ↵ und betrachten Sie das Ergebnis.

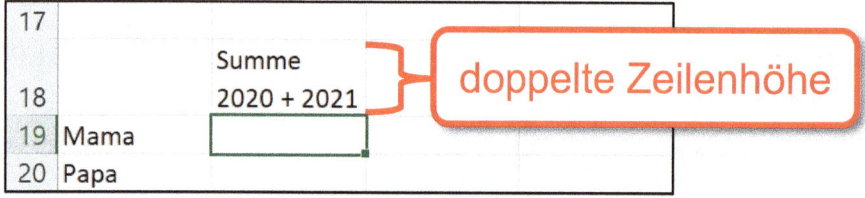

    Ergebnis: Die Eingabe wird abgeschlossen. Die Höhe der Zeile 18 wird verdoppelt. Sie passt sich automatisch dem Inhalt dieser Zelle an.

21. Geben Sie in C18 die Überschrift ***Durchschn. pro Monat*** ein. Erzeugen Sie dabei wieder einen Textumbruch mit der Tastenkombination [Alt] + ***Enter*** [↵].

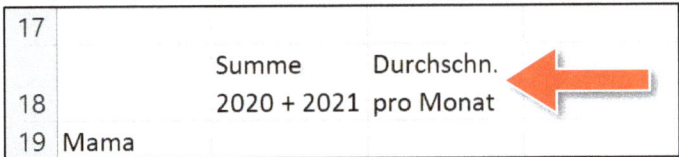

7.3.6   *Summe mit zwei Bereichen*

Im Bereich von B19 bis B23 sollen die Werte der beiden Jahre pro Person addiert werden.

22. Geben Sie in die Zelle B19 die Formel **=SUMME(B5:M5;B12:M12)** ein.

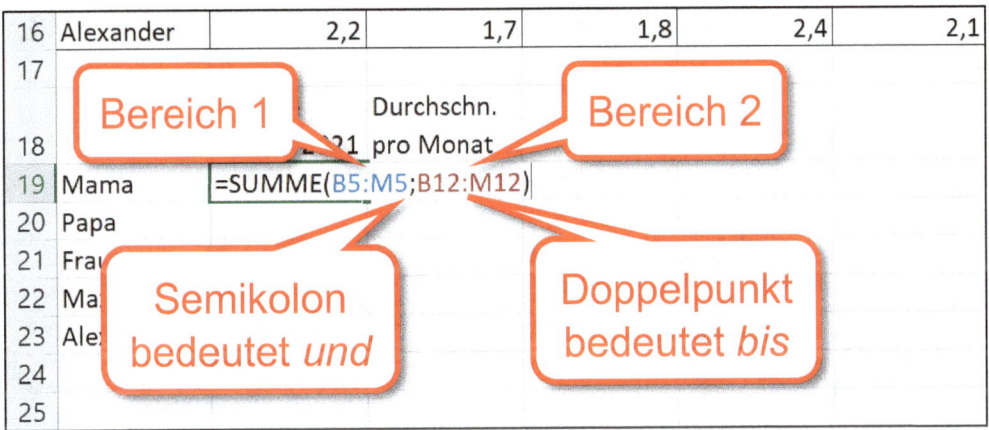

> **Hinweis:** Mit dieser Summenfunktion werden zwei Bereiche addiert. Der Doppelpunkt (:) bedeutet **bis**. Das Semikolon (;) steht für **und**. Die Formel liest sich daher wie folgt: Bilde die Summe aus den Bereichen B5 bis M5 und B12 bis M12.

23. Bestätigen Sie die Eingabe.

7.3.7   *Formeln automatisch übertragen*

24. Markieren Sie die Zelle B19. Klicken Sie <u>doppelt</u> auf den Anfasser, um die Formel automatisch auf die nachfolgenden Zellen zu übertragen.

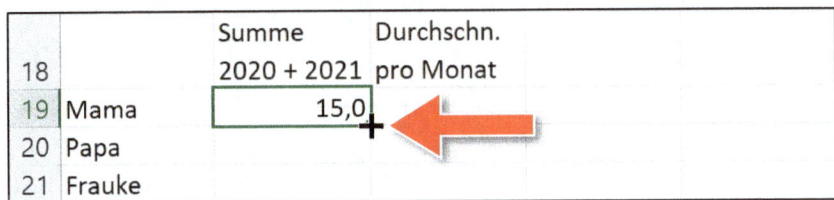

> **Hinweis:** Mit einem Doppelklick werden nachfolgende Zellen automatisch ausgefüllt.

7.3.8   *Mittelwert mit zwei Bereichen*

Von C19 bis C23 sollen die Durchschnittswerte der Jahre pro Person berechnet werden.

25. Geben Sie in die Zelle C19 die Formel **=MITTELWERT(B5:M5;B12:M12)** ein.

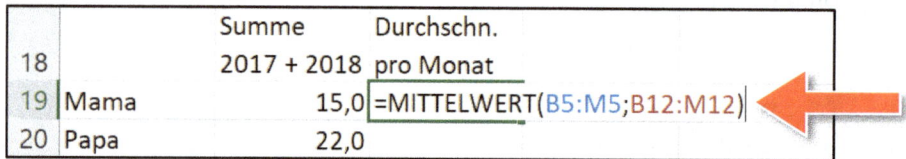

> **Hinweis:** Diese Formel unterscheidet sich gegenüber der vorherigen nur durch das Funktionswort MITTELWERT. Wieder werden die Bereiche B5 bis M5 und B12 bis M12 ausgewertet.

26. Beenden Sie die Eingabe und übertragen Sie die Formel auf die nachfolgenden Zellen.

7.3.9 *Schaltfläche AutoSumme*

Bisher haben Sie Funktionen immer von Hand eingetippt. Auf diese Weise haben Sie das Grundprinzip von Funktionen sicher erlernt. Mit der Schaltfläche **AutoSumme** können Sie die Funktion SUMME auch automatisch eintragen lassen.

27. Markieren Sie die Zellen B19 bis C24.

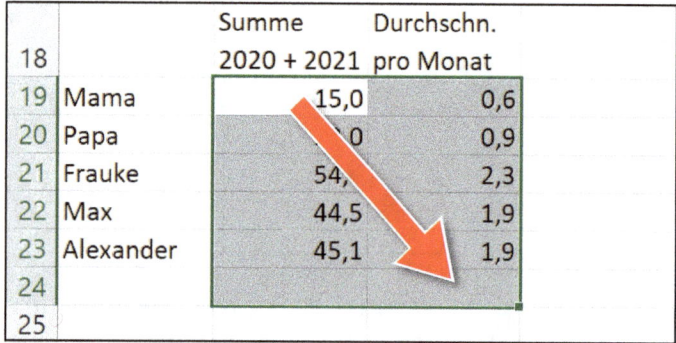

> **Hinweis:** Es gibt verschiedene Möglichkeiten, die Markierung für die AutoSumme zu setzen. Dabei kann es aber in einigen Fällen zu unerwünschten Resultaten kommen. Wenn Sie, wie in der Anweisung beschrieben, die Werte (B19 bis C23) <u>und</u> die dazugehörigen Ergebniszellen (B24 und C24) markieren, können keine Fehler bei der Summenbildung auftreten. Mögliche Fehler werden in den Folgekursen beschrieben.

28. Klicken Sie auf das Symbol der Schaltfläche **AutoSumme** Σ . Klicken Sie <u>nicht</u> auf den kleinen Pfeil $\vee$ an der Schaltfläche.

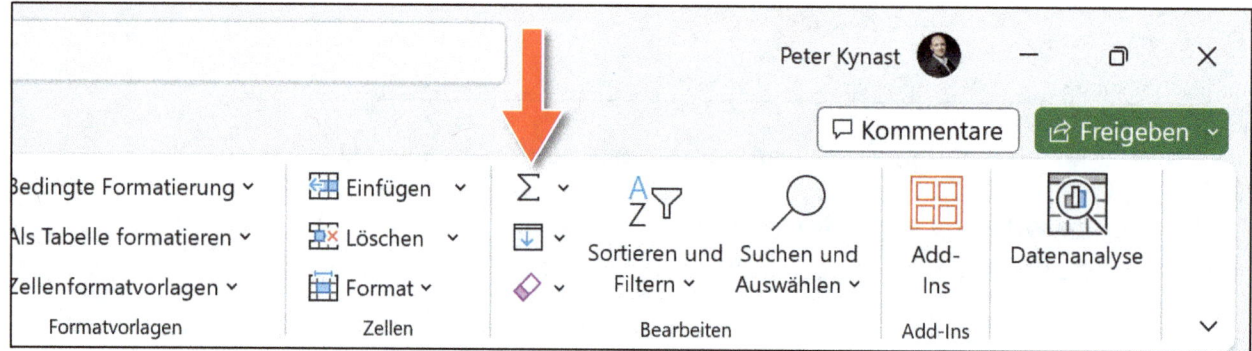

> **Ergebnis:** Die Summen der beiden Spalten werden automatisch in den Zellen B24 und C24 berechnet.

7.3.10   Kontrolle der Funktion

29. Markieren Sie B24 und aktivieren Sie mit der Taste $\boxed{F2}$ den Schreibmodus, um die Formel zu kontrollieren.

		Summe 2020 + 2021	Durchschn. pro Monat
18			
19	Mama	15,0	0,6
20	Papa	22,0	0,9
21	Frauke	54,3	2,3
22	Max	44,5	1,9
23	Alexander	45,1	1,9
24		=SUMME(B19:B23)	
25			

Oder: Sie können den Schreibmodus auch mit einem Doppelklick auf die Zelle aktivieren.

30. Beenden Sie den Schreibmodus mit der Taste **Enter** $\boxed{\leftarrow}$ oder **Escape** $\boxed{Esc}$.

   Hinweis: Da Sie keine Veränderung vorgenommen haben, macht es keinen Unterschied, ob Sie den Schreibmodus mit Enter oder Escape verlassen.

7.3.11   Formate

31. Formatieren Sie den Bereich A18 bis C18 mit den Formaten: **Fettschrift**, **Zentriert**, Füllfarbe: **Orange, Akzent 2, heller 60%**.

   Hinweis: Die Schaltfläche **Format übertragen** ist in dieser Situation nicht hilfreich. Würden Sie das Format der Zelle B11 auf A18 bis C18 übertragen, würden Sie den vorhandenen Textumbruch in B18 und C18 überschreiben. Textumbruch ist ein Format. Textumbruch ist kein Zellinhalt. Da die Zeilen 4 und 11 nicht mit Textumbruch formatiert sind, würden Sie den vorhandenen Textumbruch in den Zellen B18 und C18 überschreiben. Der Textumbruch hieß in früheren Excel-Versionen **Zeilenumbruch**.

32. Formatieren Sie den Bereich A19 bis C23 mit **Allen Rahmenlinien** $\boxed{\boxplus}$.

7.3.12   Abschluss

33. Speichern Sie die Datei und schließen Sie das Programm Excel.

8 Aufgabe: Studentensportfest

Die folgende Aufgabe dient als Lernkontrolle und ist der Abschluss des ersten Abschnittes. Anders als bei einer Anleitung wird der Lösungsweg hier nicht beschrieben. Das Resultat der Tabelle ist rechts abgebildet.

8.1 Inhalte

- Funktionen MIN, MAX, MITTELWERT
- Formate
- Kopieren und Einfügen

8.2 Aufgabe

1. Öffnen Sie die Übungsdatei *Studentensportfest - Anfang - S0499*.
2. Stellen Sie für die Zeiten des ersten Laufes zwei Dezimalstellen ein.
3. Ermitteln Sie in der Zelle B15 den schnellsten Teilnehmer des ersten Laufes. Markieren Sie dabei den Zellbereich mit der Zeigen-Methode.
4. Ermitteln Sie in der Zelle B16 den langsamsten Teilnehmer des ersten Laufes.

	A	B	C	D	E	F
1	**Studentensportfest**					
2	Laufergebnisse in Sekunden					
3	100-Meter-Lauf der Herren					
4						
5	**Name**	**Lauf 1**	**Name**	**Lauf 2**	**Name**	**Lauf 3**
6	Holthaus	13,24	Glader	11,66	Kobusch	12,58
7	Brinkmann	11,21	Just	10,95	Jakow	11,49
8	Zugmann	11,40	Luke	12,13	Langermann	13,41
9	Dogan	13,31	Morenzin	12,48	Rahmel	12,43
10	Müller	11,52	Bründel	12,07	Baran	13,52
11	Heinrich	12,26	Mohaba	12,23	Kasper	11,16
12	Walker	12,83	Delius	12,31	Reimer	11,17
13	Schmidt	13,35	Bäcker	11,69	Eickmeier	11,60
14	**Resultate**					
15	Schnellste	11,21		10,95		11,16
16	Langsamste	13,35		12,48		13,52
17	Durchschnitt	12,39		11,94		12,17
18						

Ergebnis: Studentensportfest

5. Ermitteln Sie in der Zelle B17 den Durchschnitt aller Zeiten des ersten Laufes.
6. Kopieren Sie die Formeln des ersten Laufes auf den zweiten und den dritten Lauf.
7. Ergänzen Sie in F15 bis F17 die rechte Rahmenlinie, die beim Kopieren gelöscht wurde.
8. Korrigieren Sie den Namen in der Zelle A10.
9. Ordnen Sie die Überschriften in den Zellen B5, D5 und F5 rechtsbündig an.
10. Erstellen Sie eine Mehrfachmarkierung mit der Taste *Steuerung* Strg und formatieren Sie die Zeilen 6, 8, 10 und 12 mit der Füllfarbe *Grün, Akzent 6, heller 60%*.
11. Verdoppeln Sie die Höhe der Zeile 14 auf den Wert 30 (40 Pixel).
12. Ordnen Sie den Text in Zelle A14 vertikal zentriert an.
13. Speichern Sie die Datei und schließen Sie das Programm Excel.

Vergleichen Sie!

Möchten Sie Ihre Übungen vergleichen? Sie finden die Ergebnisdateien in Ihrem Übungsordner.

Abschnitt 2

Anleitungen

Inhalte dieses Abschnittes:

- Unterschiede zwischen Zellinhalten und Zellformaten
- Zahlenformate: Bruch, Prozent, Datum, Zeit
- Rechnen mit Datums- und Zeitangaben
- Rechnen mit Prozenten
- mehrere Zellen gleichzeitig ausfüllen

9   Anleitung: Inhalte und Formate

Mit der folgenden Anleitung erhalten Sie wichtiges Grundwissen zum Thema Zellinhalte und Zellformate. Im Gegensatz zu den anderen Anleitungen hat diese Übung kein konkretes Praxisbeispiel zum Gegenstand. Es handelt sich um eine reine Übungstabelle.

Dieses Kapitel ist für das Grundverständnis von Excel von besonderer Bedeutung! Daher ist das Wiederholen dieser Anleitung sehr wichtig.

9.1   Neue Inhalte

- Unterschiede zwischen Zellinhalten und Zellformaten
- Zahlenformate: Bruch, Prozent, Datum und Zeit
- Rechnen mit Datums- und Zeitangaben
- ganze Tabellen markieren
- alle Formate löschen

9.2   Wiederholungen

- Spaltenbreiten einem bestimmten Wort anpassen

9.3   Anleitung

	A	B	C	D	E
1	**Inhalte und Formate**				
2					
3	**Euro**	**Bruch**	**Prozent**	**Datum**	**Zeit**
4	0,10 €	1/4	10%	01.01.1900	12:00:00
5	0,50 €	1/2	50%	02.01.1900	06:00:00
6	0,75 €	3/4	75%	01.01.2000	18:00:00
7	1,00 €	1 1/2	100%	01.01.1900	12:00:00
8	2,00 €		200%		
9					
10					
11	Bestelldatum	11.04.2020			
12	Lieferdatum	02.06.2020			
13	Lieferzeit	52			
14					
15					
16	Stundenlohn	10,00 €			
17	Arbeitsstunden	12:00:00			
18	Lohn	120			
19					

Ergebnis: Inhalte und Formate

9.3.1   Datei öffnen

1. Öffnen Sie die Übungsdatei ***Inhalte und Formate - Anfang - S0499***.

9.3.2   Format Euro

2. Betrachten Sie die Zelle A4. Der Inhalt der Zelle ist der Wert ***0,1***.

3	**Euro**	**Bruch**	**Prozent**	**Datum**	**Zeit**
4	0,1			1	0,5
5	0,5			2	0,25
6	0,75	0,75	0,75	36526	0,75

Inhalt = 0,1

3. Markieren Sie die Zelle und stellen Sie das Format ***Euro*** ein.
4. Betrachten Sie die Zelle A4 erneut.

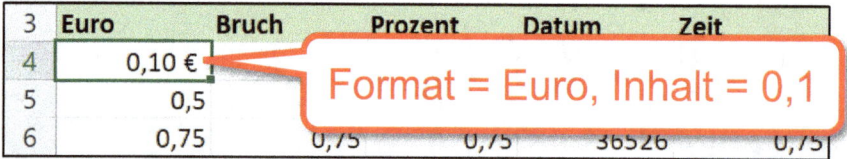

3	**Euro**	**Bruch**	**Prozent**	**Datum**	**Zeit**
4	0,10 €				
5	0,5				
6	0,75	0,75	0,75	36526	0,75

Format = Euro, Inhalt = 0,1

Hinweis: Der Inhalt wurde nicht verändert! Das Format ändert nur die Darstellung des Inhaltes. Was Excel anzeigt, ist immer die Kombination aus dem Zellinhalt und dem Zellformat.

5. Markieren Sie den Bereich A5 bis A8 und formatieren Sie auch diese Zahlen in **Euro** .

3	Euro	Bruch	Prozent	Datum	Zeit
4	0,10 €	0,25	0,1	1	0,5
5	0,50 €	0,5	0,5	2	0,25
6	0,75 €	0,75	0,75	36526	0,75
7	1,00 €	1,5	1		
8	2,00 €		2		

Hinweis: Das Ergebnis hatten Sie wahrscheinlich so erwartet. Es muss daher nicht weiter erklärt werden.

9.3.3   Format Bruch

6. Markieren Sie die Zelle B4.

7. Klicken Sie auf den kleinen Pfeil ⌄ am Listenfeld **Zahlenformat**, um das Listenfeld zu öffnen.

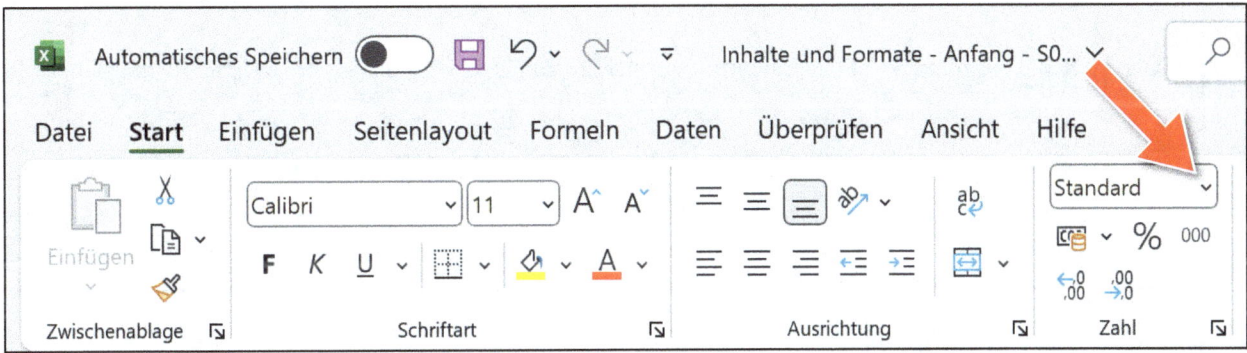

8. Klicken Sie in dem Listenfeld auf den Listenpunkt **Bruch**, um dieses Zahlenformat einzustellen.

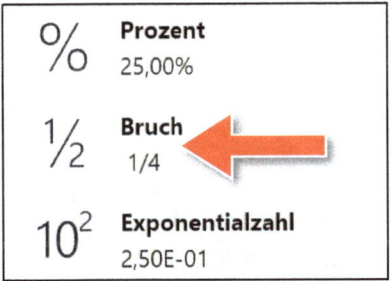

9. Betrachten Sie das Ergebnis.

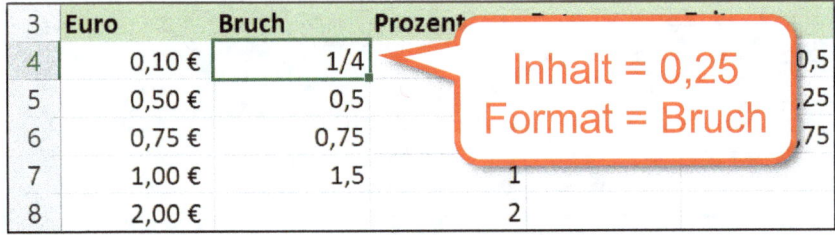

Ergebnis: Der Wert 0,25 wird als Bruch dargestellt. Der Inhalt hat sich aber <u>nicht</u> verändert! Der Inhalt ist weiterhin der Wert 0,25. Er wird durch das Format **Bruch** nur anders dargestellt.

10. Markieren Sie B5 bis B7 und formatieren Sie auch diese Zahlen mit dem Format **Bruch**.

3	Euro	Bruch	Prozent	Datum	Zeit
4	0,10 €	1/4	0,1	1	0,5
5	0,50 €	1/2	0,5	2	0,25
6	0,75 €	3/4	0,75	36526	0,75
7	1,00 €	1 1/2	1		
8	2,00 €		2		

Ergebnis: Die Zahlen werden als Brüche dargestellt. Die Inhalte haben sich <u>nicht</u> verändert.

9.3.4 Format Prozent

11. Markieren Sie C5 und klicken Sie auf diel Schaltfläche **Prozent** %, um dieses Format zuzuweisen.

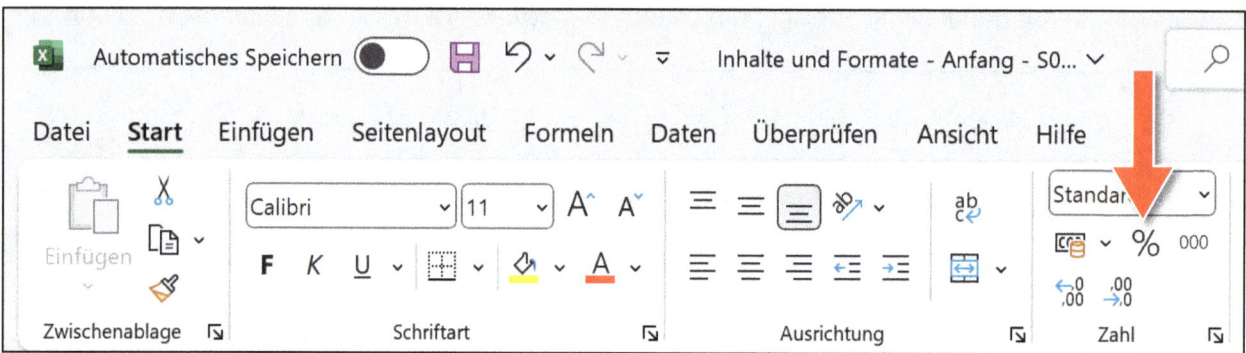

12. Betrachten Sie das Ergebnis.

3	Euro	Bruch	Prozent	Datum
4	0,10 €	1/4	0,1	
5	0,50 €	1/2	50%	
6	0,75 €	3/4	0,75	
7	1,00 €	1 1/2	1	

Inhalt = 0,5
Format = Prozent

Ergebnis: Der Wert 0,5 wird als Prozentzahl 50 % dargestellt.
Hinweis: Der Wert 0,5 entspricht dem Wert 50 %. Sie sind mathematisch identisch. Daher wird aus 0,5 die Prozentzahl 50 % und nicht 0,5 %. 50 % und 0,5 sind zwei unterschiedliche Methoden, um die Hälfte (von etwas) auszudrücken. Der Zellinhalt 0,5 bleibt bei diesem Vorgang unverändert.

13. Formatieren Sie auch die Zelle C4 mit dem Format **Prozent** %.

3	Euro	Bruch	Prozent	Datum
4	0,10 €	1/4	10%	
5	0,50 €	1/2	50%	
6	0,75 €	3/4	0,75	
7	1,00 €	1 1/2	1	

Inhalt = 0,1
Format = Prozent

Hinweis: Der Wert 0,1 entspricht dem Prozentwert 10 %.

14. Formatieren Sie auch die Zellen C6 bis C8 mit dem Format **Prozent** %.

3	Euro	Bruch	Prozent	Datum	Zeit
4	0,10 €	1/4	10%	1	0,5
5	0,50 €	1/2	50%		
6	0,75 €	3/4	75%		
7	1,00 €	1 1/2	100%		
8	2,00 €		200%		

> Inhalt = 1
> Format = Prozent

Hinweis: Der Wert 0,75 entspricht 75 %. Der Wert 1 entspricht 100 % (1 Ganzes = 100 %). Der Wert 2 entspricht 200 % (2 Ganze = 200 %) usw.

9.3.5   Format Datum

Jedes Datum ist eine Zahl! Diese Zahl ist mit einem Datumsformat versehen und erscheint daher als Datum. Wenn Sie ein Datum eingeben, ist eine Zahl der Inhalt der Zelle. Durch die Eingabe als Datum weist Excel automatisch das Format Datum zu. Die Zeitrechnung von Excel beginnt mit dem 01.01.1900. Der 01.01.1900 entspricht der Zahl 1. Der Zellinhalt ist in diesem Fall der Wert 1.

15. Markieren Sie die Zelle D7.

3	Euro	Bruch	Prozent	Datum	Zeit
4	0,10 €	1/4	10%	1	0,5
5	0,50 €	1/2	50%	2	0,25
6	0,75 €	3/4	75%	36526	0,75
7	1,00 €	1 1/2	100%		
8	2,00 €		200%		

16. Betrachten Sie das Listenfeld **Zahlenformat**.

Hinweis: Dieses Listenfeld zeigt das derzeitige Zahlenformat einer Zelle an. Das Zahlenformat **Standard** ist die Grundeinstellung aller Zellen.

17. Geben Sie in die Zelle D7 das Datum **01.01.1900** ein.

4	0,10 €	1/4	10%	1	0,5
5	0,50 €	1/2	50%	2	0,25
6	0,75 €	3/4	75%	36526	0,75
7	1,00 €	1 1/2	100%	01.01.1900	
8	2,00 €		200%		

18. Markieren Sie die Zelle D7 erneut und betrachten Sie wieder das Listenfeld *Zahlenformat*.

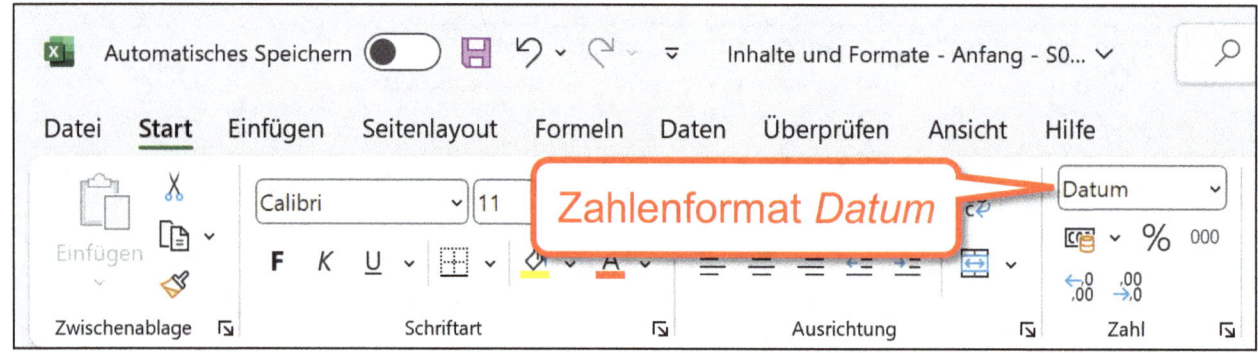

Ergebnis: Das Listenfeld *Zahlenformat* zeigt das Format *Datum* an.

Hinweis: Bei der Arbeit mit Datumsangaben in Excel gelten folgende Regeln:

• Jedes Datum ist eine Zahl!
• Bei der Eingabe eines Datums wird das Format der Zelle automatisch verändert.
• Excel stellt für diese Zelle automatisch das Zahlenformat *Datum* ein.
• Durch das Format *Datum* wird diese Zahl als Datum dargestellt und nicht als Zahl.
• Die Zeitrechnung von Excel beginnt mit dem Datum 01.01.1900.
• Das Datum 01.01.1900 entspricht dem Wert 1. Der 02.01.1900 entspricht dem Wert 2 usw.

9.3.6   Kontrolle

19. Klicken Sie auf den Pfeil ⌄ am Listenfeld *Zahlenformat*, um das Listenfeld zu öffnen.

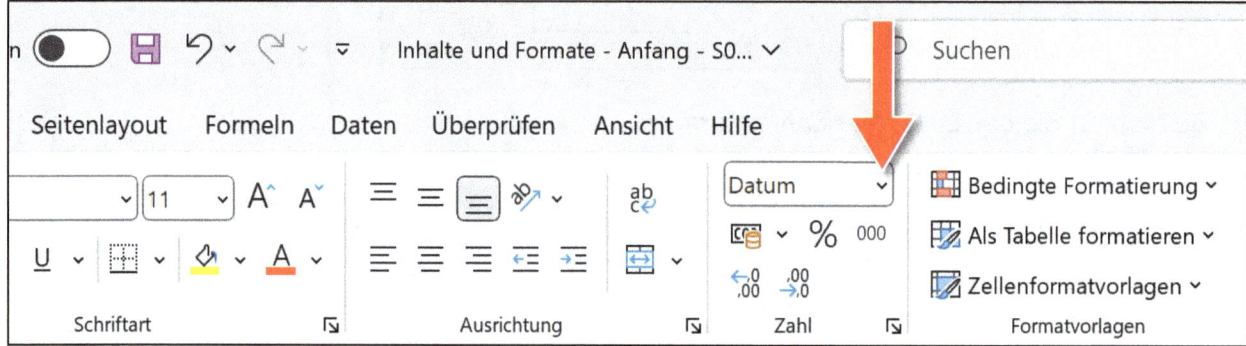

20. Klicken Sie auf den Listenpunkt *Standard*, um für D7 das Standard-Zahlenformat einzustellen.

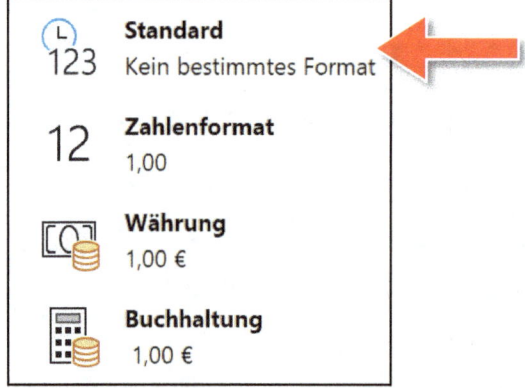

21. Betrachten Sie das Ergebnis.

3	Euro	Bruch	Prozent	Datum	Zeit
4	0,10 €	1/4	10%	1	0,5
5	0,50 €	1/2	50%	2	0,25
6	0,75 €	3/4	75%	36526	
7	1,00 €	1 1/2	100%	1	
8	2,00 €		200%		

1 = Inhalt der Zelle

Ergebnis: Die Zelle D7 zeigt den Wert 1 an.
Hinweis: Der erste Tag der Excel-Zeitrechnung ist der 01.01.1900. Der Wert 1 ist der Inhalt der Zelle! Datum ist das Format. Beides zusammen ergibt das Datum 01.01.1900. Wird das Datumsformat entfernt, ist der reine Inhalt der Zelle zu sehen.

9.3.7   Gegenprobe

Im letzten Schritt wurde das Format **Datum** in der Zelle D7 entfernt. Der Inhalt 1 wurde dadurch sichtbar. Um die Gegenprobe durchzuführen, wird das Format nachfolgend wieder zugewiesen.

22. Klicken Sie wieder auf den kleinen Pfeil ⌄ am Listenfeld **Zahlenformat**.

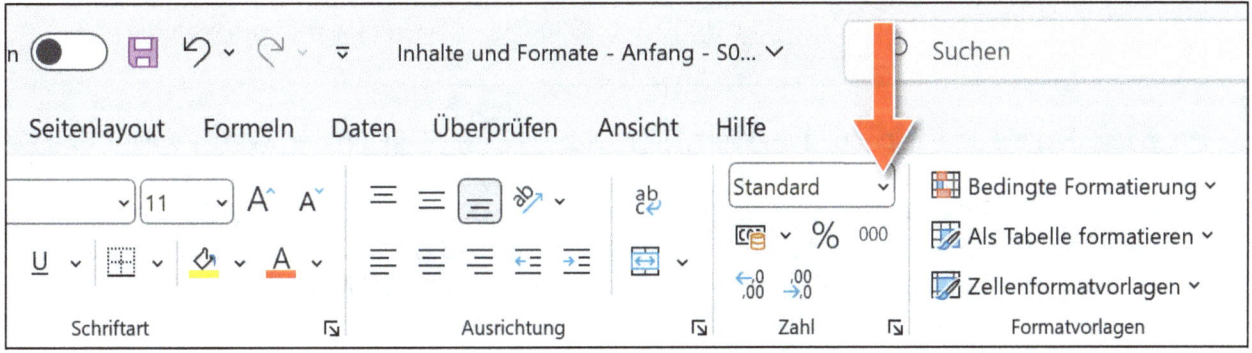

23. Klicken Sie auf den Listenpunkt **Datum, kurz**, um das Datumsformat wieder einzustellen.

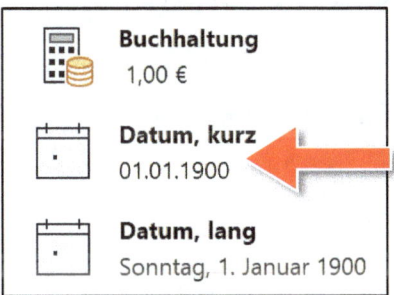

24. Betrachten Sie das Ergebnis.

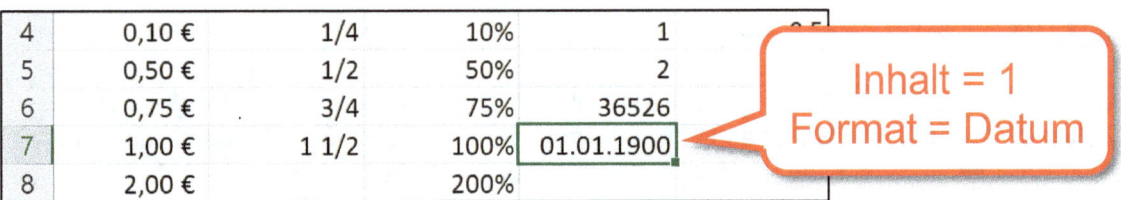

4	0,10 €	1/4	10%	1	
5	0,50 €	1/2	50%	2	
6	0,75 €	3/4	75%	36526	
7	1,00 €	1 1/2	100%	01.01.1900	
8	2,00 €		200%		

Inhalt = 1
Format = Datum

Ergebnis: Der Wert 1 wird durch das Datumsformat wieder als Datum 01.01.1900 dargestellt.

Hinweis: Ein Datum ist eine Zahl, die als Datum formatiert ist. Der 01.01.1900 ist für Excel der Tag 1.

25. Markieren Sie die Zellen D4 bis D6 und stellen Sie im Listenfeld ***Zahlenformat*** auch für diese Zellen das Format ***Datum, kurz*** ein.

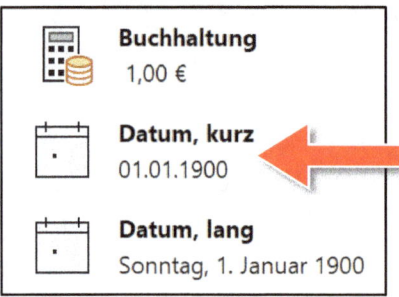

26. Betrachten Sie das Ergebnis.

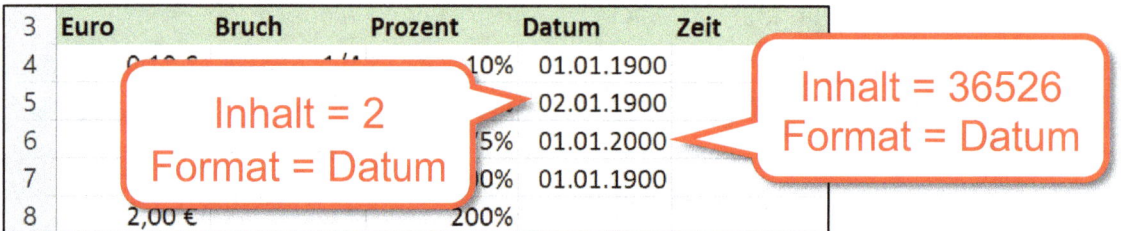

Hinweis: Jeder Tag entspricht dem Wert 1. Excel zählt jeden Tag um den Wert 1 weiter. Die Zahl 2 wird durch das Format Datum als 02.01.1900 dargestellt. Der Wert 36526 wird durch das Datumsformat als 01.01.2000 angezeigt. Zwischen dem 01.01.1900 und dem 01.01.2000 liegen 100 Jahre. Ein Jahr hat 365 Tage. 100 x 365 = 36500. Dazu kommen 26 Schaltjahre, die in diesem Zeitraum liegen. Ein Schaltjahr hat einen Tag mehr als ein normales Jahr. 36500 + 26 = 36526.

9.3.8   Bewusst Fehler machen

Beim Lernen lassen sich Fehler nicht vermeiden. Manchmal ist es auch sinnvoll, einen Fehler bewusst zu begehen, um ihn besser zu verstehen. Nachfolgend werden Sie der Zelle D6 fälschlicherweise das Format Euro zuweisen.

27. Markieren Sie die Zelle D6 und weisen Sie der Zelle das Format ***Euro*** [€] zu.

28. Betrachten Sie das Ergebnis.

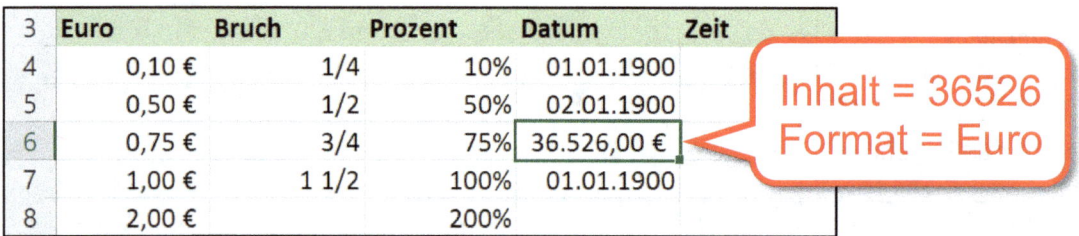

Hinweis: Dieses Resultat dürfte Sie jetzt nicht mehr überraschen. Der Inhalt der Zelle war die ganze Zeit der Wert 36526. Durch das Datumsformat wurde die Zahl 36526 zuerst als Datum 01.01.2000 dargestellt. Anschließend haben Sie das Format ***Euro*** zugewiesen. Daher wird der

Inhalt jetzt als Euro-Betrag 36.526,00 € dargestellt und nicht mehr als Datum. Es wurde aber lediglich das Format geändert.

29. Klicken Sie auf die Schaltfläche **Rückgängig** 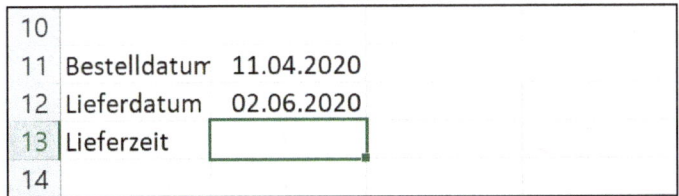, um das Euro-Format wieder durch das Datumsformat zu ersetzen.

9.3.9   Spaltenbreiten einem bestimmten Wort anpassen

30. Geben Sie in den Zellen A11 bis A13 und B11 bis B12 folgende Daten ein.

10		
11	Bestelldatum	11.04.2020
12	Lieferdatum	02.06.2020
13	Lieferzeit	
14		

31. Markieren Sie die Zelle A11 und klicken Sie auf die Schaltfläche **Format** 📋 Format ˅ .

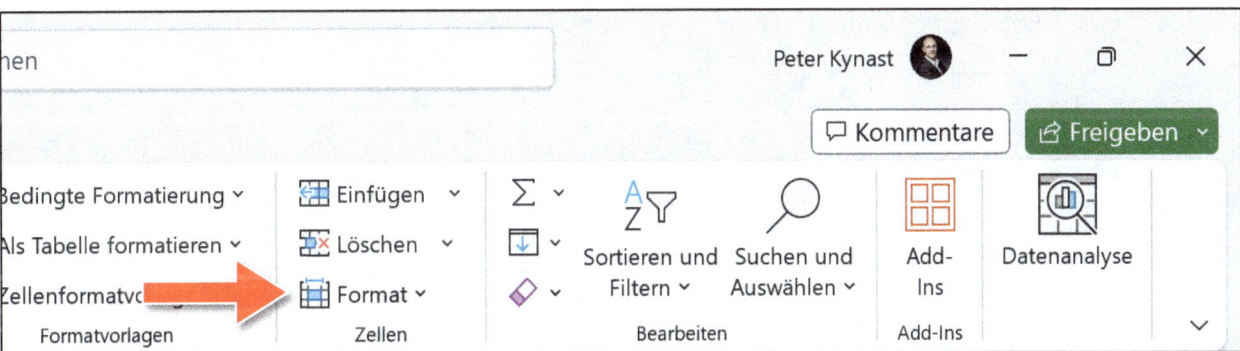

32. Klicken Sie auf den Listenpunkt **Spaltenbreite automatisch anpassen**, um die Breite der Spalte A
dem Wort **Bestelldatum** anzupassen.

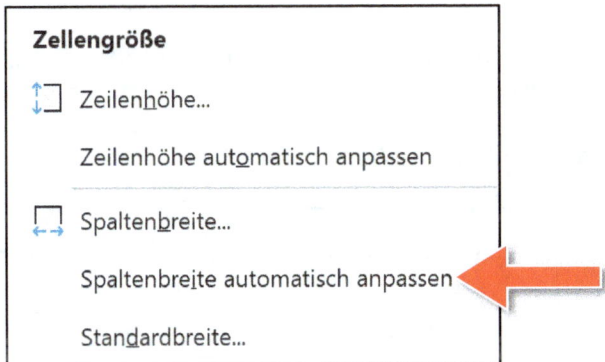

Hinweis: Ein Doppelklick auf die Trennlinie zwischen den Spaltenköpfen A und B würde die Breite
der Überschrift **Inhalte und Formate** anpassen. Damit die Breite einem bestimmten Wort angepasst wird, muss dieses Wort markiert werden und der Befehl **Spaltenbreite automatisch anpassen** angeklickt werden.

9.3.10   Rechnen mit Datumsangaben

Stellen Sie sich die Frage, wozu das Hintergrundwissen zu Datumsangaben dient? Es wird Ihnen einerseits helfen, Formatierungsfehler besser zu erkennen und zu beheben. Ein weiterer Vorteil liegt darin, dass Sie mit Datumsangaben rechnen können.

33. Geben Sie in der Zelle B13 die Formel **=B12-B11** ein, um die Lieferzeit zu berechnen.

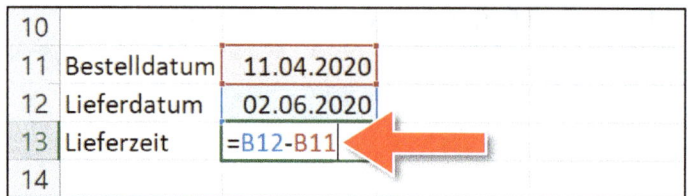

Hinweis: Jedes Datum ist eine Zahl! Um den Zeitraum zwischen zwei Datumsangaben zu berechnen, werden die Daten subtrahiert. Der 01.01.1900 ist der Tag 1 der Excel-Zeitrechnung. Das Bestelldatum (B11) liegt näher am 01.01.1900 als das Lieferdatum. Daher ist es die kleinere Zahl. Das Lieferdatum (B12) ist die größere Zahl. Daher rechnen Sie B12 minus B11.

34. Bestätigen Sie die Eingabe und betrachten Sie das Ergebnis.

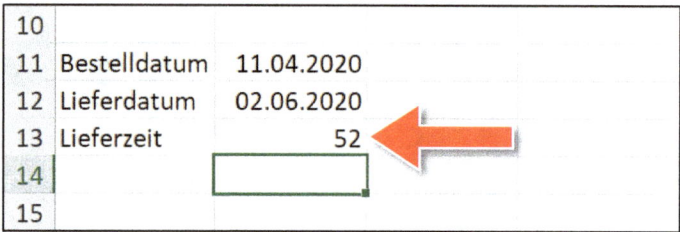

Ergebnis: Zwischen den beiden Daten liegen 52 Tage.

Hinweis: Das Datum 11.04.2020 ist der 43932. Tag der Excel-Zeitrechnung. Der 02.06.2020 ist der 43984. Tag. Excel rechnet: 43984 - 43932 = 52.

9.3.11   Format Zeit

Für das Format **Zeit** gelten die gleichen Regeln wie für das Format **Datum**. Auch jede Zeitangabe ist eine Zahl! Jeder ganze Tag (24 Stunden) entspricht dem Wert 1.

35. Markieren Sie die Zelle E7 und betrachten Sie das Listenfeld **Zahlenformat**.

Hinweis: Das Zahlenformat **Standard** ist in dieser Zelle aktiv. Dies ist die Grundeinstellung aller Zellen.

36. Geben Sie in die Zelle E7 die Zeitangabe **12:00:00** ein.

3	Euro	Bruch	Prozent	Datum	Zeit
4	0,10 €	1/4	10%	01.01.1900	0,5
5	0,50 €	1/2	50%	02.01.1900	0,25
6	0,75 €	3/4	75%	01.01.2000	0,75
7	1,00 €	1 1/2	100%	01.01.1900	12:00:00
8	2,00 €		200%		
9					

Hinweis: Zeitangaben werden in Excel mit Doppelpunkten (:) notiert.

37. Markieren Sie wieder die Zelle E7 und betrachten Sie erneut das Listenfeld **Zahlenformat**.

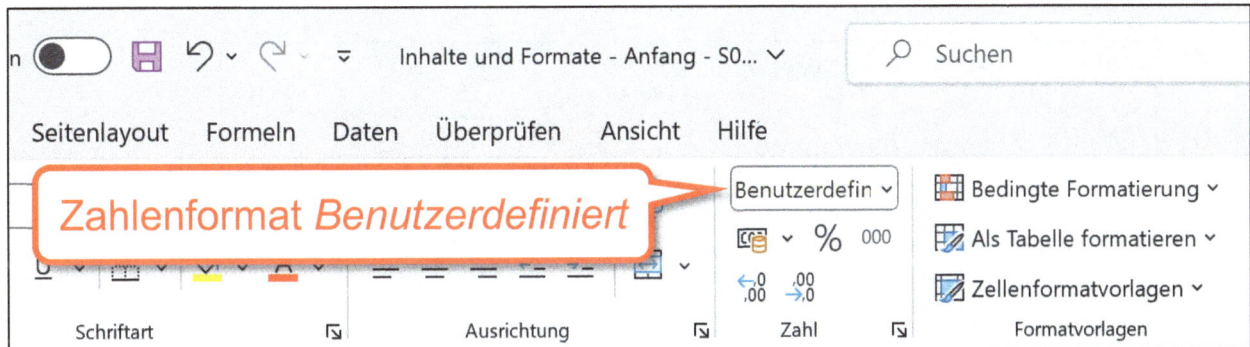

Zahlenformat *Benutzerdefiniert*

Hinweis: Eigentlich müsste hier der Begriff **Zeit** stehen. An dieser Stelle ist Excel leider nicht konsequent und logisch. **Benutzerdefiniert** ist ein Zeitformat! Ersetzen Sie daher in Gedanken den Begriff **Benutzerdefiniert** durch den Begriff **Zeit**. Für das Format Zeit gelten ähnliche Regeln wie für das Format Datum.
- Jede Zeitangabe ist eine Zahl!
- Diese Zahl wird als Zeit dargestellt, weil die Zelle ein Zeitformat enthält.
- Das Zeitformat wird der Zelle bei der Eingabe automatisch zugewiesen.
- Jeder volle Tag (24 Stunden) entspricht dem Wert 1. 12 Stunden = 0,5 usw.

9.3.12   Zeitformat entfernen

38. Klicken Sie auf den Pfeil ⌄ am Listenfeld **Zahlenformat**, um das Listenfeld zu öffnen.
39. Klicken Sie auf den Listenpunkt **Standard**, um für E7 das Zeitformat zu löschen und wieder das Standard-Zahlenformat einzustellen.

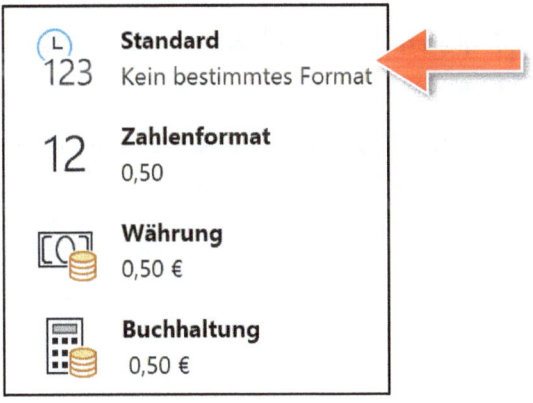

40. Betrachten Sie das Ergebnis.

3	Euro	Bruch	Prozent	Datum	Zeit
4	0,10 €	1/4	10%	01.01.1900	0,5
5	0,50 €	1/2	50%	02.01.1900	0,25
6	0,75 €	3/4	75%	01.01.2000	0,75
7	1,00 €	1 1/2	100%	01.01.1900	0,5
8	2,00 €		200%		

Ergebnis: Die Zelle E7 zeigt den Wert 0,5 an.

Hinweis: Der Wert 0,5 ist der Zellinhalt. 12 Stunden entsprechen einem halben Tag (0,5). Durch das Entfernen des Zeitformates wird der unformatierte Inhalt der Zelle sichtbar.

41. Markieren Sie die Zelle E5. Klicken Sie im Listenfeld *Zahlenformat* auf den Listenpunkt *Zeit*.

3	Euro	Bruch	Prozent	Datum	Zeit
4	0,10 €	1/4	10%	01.01.1900	0,5
5	0,50 €				06:00:00
6	0,75 €			01.01.2000	0,75
7	1,00 €			01.01.1900	0,5
8	2,00 €		200%		

Inhalt = 0,25
Format = Zeit

Ergebnis: Der Wert 0,25 wird als 06:00:00 dargestellt.

Hinweis: Der Wert 0,25 (ein Viertel) entspricht sechs Stunden. Sechs Stunden sind ein Viertel eines Tages. Durch das Format *Zeit* wird die Zahl 0,25 als Zeitangabe 06:00:00 dargestellt. Die Darstellung im Feld *Zahlenformat* ist irritierend. Obwohl Sie auf den Listenpunkt *Zeit* geklickt haben, wird im Feld Zahlenformat anschließend *Uhrzeit* und nicht *Zeit* oder *Benutzerdefiniert* angezeigt.

42. Formatieren Sie auch die anderen Werte in der Spalte E mit dem Format *Zeit / Uhrzeit*.

43. Betrachten Sie das Ergebnis.

0,5 eines Tages

0,25 eines Tages

0,75 eines Tages

9.3.13   Rechnen mit Zeitangaben

Auch Zeitangaben sind Zahlen. Daher können Sie auch mit Zeiten rechnen. Bei der nachfolgenden Lohnberechnung ist anfangs wieder bewusst ein Fehler eingebaut.

44. Geben Sie in den Zellen A16 bis A18 und B16 bis B17 folgende Daten ein. Passen Sie die Breite der Spalte A dem Wort *Arbeitsstunden* an.

15		
16	Stundenlohn	10,00 €
17	Arbeitsstunden	12:00:00
18	Lohn	

45. Geben Sie in der Zelle B18 die Formel **=B16*B17** ein, um den Lohn zu berechnen.

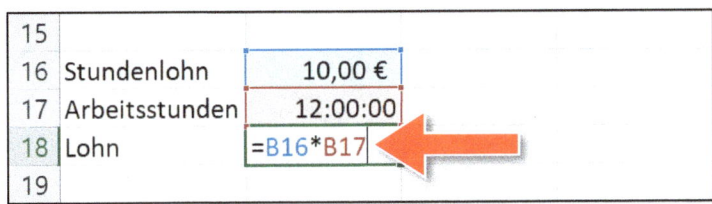

46. Bestätigen Sie die Eingabe und betrachten Sie das Ergebnis.

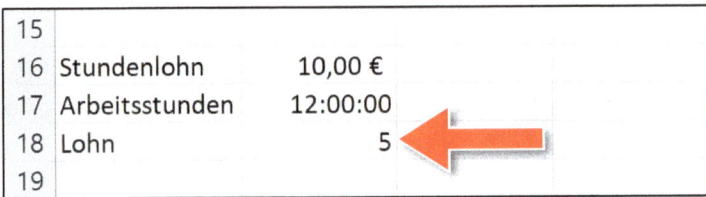

Ergebnis: Der Wert 5 wird als Lohn ausgegeben.
Hinweis: Mit dem soeben erworbenen Wissen können Sie dieses Ergebnis vielleicht erklären. Excel rechnet immer mit dem Inhalt einer Zelle! Das Format spielt dabei keine Rolle. Der Inhalt der Zelle B17 ist der Wert 0,5. Daher rechnet Excel: **10 x 0,5 = 5**

9.3.14   Korrektur der Formel

Um diese Aufgabe zu lösen, muss der Faktor 24 hinzugefügt werden. Durch das Malnehmen mit 24 kann jede Zeitangabe in Excel in eine normale Zahl (Dezimalzahl) umgerechnet werden. Aus 12:00:00 wird 12, aus 06:00:00 wird 6, aus 18:00:00 wird 18 usw. Das gilt auch für krumme Zeiten. Z. B. wird mit dem Faktor 24 aus 17:34:09 Stunden die Dezimalzahl 17,56916667.

47. Markieren Sie erneut die Zelle B18 und drücken Sie die Taste $\boxed{F2}$, um den Schreibmodus der Zelle zu aktivieren.

48. Ergänzen Sie die Formel um den Faktor 24. Die Formel lautet: **=B16*B17*24**

Hinweis: Faktor bedeutet, dass mit diesem Wert malgenommen wird. Durch den Faktor 24 wird aus dem Wert 12:00:00 (0,5) der gewünschte Wert 12. Diese Multiplikation funktioniert auch mit allen anderen Zeitwerten.
Beispiele:
12:00:00 = 0,5 | 0,5 x 24 = 12
06:00:00 = 0,25 | 0,25 x 24 = 6
18:00:00 = 0,75 | 0,75 x 24 = 18 usw.
Um Zeiten mit normalen Zahlen zu multiplizieren, wird der Faktor 24 hinzugefügt. Das gilt auch für Bruchzeiten, z. B. 17:34:09.

49. Betrachten Sie das Ergebnis.

16	Stundenlohn	10,00 €
17	Arbeitsstunden	12:00:00
18	Lohn	120

Hinweis: Die Zellen B16 und B17 haben unterschiedliche Zahlenformate (Euro und Zeit). Excel weist dem Ergebnis daher keines der beiden Formate zu, sondern das Standard-Zahlenformat.

9.3.15 Formate löschen

Manchmal ist es hilfreich, alle Formate einer oder mehrerer Zellen zu löschen. Dadurch erhalten Sie einen Blick auf die reinen Inhalte und können Fehler unter Umständen besser finden. Um diese Methode zu demonstrieren, werden nachfolgend die Formate aus allen Zellen gelöscht und anschließend wiederhergestellt.

50. Klicken Sie oben links auf den *Tabellenmarkierer* ⬜, um die ganze Tabelle zu markieren.

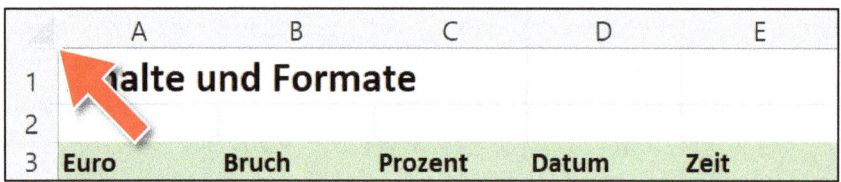

51. Klicken Sie auf die Schaltfläche *Löschen* 🔸˅, um das Listenfeld der Schaltfläche zu öffnen.

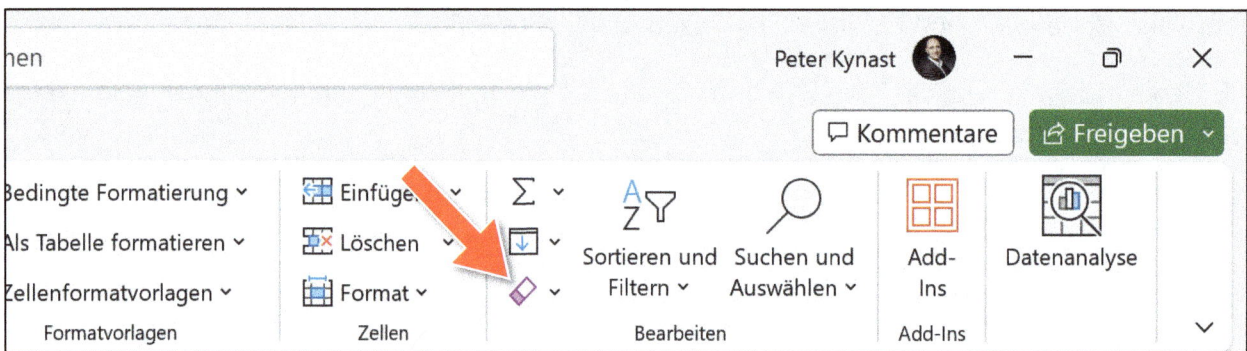

Hinweis: Je nach Größe Ihres Bildschirms kann die Darstellung der Schaltflächen abweichen. Auf größeren Monitoren wird die Schaltfläche *Löschen* mit Beschriftung angezeigt (siehe nachfolgende Abbildung).

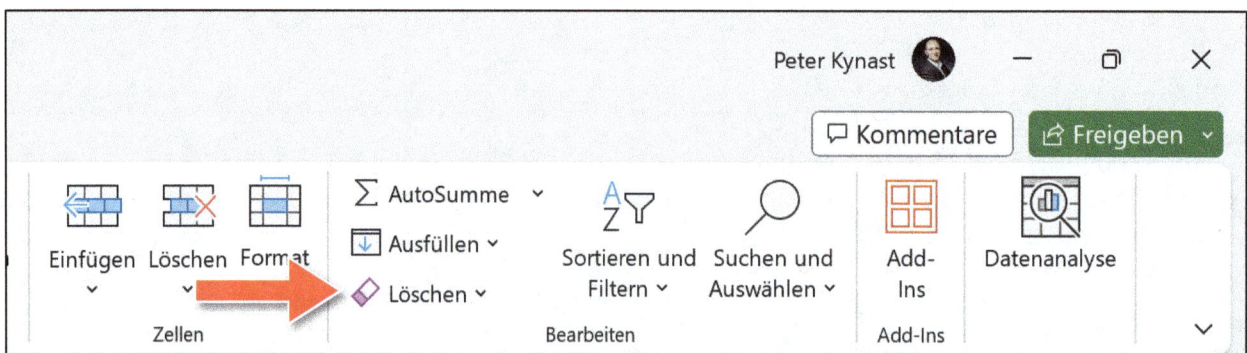

52. Klicken Sie im Listenfeld der Schaltfläche auf den Listenpunkt *Formate löschen*.

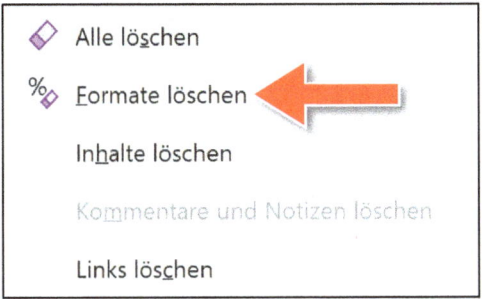

53. Betrachten Sie das Ergebnis.

	A	B	C	D	E	F
1	Inhalte und Formate					
2						
3	Euro	Bruch	Prozent	Datum	Zeit	
4	0,1	0,25	0,1	1	0,5	
5	0,5	0,5	0,5	2	0,25	
6	0,75	0,75	0,75	36526	0,75	
7	1	1,5	1	1	0,5	
8	2		2			
9						
10						
11	Bestelldatum	43932				
12	Lieferdatum	43984				
13	Lieferzeit	52				
14						
15						
16	Stundenlohn	10				
17	Arbeitsstunden	0,5				
18	Lohn	120				
19						

keine Formate

Ergebnis: Die Formate für Zahlen, Schriften und Füllfarben werden gelöscht.

Hinweis: Der Begriff *Löschen* ist in diesem Zusammenhang ungenau. Es werden nicht alle Formate gelöscht. Die Formate werden lediglich auf die Grundeinstellungen zurückgesetzt, z. B. Schriftgröße 11, Zahlenformat Standard und transparente Hintergrundfarbe. Das Zurücksetzen sämtlicher Formate ist in vielen Fällen sinnvoll. Immer dann, wenn Excel unerwartete Resultate anzeigt, kann dieses Vorgehen hilfreich sein. Dadurch sehen Sie den wirklichen Inhalt der Zelle(n) und können Fehler besser erkennen.

Weiterlesen: Lesen Sie hierzu auch Kapitel 24 Erklärung: Inhalte und Formate, Seite 150.

54. Klicken Sie auf die Schaltfläche *Rückgängig* ⤺ , um das Löschen der Formate wieder zurückzunehmen.

9.3.16   Abschluss

55. Speichern Sie die Datei und schließen Sie Excel.

10   Anleitung: Briefbögen

Mit der folgenden Anleitung berechnen Sie den Rechnungsbetrag für eine Bestellung Briefbögen.

10.1   Neue Inhalte

- Rechnen mit Prozenten
- Zellbezüge mit den Pfeiltasten eingeben (Zeigen-Methode)

10.2   Wiederholungen

- Tausender-Trennzeichen
- einfache Formeln
- Prozentwerte eingeben

10.3   Anleitung

10.3.1   Datei öffnen

1. Öffnen Sie die Übungsdatei **Briefbögen - Anfang - S0499**.

	A	B
1	**Briefbögen**	
2	Menge	10.000
3	Preis pro 1000 St. (netto)	30,00 €
4	Zwischensumme	300,00 €
5		
6	Mengenrabatt in Prozent	5%
7	Mengenrabatt in Euro	15,00 €
8	Verkaufspreis (netto)	285,00 €
9		
10	Mehrwertsteuer in Prozent	19%
11	Mehrwertsteuer in Euro	54,15 €
12	**Rechnungsbetrag**	**339,15 €**
13		

Ergebnis: Briefbögen

10.3.2   Format Tausender-Trennzeichen

2. Markieren Sie die Zelle B2. Klicken Sie auf den kleinen Pfeil ⬂ unten rechts in der Gruppe **Zahl**, um das Dialogfenster **Zellen formatieren** zu öffnen.

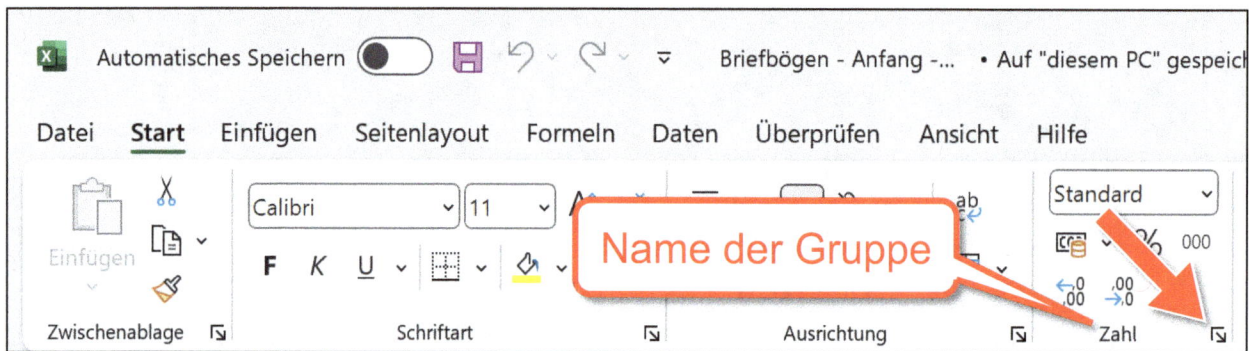

Hinweis: Das Dialogfenster **Zellen formatieren** gehört zu den wichtigsten Dialogfenstern in Excel. Hier können fast alle Formate für Zellen ein- und ausgeschaltet werden. Neben dem gezeigten Weg existieren aber noch weitere Möglichkeiten, das Dialogfenster **Zellen formatieren** zu öffnen.

3. Klicken Sie im Register **Zahlen** auf die Kategorie **Zahl**, um diese Kategorie zu aktivieren.

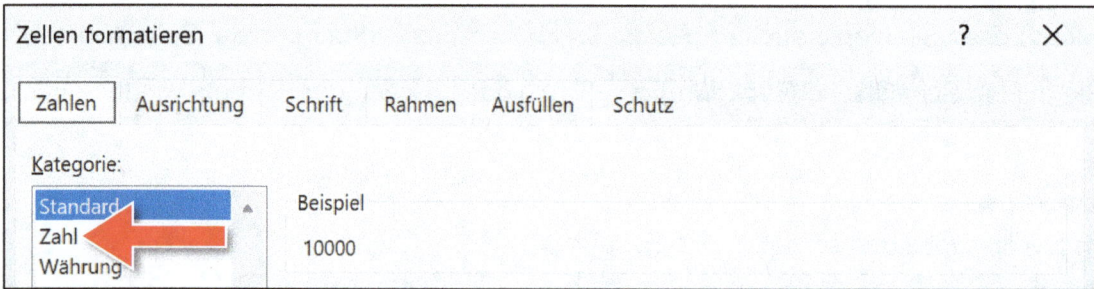

4. Nehmen Sie folgende Einstellungen vor:
    • Dezimalstellen: 0
    • 1000er-Trennzeichen verwenden: aktivieren (Haken setzen)

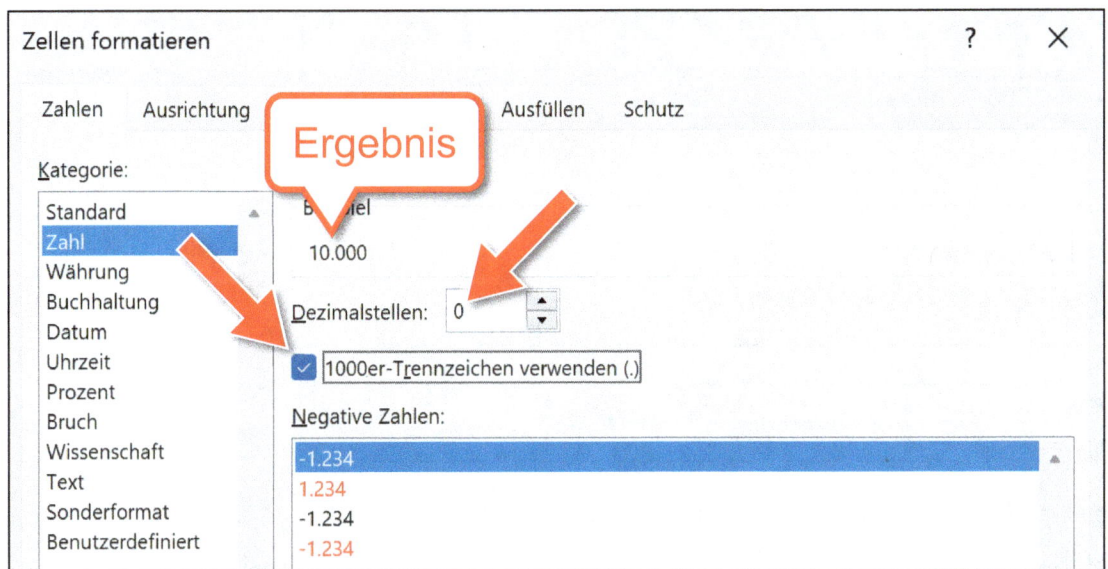

Hinweis: Das Beispiel zeigt das fertige Ergebnis der Einstellungen an. Es bezieht sich auf die aktive Zelle B2.

5. Klicken Sie auf die Schaltfläche **OK**, um die Einstellungen zu übernehmen.
    Ergebnis: Die Zahl in B2 wird mit dem Tausender-Trennzeichen (.) angezeigt. Das Tausender-Trennzeichen ist ein Punkt. Er wird nach jeder dritten Stelle von rechts gesetzt, um die Lesbarkeit einer Zahl zu verbessern. Insbesondere größere Zahlen, wie z. B. Millionen und Milliarden, sind auf diese Weise für das Auge einfacher zu lesen.

10.3.3   Zwischensumme ermitteln

6. Geben Sie in B4 die Formel **=B2/1000*B3** ein, um die Zwischensumme zu ermitteln.

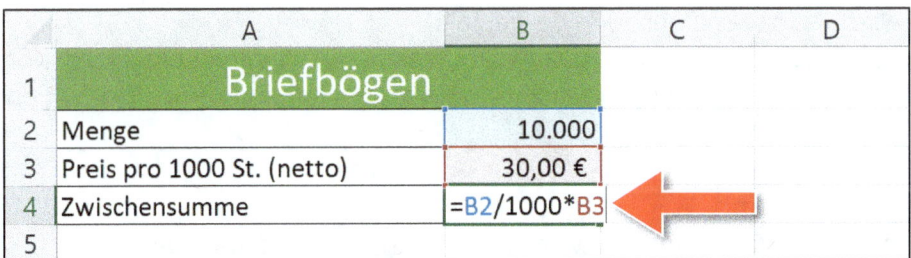

Hinweis: 1000 Stück kosten 30,00 €. Daher wird B2 zuerst durch 1000 geteilt und anschließend mit B3 malgenommen. Grundsätzlich gilt für Excel: Wenn sich ein Wert in der Tabelle befindet, sollten Sie sich bei Berechnungen in jedem Fall mit einem Zellbezug auf diesen Wert beziehen. Dadurch stellen Sie sicher, dass Ihre Formel automatisch neu berechnet wird, falls der Wert in der Zelle einmal geändert wird. Der Wert 1000 ist in keiner Zelle vorhanden, daher kann er gefahrlos in der Formel als fester Wert eingegeben werden. Die Zelle A3 kann nicht zum Rechnen verwendet werden, da sich neben der Zahl auch Text in der Zelle befindet. Der Inhalt dieser Zelle würde von Excel als Text interpretiert werden.

7. Betrachten Sie das Ergebnis.

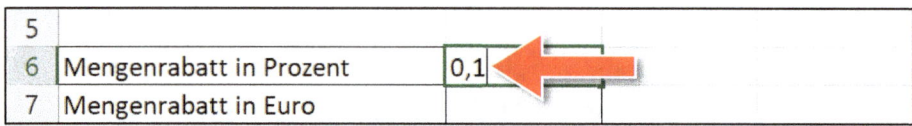

	A	B	C	D
1	**Briefbögen**			
2	Menge	10.000		
3	Preis pro 1000 St. (netto)	30,00 €		
4	Zwischensumme	300,00 €		
5				

10.3.4   Prozent eingeben

8. Geben Sie in der Zelle B6 die Zahl **0,1** ein.

5		
6	Mengenrabatt in Prozent	0,1
7	Mengenrabatt in Euro	

Hinweis: Der Wert 0,1 entspricht mathematisch dem Prozentwert 10 %.

9. Markieren Sie die Zelle B6 und klicken Sie auf **Prozent** %, um dieses Format zuzuweisen.

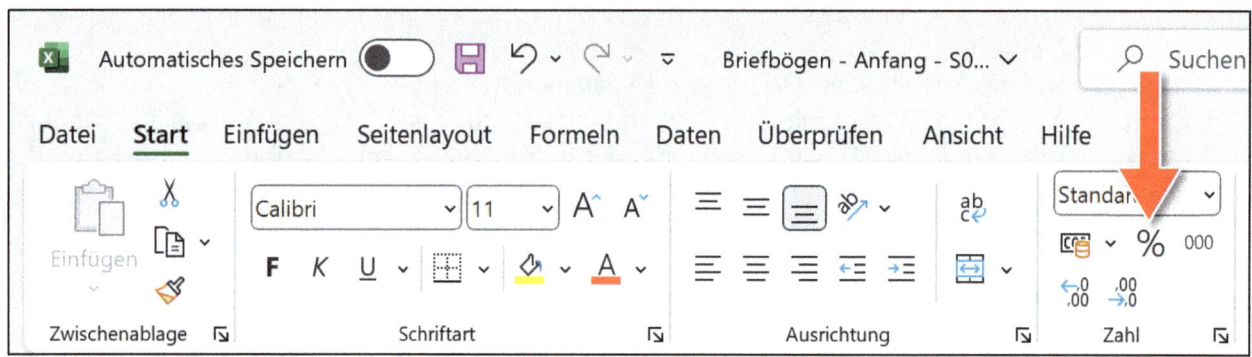

Ergebnis: Der Wert 0,1 wird als Prozentzahl 10 % dargestellt.
Oder: Beim Eingeben eines Prozentwertes kann das Prozentzeichen auch direkt eingetippt werden. Sie geben in diesem Fall **10 %** ein. Das anschließende Formatieren mit dem Format Prozent entfällt. Beide Methoden führen zum gleichen Resultat.

10.3.5   Mengenrabatt ermitteln

10. Geben Sie in B7 die Formel **=B4*B6** ein, um den Mengenrabatt in Euro auszurechnen.

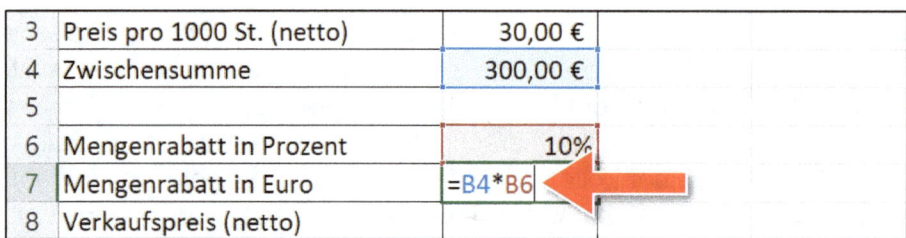

3	Preis pro 1000 St. (netto)	30,00 €
4	Zwischensumme	300,00 €
5		
6	Mengenrabatt in Prozent	10%
7	Mengenrabatt in Euro	=B4*B6
8	Verkaufspreis (netto)	

Hinweis: Der Inhalt der Zelle B6 ist der Wert 0,1. Es macht mathematisch keinen Unterschied, ob Sie **300 x 0,1** rechnen oder **300 x 10 %**. Die beiden Wege sind identisch und führen zum gleichen Resultat.

10.3.6   Nettoverkaufspreis ermitteln

11. Geben Sie in der Zelle B8 die Formel **=B4-B7** ein, um den Nettoverkaufspreis zu errechnen.

3	Preis pro 1000 St. (netto)	30,00 €
4	Zwischensumme	300,00 €
5		
6	Mengenrabatt in Prozent	10%
7	Mengenrabatt in Euro	30,00 €
8	Verkaufspreis (netto)	=B4-B7
9		

Hinweis: Ein Fehler tritt bei der Arbeit mit Excel besonders häufig auf. Viele Anwender verwenden bei Berechnungen immer die Funktion SUMME. In dieser Situation sähe das wie folgt aus: **=SUMME(B4-B7)**. Diese Anwendung der Funktion SUMME ist falsch! Sie führt zwar zum gleichen Ergebnis, die Funktion SUMME ist dabei aber unnötiger Ballast. Die Berechnung **=B4-B7** ist bereits vollständig. Benutzen Sie die Funktion SUMME nur dann, wenn Sie wirklich addieren möchten. SUMME steht für Addition! In diesem Vorgang wird subtrahiert.

10.3.7   Eingabe Prozent

12. Geben Sie in der Zelle B10 den Wert **19 %** ein. Tippen Sie dieses Mal das Prozentzeichen (%) über die Tastatur ein und schließen Sie die Eingabe ab.

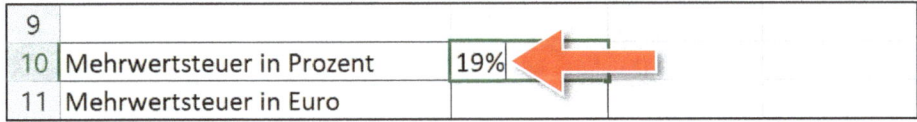

9		
10	Mehrwertsteuer in Prozent	19%
11	Mehrwertsteuer in Euro	

Hinweis: Es macht keinen Unterschied, ob Sie 19 % eintippen oder 0,19 eingeben und anschließend die Zelle mit dem Zahlenformat **Prozent** % formatieren. Die beiden Wege sind gleichwertig.

13. Markieren Sie die Zelle B10 und betrachten Sie das Listenfeld **Zahlenformat**, um das Zahlenformat zu kontrollieren.

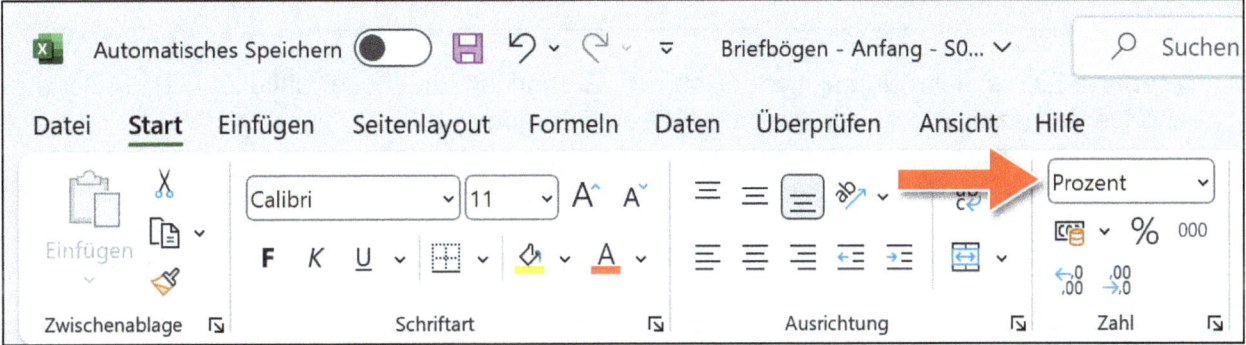

Ergebnis: Die Zelle weist das Zahlenformat **Prozent** auf.

10.3.8   Mehrwertsteuer berechnen

14. Berechnen Sie in B11 die Mehrwertsteuer. Multiplizieren Sie dazu die Zellen B8 und B10.

7	Mengenrabatt in Euro	30,00 €
8	Verkaufspreis (netto)	270,00 €
9		
10	Mehrwertsteuer in Prozent	19%
11	Mehrwertsteuer in Euro	=B8*B10
12	**Rechnungsbetrag**	
13		

Hinweis: Der Preis in der Zelle B8 ist ein Nettopreis. Er enthält noch keine Mehrwertsteuer.

10.3.9   Rechnungsbetrag mit der Zeigen-Methode ermitteln

Die Zeigen-Methode mit der Maus haben Sie bereits in den vorangegangenen Kapiteln kennengelernt. Nachfolgend wird die Zeigen-Methode mit der Tastatur erklärt.

15. Geben Sie in der Zelle B12 ein Gleichheitszeichen (=) ein. Drücken Sie noch nicht auf die Taste **Enter** ↵.

10	Mehrwertsteuer in Prozent	19%
11	Mehrwertsteuer in Euro	51,30 €
12	**Rechnungsbetrag**	=
13		

Gleichheitszeichen

16. Drücken Sie auf der Tastatur einmal auf die Pfeiltaste **Hoch** ↑.

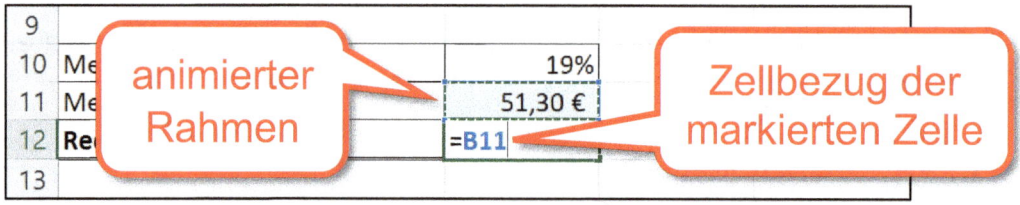

animierter Rahmen — *Zellbezug der markierten Zelle*

Ergebnis: Es erscheint ein animierter Rahmen. Er markiert die ausgewählte Zelle B11. Der dazugehörige Zellbezug B11 wird in die Zelle B12 eingetragen.
Hinweis: Die Pfeiltasten werden oft auch als **Cursortasten** bezeichnet.
Achtung: Verwechseln Sie die Pfeiltaste **Hoch** nicht mit der Taste **Umschalten** (Großschreibtaste) ⇧.

17. Drücken Sie drei weitere Male auf die Pfeiltaste **Hoch** ↑, um B8 zu markieren.

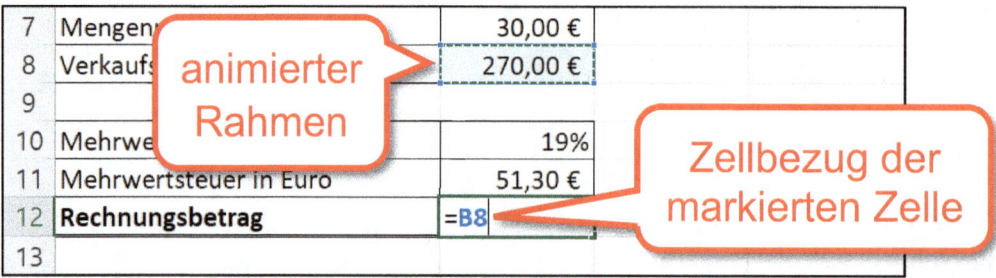

animierter Rahmen — *Zellbezug der markierten Zelle*

Ergebnis: Der animierte Rahmen befindet sich auf der Zelle B8. Der dazugehörige Zellbezug wird in die Formel eingetragen.

18. Geben Sie ein Pluszeichen (+) ein.

10	Mehrwertsteuer in Prozent	19%
11	Mehrwertsteuer in Euro	51,30 €
12	**Rechnungsbetrag**	=**B8**+
13		

Plus

Ergebnis: Der Rahmen bewegt sich nicht mehr.

19. Drücken Sie auf die Pfeiltaste *Hoch* ↑ , um B11 zu markieren.

10	Mehrwertsteuer in Prozent	19%
11	Mehrwertsteuer in Euro	51,30 €
12	**Rechnungsbetrag**	=**B8**+**B11**
13		

Ergebnis: Der animierte Rahmen erscheint wieder und markiert die Zelle B11. Der Zellbezug dieser Zelle wird in die Formel übernommen.

20. Bestätigen Sie die Eingabe wie gewohnt und betrachten Sie das Ergebnis.

10	Mehrwertsteuer in Prozent	19%
11	Mehrwertsteuer in Euro	51,30 €
12	**Rechnungsbetrag**	**321,30 €**
13		
14		

Ergebnis: Der Rechnungsbetrag beläuft sich auf 321,30 € und setzt sich zusammen aus dem Nettopreis und der Mehrwertsteuer. Preise, die Mehrwertsteuer enthalten, werden auch als Bruttopreise bezeichnet.

10.3.10 Ändern von Prozentwerten

Soll eine Prozentzahl geändert werden, kann der neue Prozentwert ohne Prozentzeichen direkt in die Zelle eingegeben werden.

21. Markieren Sie die Zelle B6 und geben Sie den Wert 5 ein.

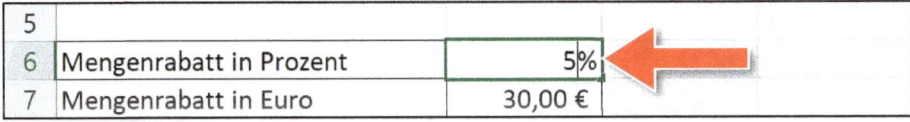

5		
6	Mengenrabatt in Prozent	5%
7	Mengenrabatt in Euro	30,00 €

Ergebnis: Das Format *Prozent* ist in der Zelle bereits aktiv. Es braucht nicht mehr eingegeben zu werden. Das Prozentzeichen bleibt auch während des Schreibmodus sichtbar.

22. Bestätigen Sie die Eingabe.

10.3.11 Abschluss

23. Speichern Sie die Datei und schließen Sie das Programm Excel.

11   Anleitung: Solarkraftwerk

Mit der folgenden Anleitung kalkulieren Sie Baukosten für ein Solarkraftwerk.

11.1   Neue Inhalte

- Automatismen durch Hochkomma unterbinden
- mehrere Zellen gleichzeitig ausfüllen
- Textumbruch in einer Zelle

11.2   Wiederholungen

- Auto-Ausfülloptionen
- Zellen zwischen andere Zellen schieben
- Einzelzelle minus Summe eines Bereiches
- Schaltfläche AutoSumme
- Summe von zwei Bereichen
- Rechnen mit Prozenten und Datumsangaben

Ergebnis: Solarkraftwerk

11.3   Anleitung

11.3.1   Datei öffnen

1. Öffnen Sie die Übungsdatei **Solarkraftwerk - Anfang - S0499**.

11.3.2   Automatismen durch Hochkomma unterbinden

Excel verfügt über eine Reihe von Automatismen, die oft hilfreich aber manchmal auch störend sind. Z. B wird ein Datum in der Schreibweise **Januar 2023** automatisch auf **Jan 23** gekürzt.

2. Geben Sie in F1 den Text **Januar 2023** ein und bestätigen Sie die Eingabe.

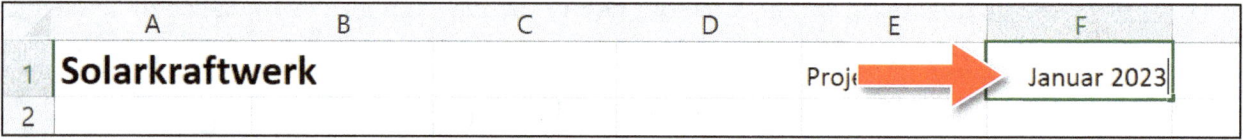

3. Betrachten Sie das Ergebnis.

Hinweis: Beim Bestätigen wird die Eingabe automatisch verändert. Aus **Januar 2023** wird **Jan 23**. Dieser Automatismus ist anfangs irritierend. Er lässt sich aber leicht verhindern.

4. Geben Sie in der Zelle F1 den Text **'Januar 2023** ein. Überschreiben Sie den alten Zellinhalt und achten Sie auf das vorangestellte Hochkomma (').

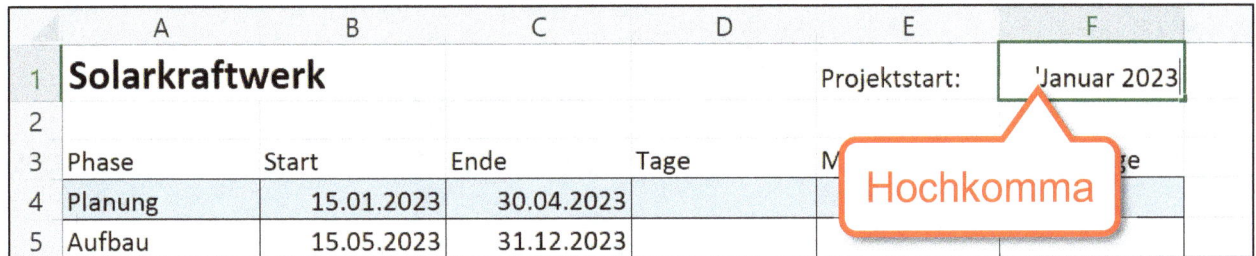

Hinweis: Das Hochkomma erzeugen Sie mit der Tastenkombination **Umschalten** ⬆ + #. Es verhindert die automatische Umwandlung der Eingabe.

5. Bestätigen Sie die Eingabe und betrachten Sie das Ergebnis erneut.

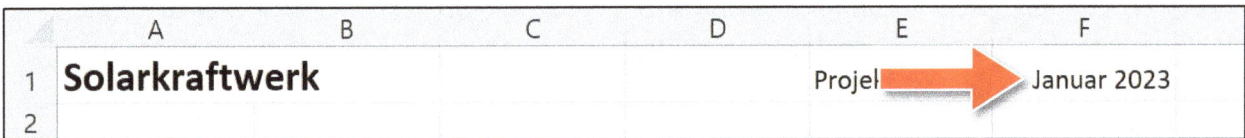

Ergebnis: Die Eingabe wird nicht verändert. Das Hochkomma (') ist nicht zu sehen. Es ist aber Teil des Zellinhaltes! Wenn Sie den Schreibmodus der Zelle F1 aufrufen, wird das Hochkomma wieder sichtbar.

11.3.3   Tage zwischen zwei Daten berechnen

6. Geben Sie in der Zelle D4 die Formel **=C4-B4** ein, um die Anzahl der Tage zwischen den beiden Datumsangaben zu errechnen.

3	Phase	Start	Ende	Tage	Mitarbeiter	Gesamttage
4	Planung	15.01.2023	30.04.2023	=C4-B4	4	
5	Aufbau	15.05.2023	31.12.2023			

Hinweis: Um den Zeitraum zwischen zwei Datumsangaben zu berechnen, werden die beiden Daten subtrahiert. Jedes Datum ist eine Zahl! Das Datum, das näher am 01.01.1900 liegt, ist die kleinere Zahl. In dieser Rechnung handelt es sich dabei um das Startdatum in B4. C4 ist die größere Zahl. Daher rechnen Sie C4 minus B4.

7. Bestätigen Sie die Eingabe und betrachten Sie das Ergebnis.

3	Phase	Start	Ende	Tage	Mitarbeiter	Gesamttage
4	Planung	15.01.2023	30.04.2023	105	4	
5	Aufbau	15.05.2023	31.12.2023			

Ergebnis: Zwischen den beiden Datumsangaben liegen 105 Tage.

8. Übertragen Sie die Formel in D4 mit dem schwarzen Kreuz auf die Zellen D5 bis D7.

3	Phase	Start	Ende	Tage	Mitarbeiter	Gesamttage
4	Planung	15.01.2023	30.04.2023	105	4	
5	Aufbau	15.05.2023	31.12.2023			
6	Elektrik	01.01.2024	30.06.2024			

9. Betrachten Sie das Ergebnis.

3	Phase	Start	Ende	Tage	Mitarbeiter	Gesamttage
4	Planung	15.01.2023	30.04.2023	105	4	
5	Aufbau	15.05.2023	31.12.2023	230		
6	Elektrik	01.01.2024	30.06.2024	181		
7	Abschluss			122		
8						
9	Position	Planung	Elektrik	Aufbau	Abschluss	Summen

Füllfarbe Blau
Auto-Ausfülloptionen

Ergebnis: Die Zellen D5 bis D7 werden durch das Übertragen mit dem schwarzen Kreuz überschrieben. Sie erhalten von der Zelle D4 die blaue Füllfarbe. Unten rechts an der Markierung wird die Schaltfläche ***Auto-Ausfülloptionen*** eingeblendet.

Hinweis: Solange die Markierung aktiv ist, ist die blaue Farbe nicht gut zu erkennen. Wenn Sie die Markierung aufheben, ist die Farbgleichheit der vier Zellen von D4 bis D7 besser zu sehen.

10. Klicken Sie auf die Schaltfläche ***Auto-Ausfülloptionen***, um das Listenfeld zu öffnen.

6	Elektrik	01.01.2024	30.06.2024	181	
7	Abschluss	01.07.2024	31.10.2024	122	
8					
9	Position	Planung	Elektrik	Aufbau	Abschluss	Summen

11. Klicken Sie auf den Listenpunkt ***Ohne Formatierung ausfüllen***, um nur die Formel zu übertragen und nicht die Formatierung.

Abschluss	01.07.2024	31.10.2024	122	
Position	Planung	Elektrik	Aufbau	
Budget	65000	**42.000.000**	**37.500.000**	
Personal				
Material	10.000	2.400.000	3.400.000	
Energie	500	24.000	50.000	
Maschinen	0	40.200.000	34.000.000	3.000.000

- ⦿ Zellen kopieren
- ○ Nur Formate ausfüllen
- ○ Ohne Formatierung ausfüllen
- ○ Blitzvorschau

12. Betrachten Sie das Ergebnis. Die Füllfarbe wurde aus den Zellen D5 und D7 wieder entfernt.

3	Phase	Start	Ende	Tage	Mitarbeiter	Gesamttage
4	Planung	15.01.2023	30.04.2023	105	4	
5	Aufbau	15.05.2023	31.12.2023	230		
6	Elektrik	01.01.2024	30.06.2024	181		
7	Abschluss	01.07.2024	31.10.2024	122		
8						
9	Position	Planung	Elektrik	Aufbau	Abschluss	Summen

Füllfarbe entfernt

11.3.4   Mehrere Zellen gleichzeitig ausfüllen

Die Zellen E5 bis E7 sollen in einem Arbeitsschritt mit dem gleichen Wert gefüllt werden.

13. Markieren Sie die Zellen E5 bis E7 und betrachten Sie die Zelle E5 und das Namenfeld.

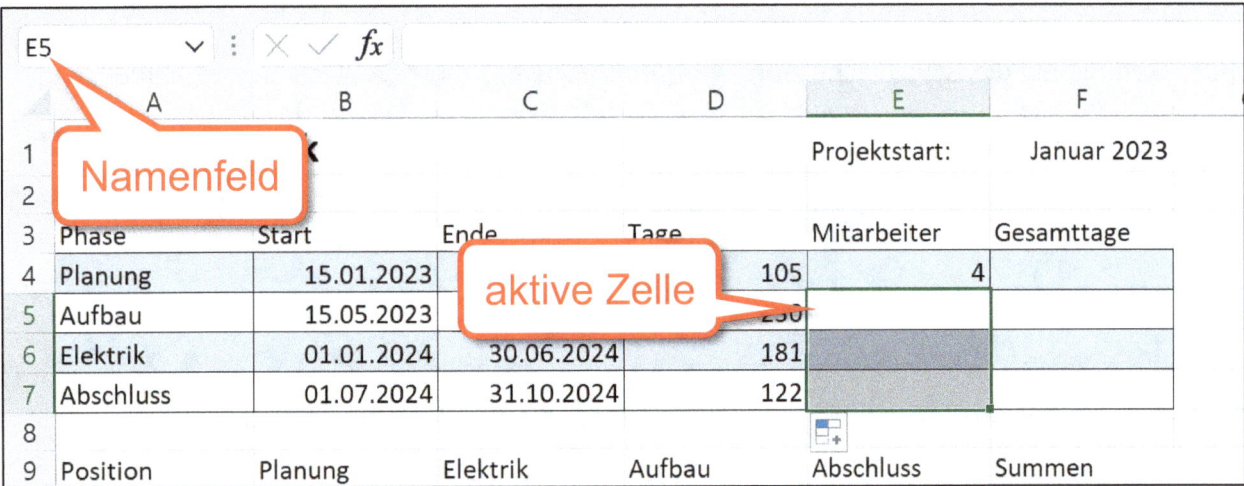

Ergebnis: E5 und E7 besitzen keine Füllfarbe. Da E5 die aktive Zelle ist, wird sie heller als E7 dargestellt. Das Namenfeld zeigt den Namen der aktiven Zelle an.

Hinweis: In einer Markierung ist immer eine Zelle die aktive Zelle. Die Markierung ist an dieser Stelle transparent. Sie wird nicht abgedunkelt dargestellt. Die aktive Zelle ist die Zelle, die Ihre Tastatur-Eingabe aufnimmt.

14. Geben Sie den Wert **25** ein. Drücken Sie aber noch nicht auf die Taste **Enter** ⏎.

3	Phase	Start	Ende	Tage	Mitarbeiter	Gesamttage
4	Planung	15.01.2023	30.04.2023	105	4	
5	Aufbau	15.05.2023	31.12.2023	230	25	
6	Elektrik	01.01.2024	30.06.2024	181		

Ergebnis: Da E5 in der Markierung die aktive Zelle ist, erfolgt die Eingabe in dieser Zelle.

15. Bestätigen Sie die Eingabe mit der Tastenkombination **Steuerung** Strg + **Enter** ⏎, um die drei Zellen gleichzeitig auszufüllen. Betrachten Sie das Ergebnis.

3	Phase	Start	Ende	Tage	Mitarbeiter	Gesamttage
4	Planung	15.01.2023	30.04.2023	105	4	
5	Aufbau			230	25	
6	Elektrik			181	25	
7	Abschluss			122	25	
8						

gleichzeitig ausgefüllt

Weiterlesen: Lesen Sie hierzu auch Kapitel 26 Erklärung: Tastaturbefehle, Seite 153.

11.3.5   Gesamttage berechnen

16. Geben Sie in der Zelle F4 die Formel **=D4*E4** ein, um die Gesamtarbeitstage für die Planung zu berechnen.

3	Phase	Start	Ende	Tage	Mitarbeiter	Gesamttage
4	Planung	15.01.2023	30.04.2023	105	4	=D4*E4
5	Aufbau	15.05.2023	31.12.2023	230	25	

17. Bestätigen Sie die Eingabe und übertragen Sie die Formel auf die nachfolgenden Zellen.
    Ergebnis: Wie in Spalte D wird die blaue Füllfarbe aus der Zelle F4 auf die anderen Zellen übertragen.

18. Klicken Sie auf die Schaltfläche *Auto-Ausfülloptionen* ⊞, um das Listenfeld zu öffnen.

105	4	420
230	25	5.750
181	25	4.525
122	25	3.050
Aufbau	Abschluss	Summen

19. Klicken Sie auf den Listenpunkt *Ohne Formatierung ausfüllen*, um nur die Formel zu übertragen und nicht die blaue Füllfarbe.

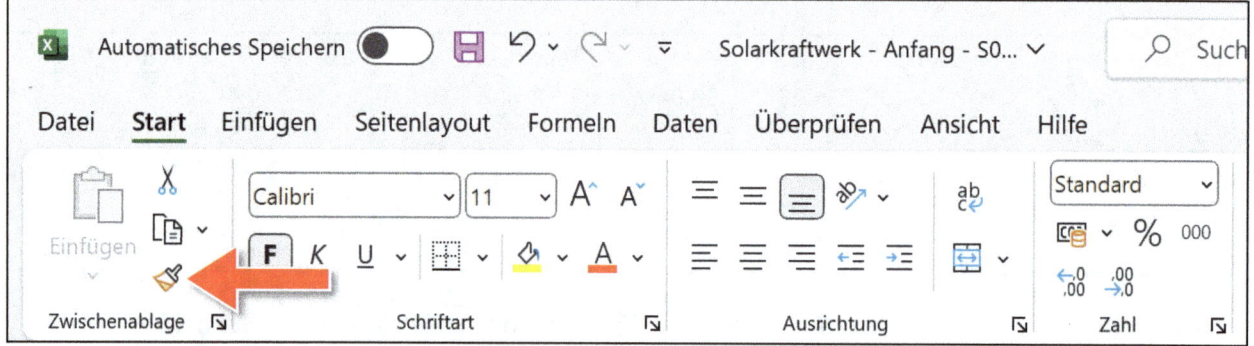

11.3.6   Format übertragen

20. Markieren Sie die Zelle F3 und stellen Sie die Ausrichtung *Rechtsbündig* ≡ ein.

21. Markieren Sie die Zellen A3 bis F3 und stellen Sie das Format *Fett* **F** ein. Lassen Sie die Markierung dieser Zellen bestehen.

22. Klicken Sie auf die Schaltfläche *Format übertragen* 🖌, um dieses Werkzeug zu aktivieren.

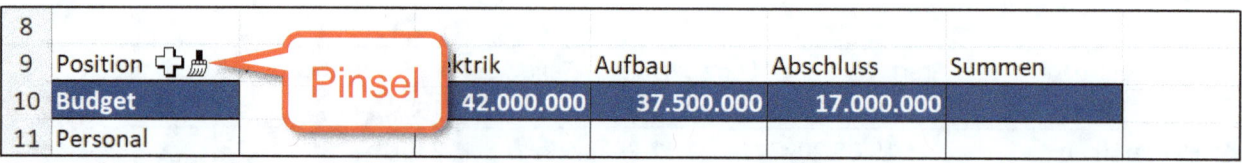

Ergebnis: Die markierten Zellen werden mit einem animierten Rahmen hervorgehoben.

23. Zeigen Sie mit der Maus auf die Zelle A9 und betrachten Sie den Mauszeiger.

Ergebnis: Neben dem weißen Kreuz wird ein Pinsel 🖌 dargestellt. Dieser Pinsel symbolisiert das aktive Werkzeug **Format übertragen**.

24. Klicken Sie auf die Zelle A9, um das Format auf diese Position zu übertragen. Betrachten Sie das Ergebnis.

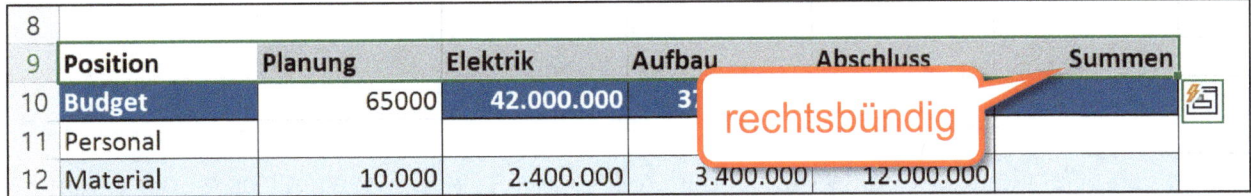

Ergebnis: Die Formate des Bereiches von A3 bis F3 werden auf die Zellen A9 bis F9 übertragen. Auch das Format **Rechtsbündig** von Zelle F3 wurde auf die Zelle F9 übertragen.

25. Markieren Sie C10 und klicken Sie wieder auf die Schaltfläche **Format übertragen** 🖌.
26. Klicken Sie auf die Zelle B10, um das Format von C10 auf B10 zu übertragen.

9	Position	Planung	Elektrik	Aufbau	Abschluss	Summen
10	Budget	➕🖌 6⋮	000.000	37.500.000	17.000.000	
11	Personal					
12	Material	10.000	2.400.000	3.400.000	12.000.000	

11.3.7   Zellen verbinden und Textumbruch

27. Geben Sie den folgenden Text in die Zelle H4 ein: **Aufgrund der Dringlichkeit hat das Projekt eine Ausnahmegenehmigung für Sonntagsarbeit erhalten.**

Aufgrund der Dringlichkeit hat das Projekt eine Ausnahmegenehmigung für Sonntagsarbeit erhalten.

28. Markieren Sie die Zellen H4 bis K7 und klicken Sie auf die Schaltflächen **Verbinden und zentrieren** 🔲, **Textumbruch** 🔲 und **Zentriert ausrichten** ▤.

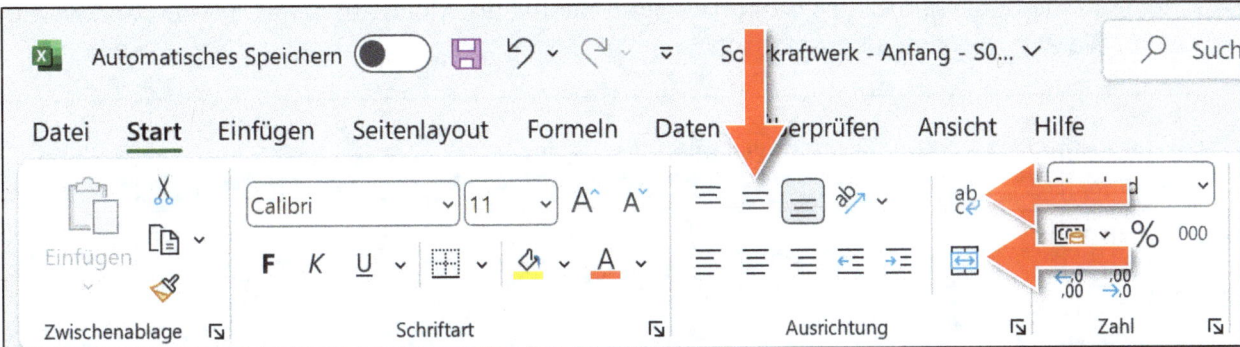

Hinweis: Das Format **Verbinden und zentrieren** haben Sie bereits mehrfach eingesetzt. Es sollte Ihnen vertraut sein. Neu in dieser Situation ist, dass die Verbindung der Zellen über mehrere Zeilen erstellt wird. Durch das Format **Textumbruch** wird der Text innerhalb der Zelle umgebrochen. **Zentriert ausrichten** richtet den Text <u>vertikal</u> mittig aus.

29. Betrachten Sie das Ergebnis.

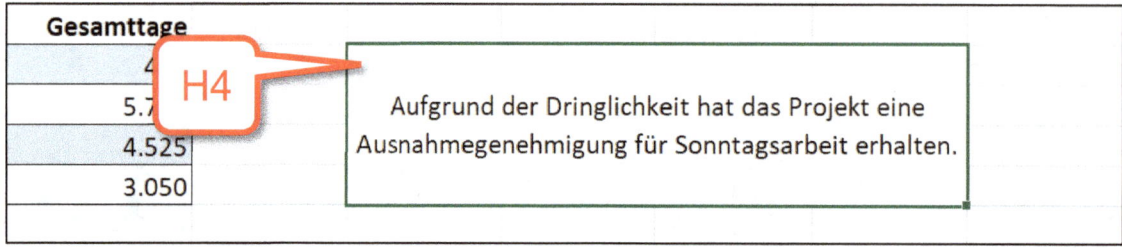

Hinweis: Der Name der großen verbundenen Zelle lautet H4. Er orientiert sich an der ersten Zelle oben links in der verbundenen Zelle.

30. Stellen Sie außerdem die folgenden Formate ein: **Schriftgröße 14**, **Dicke Rahmenlinie außen**, Füllfarbe: **Blau, Akzent 5, heller 80%**.

11.3.8 Spalten tauschen

31. Betrachten Sie die Zellen A5 und A6 und vergleichen Sie die Reihenfolge der Inhalte mit den Zellen C9 und D9.

	Phase	Start	Ende	Tage	Mitarbeiter	Gesamttage
3	Phase	Start	Ende	Tage	Mitarbeiter	Gesamttage
4	Planung	15.01.2023	30.04.2023	105	4	420
5	Aufbau		2023	230	25	5.750
6	Elektrik		2024	181	25	4.525
7	Abschluss	01.07.2024	31.10.2024	122	25	3.050
8						
9	Position	Planung	Elektrik	Aufbau	Abschluss	Summen
10	Budget	65.000	42.000.000	37.500.000	17.000.000	
11	Personal					
12	Material	10.000			12.000.000	
13	Energie	500			8.000	
14	Maschinen	0	40.200.000	34.000.000	3.000.000	

Aufbau, Elektrik

Elektrik, Aufbau

Hinweis: Die Reihenfolge der Zellen C9 und D9 entspricht nicht der Reihenfolge der Zellen A5 und A6. Die Spalten sollen getauscht werden.

32. Markieren Sie die Zellen C9 bis C14 und zeigen Sie mit der Maus auf den Rand der Markierung. Zeigen Sie aber <u>nicht</u> auf den Anfasser.

	Position	Planung	Elektrik	Aufbau	Abschluss	Summen
8						
9	Position	Planung	Elektrik	Aufbau	Abschluss	Summen
10	Budget	65.000	42.000.000	37.500.000	17.000.000	
11	Personal					
12	Material	10.000	2.400.000		2.000.000	
13	Energie	500	24.000	50.000	8.000	
14	Maschinen	0	40.200.000	34.000.000	3.000.000	
15						

Maus

Ergebnis: An der Spitze des Mauszeigers wird ein Kreuz mit vier Pfeilen 🔀 angezeigt.

33. Drücken Sie die Taste **Umschalten** ⬆ und halten Sie die Taste gedrückt.

34. Ziehen Sie die Maus zwischen die Spalten D und E. Achten Sie dabei auf die grüne Linie.

8					
9	**Position**	**Planung**	**Elektrik**	**Aufbau**	**Abschluss**
10	**Budget**	65.000	42.000.000	37.500.000	17.000
11	Personal				
12	Material	10.000	2.400.000	3.400.000	
13	Energie	500	24.000	50.000	8
14	Maschinen	0	40.200.000	34.000.000	3.000
15					

grüne Linie — *Maus*

Hinweis: Die grüne Linie kennzeichnet die neue Position des Bereiches.
Achtung: Achten Sie darauf, dass sich die grüne Linie genau an der gezeigten Stelle befindet und dass die Linie senkrecht dargestellt wird. Andernfalls wird der Bereich an einer falschen Position eingefügt.

35. Lassen Sie zuerst die Maustaste los und anschließend die Taste *Umschalten* ⇧ .
    Achtung: Diese Reihenfolge ist entscheidend! Würden Sie zuerst die Taste *Umschalten* loslassen, wird der Bereich Elektrik <u>auf</u> den Bereich Aufbau geschoben. Sie würden den Bereich Aufbau überschreiben. Zuvor würde eine Meldung erscheinen, die Sie fragt, ob Sie die Zellen ersetzen möchten.

36. Betrachten Sie das Ergebnis. Die beiden Spalten wurden getauscht.

8						
9	**Position**		**Aufbau**	**Elektrik**		**Summen**
10	**Budget**	65.000	37.500.000	42.000.000		
11	Personal					
12	Material	10.000	3.400.000	2.400.000	12.000.000	
13	Energie	500	50.000	24.000	8.000	
14	Maschinen	0	34.000.000	40.200.000	3.000.000	
15						

Aufbau — *Elektrik*

11.3.9   Berechnung der Personalkosten

37. Geben Sie in B11 die Formel **=F4*65*8** ein, um die Personalkosten für den Bereich Planung zu ermitteln.

9	**Position**	**Planung**	**Aufbau**	**Elektrik**
10	**Budget**	65.000	37.500.000	42.000.000
11	Personal	=F4*65*8		
12	Material	10.000	3.400.000	2.400.000
13	Energie	500	50.000	24.000
14	Maschinen	0	34.000.000	40.200.000

Hinweis: Der Stundenlohn für die Ingenieurinnen und Ingenieure im Bereich Planung beträgt 65 €. Die tägliche Arbeitszeit liegt bei acht Stunden. Da diese beiden Zahlen nicht in der Tabelle vorkommen, werden sie als feste Werte in die Formel eingetragen. Sobald ein Wert aber in einer Zelle vorkommt, sollten Sie sich auf jeden Fall auf diese Zelle mit einem Zellbezug beziehen! Auf diese Weise stellen Sie sicher, dass bei einer Änderung des Wertes die Formel mit der neuen Zahl rechnet.

38. Geben Sie in C11 die Formel **=F5*29*8** ein, um die Personalkosten für den Aufbau zu berechnen.

9	Position	Planung	Aufbau	Elektrik
10	**Budget**	65.000	37.500.000	42.000.000
11	Personal	218.400	=F5*29*8	
12	Material	10.000	3.400.000	2.400.000

Hinweis: Der Stundenlohn für Aufbau, Elektrik und Abschlussarbeiten liegt bei 29 €. Die tägliche Arbeitszeit für diese drei Bereiche beträgt acht Stunden. Auch diese Werte sind nicht als eigene Zellen in der Tabelle vorhanden. Sie können daher gefahrlos als feste Werte in der Formel verwendet werden. Sollten Sie die Tabelle einmal ändern und die Stundenlöhne oder die Arbeitszeiten in eigene Zellen eintragen, sollten Sie auf jeden Fall auch die Formel in C11 ändern und sich mit Zellbezügen auf die Zellen mit den Stundenlöhnen und Arbeitszeiten beziehen.

11.3.10 Bewusst Fehler machen

In dieser Situation ist ein Fehler naheliegend. Da die Löhne und die Arbeitszeiten der Bereiche Aufbau, Elektrik und Abschluss gleich sind, bietet es sich anscheinend an, die Formel aus C11 mit der Ausfüllfunktion auf die Zellen D11 und E11 zu übertragen. Da in dieser Situation die Formel waagerecht übertragen wird, die Gesamttage aber senkrecht angeordnet sind, entsteht ein Fehler. Zur Demonstration wird dieser Fehler nachfolgend bewusst herbeigeführt.

39. Markieren Sie C11 und übertragen Sie die Formel aus C11 auf die Zellen D11 und E11.

9	Position	Planung	Aufbau	Elektrik	Abschluss	Summen
10	**Budget**	65.000	37.500.000	42.000.000	17.000.000	
11	Personal	218.4	4.000			
12	Material	10.0	0.000	2.400.000	12.000.000	
13	Energie	5	0.000	24.000	8.000	
14	Maschinen	0	34.000.000	40.200.000	3.000.000	

(Maus)

40. Betrachten Sie das Ergebnis. In D11 und E11 wird der Wert 0 angezeigt.

9	Position	Planung	Aufbau	Elektrik	Abschluss	Summen
10	**Budget**	65.000	37.500.000	42.000.000	17.000.000	
11	Personal	218.400	1.334.000	0	0	
12	Material	10.000	3.400.000	2.400.000	12.000.000	
13	Energie	500	50.000	24.000	8.000	

41. Markieren Sie D11 und drücken Sie die Taste F2, um den Schreibmodus zu aktivieren.

9	Position	Planung	Aufbau	Elektrik	Abschluss	Summen
10	**Budget**	65.000	37.500.000	42.000.000	17.000.000	
11	Personal	218.400	1.334.000	=G5*29*8	0	
12	Material	10.000	3.400.000	2.400.000	12.000.000	
13	Energie	500	5		8.000	
14	Maschinen	0	34.00		0.000.000	
15						

(aus F5 wird G5)

Ergebnis: Der Bezug F5 aus der Zelle C11 wurde in G5 geändert.

Hinweis: Beim seitlichen Übertragen verändert Excel immer die Buchstaben der Zellbezüge! Da die Gesamttage aber senkrecht angeordnet sind, muss die Formel *=F6*29*8* lauten.

42. Korrigieren Sie die Formeln in D11 und E11.

11.3.11 Summen bilden mit der Schaltfläche AutoSumme

43. Markieren Sie die Zellen B10 bis F14.

44. Klicken Sie auf die Schaltfläche **AutoSumme** $\sum$, um die Summen automatisch zu bilden.

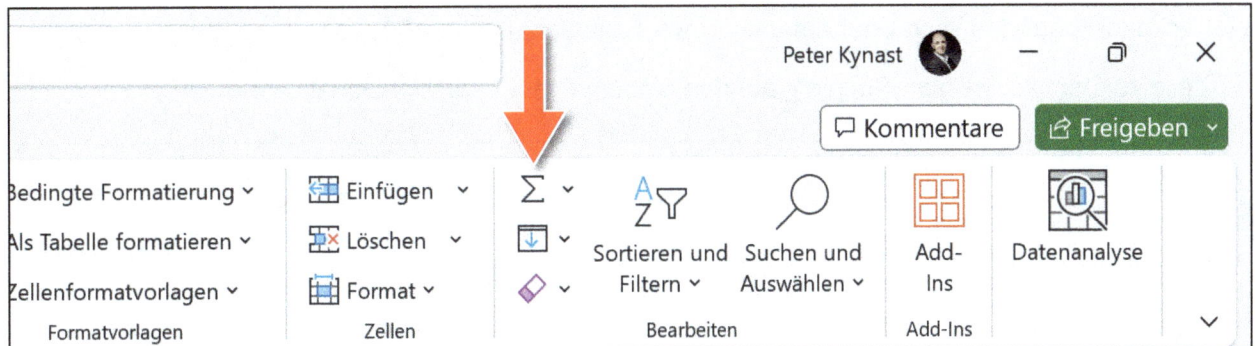

Ergebnis: Die Summen werden in die Zellen F10 bis F14 eingetragen.

45. Markieren Sie die Zelle F10 und betrachten Sie das Namenfeld und die Bearbeitungsleiste.

F10		=SUMME(B10:E10)			
	A	B		E	F
1	Namenfeld	Bearbeitungsleiste		Projektstart:	Januar 2023
2					
3	**Phase**	**Start**	**Ende**	**Tage**	**Mitarbeiter**	**Gesamttage**
4	Planung	15.01.2023	30.04.2023	105	4	420
5	Aufbau	15.05.2023	31.12.2023	230	25	5.750
6	Elektrik	01.01.2024	30.06.2024	181	25	4.525
7	Abschluss	01.07.2024	31.10.2024	122	25	3.050
8						
9	**Position**	**Planung**	**Aufbau**	**Elektrik**	**Abschluss**	**Summen**
10	**Budget**	**65.000**	**37.500.000**	**42.000.000**	F10	**96.565.000**
11	Personal	218.400	1.334.000	1.049.800	.600	3.309.800
12	Material	10.000	3.400.000	2.400.000	12.000.000	17.810.000
13	Energie	500	50.000	24.000	8.000	82.500
14	Maschinen	0	34.000.000	40.200.000	3.000.000	77.200.000
15						

Hinweis: F10 ist die aktive Zelle. Da F10 eine dunkle Füllfarbe besitzt, ist sie als aktive Zelle nicht gut zu erkennen. In solchen Fällen ist es hilfreich, auf das Namenfeld zu schauen. Es zeigt die aktive Zelle an. In der Bearbeitungsleiste wird der Inhalt der aktiven Zelle dargestellt. Ob Sie die SUMMEN-Funktion per Hand eintippen oder mit der Schaltfläche **AutoSumme** arbeiten, ist nicht entscheidend. Beide Vorgehensweisen führen zum gleichen Ziel.

11.3.12 Zeilen löschen

46. Klicken Sie auf den Zeilenkopf der Zeile 15, um die Zeile 15 zu markieren.

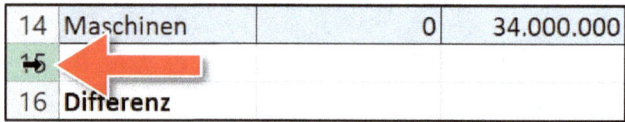

14	Maschinen	0	34.000.000
15			
16	**Differenz**		

Hinweis: Beim Anklicken eines Zeilenkopfes wird die Maus als schwarzer Pfeil ➡ dargestellt.

47. Klicken Sie auf das Wort oder auf das Symbol der Schaltfläche **Löschen** 🖾 Löschen ⌄ , um die

Zeile zu löschen. Klicken Sie <u>nicht</u> auf den kleinen Pfeil ⌄ an der Schaltfläche.

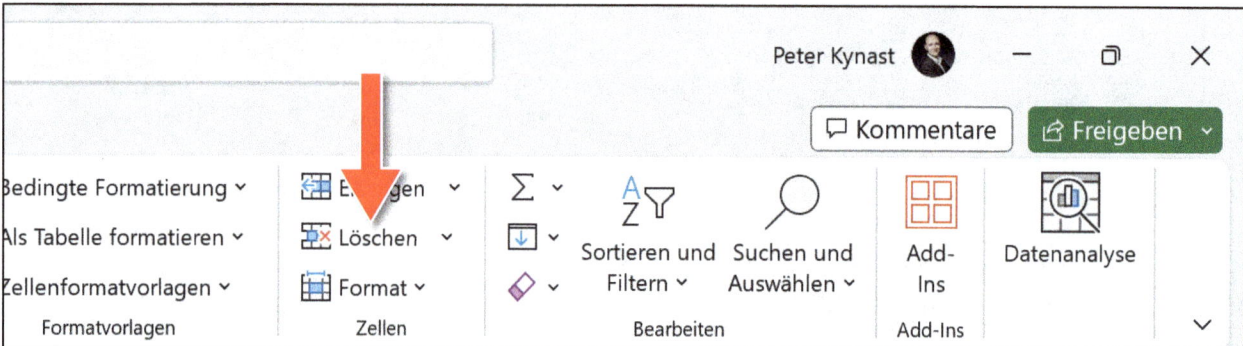

Hinweis: Es gilt die Grundregel: Beim Anklicken der Schaltfläche **Löschen** werden immer die Zellen gelöscht, die gerade markiert sind. Da eine ganze Zeile markiert ist, wird auch eine ganze Zeile gelöscht.

11.3.13 Differenz errechnen

Die Differenz errechnet sich aus dem Budget minus der Summe der Kosten.

48. Geben Sie in B15 die Formel **=B10-SUMME(B11:B14)** ein, um die Differenz zu berechnen.

9	**Position**	**Planung**	**Aufbau**	**Elektrik**	**Abschluss**	**Summen**
10	**Budget**	**65.000**	**37.500.000**	**42.000.000**	**17.000.000**	**96.565.000**
11	Per...	218.400	1.334.000	1.049.800	707.600	3.309.800
12	Ma...	10.000	3.400.000	2.400.000	12.000.000	17.810.000
13	Ene...	500	50.000	24.000	8.000	82.500
14	Maschinen	0	34.000.000	40.200.000	3.000.000	77.200.000
15	**Differenz**	=B10-SUMME(B11:B14)				
16						
17	M... aschinen					
18	Summe					
19	Puffer in %					
20	Puffer in €					
21	Obergrenze					

Budget ⟶ *minus* ⟶ *Summe der Kosten*

Hinweis: Das Budget ist in der Zelle B10 notiert. Die Kosten ergeben sich aus der Addition der Zellen B11 bis B14. Daraus ergibt sich die Formel **=B10-SUMME(B11:B14)**.

49. Übertragen Sie die Formel in B15 auf die angrenzenden Zellen C15 bis F15.

11.3.14 Kosten für Material und Maschinen summieren

Material und Maschinen müssen eingekauft und gelagert werden. Um die Lagerkosten und -kapazitäten besser planen zu können, wertet die Baufirma diese beiden Positionen separat aus.

50. Geben Sie in B18 die Formel **=SUMME(B12:E12;B14:E14)** ein, um alle Kosten für Material und Maschinen zu addieren. Achten Sie auf die farblichen Hervorhebungen der Bereiche.

	Position	Planung	Aufbau	Elektrik	Abschluss	Summen
9						
10		65.000	37.500.000		17.000.000	96.565.000
11		218.400	1.334.000		707.600	3.309.800
12	Material	10.000	3.400.000		12.000.000	17.810.000
13	Energie	500	50.000	24.000	8.000	82.500
14	Maschinen	0	34.000.000	40.200.000	3.000.000	77.200.000
15	Differenz	900	-1.284	0	1.284.400	-1.837.300
16						
17	Material und Maschinen					
18	Summe	=SUMME(B12:E12;B14:E14)				
19	Puffer in %	8%				
20	P					
21	O					
22						

Beschriftungen im Bild: Bereich 1, Bereich 2, Semikolon (;) bedeutet und

Hinweis: Bisher stand bei den Funktionen meistens nur ein Bereich in der Klammer. Diese Summen-Funktion enthält zwei Bereichsangaben. Sie werden durch ein Semikolon (;) getrennt. Ein Doppelpunkt (:) in der Bereichsangabe bedeutet **bis**. Das Semikolon (;) steht für **und**. Die Formel liest sich daher wie folgt: Bilde die Summe aus den Bereichen B12 bis E12 und B14 bis E14. Diese Schreibweise lässt sich auch auf andere Funktionen, z. B. MIN, MAX oder MITTELWERT, übertragen. Auch mehr als zwei Bereiche sind möglich. Das gleiche Resultat erhalten Sie mit der Schreibweise **=SUMME(B12:E12)+SUMME(B14:E14)**. Da die zuerst genannte Schreibweise kürzer ist, sollten Sie diese vorziehen.

11.3.15 Prozentwerte ändern

51. Markieren Sie die Zelle B19. Die Zelle ist bereits mit dem Format **Prozent** versehen.

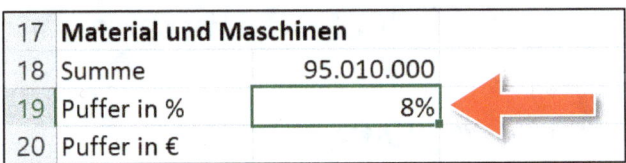

52. Geben Sie die Zahl **10** ein, um den Wert von 8 % auf 10 % zu ändern.

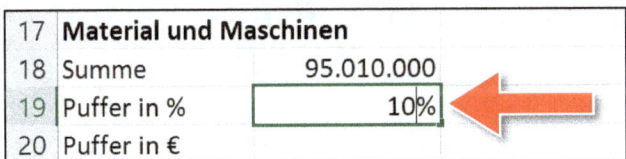

Hinweis: Die Zelle ist bereits mit Prozent formatiert. Daher ist die Eingabe des Prozentzeichens (%) in dieser Situation nicht notwendig.

53. Bestätigen Sie die Eingabe mit der Taste **Enter** ⏎.

11.3.16 Puffer berechnen

54. Geben Sie in B20 die Formel **=B18*B19** ein, um den Puffer in Euro zu berechnen.

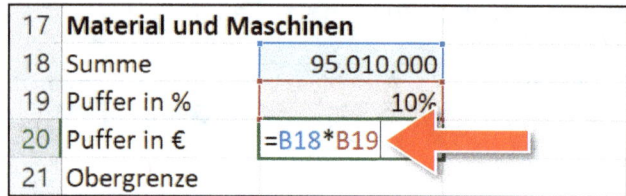

Hinweis: Der Inhalt von B19 ist der Wert 10 %. Um 10 % von B18 zu errechnen, müssen die beiden Werte multipliziert werden. 10 % entsprechen 0,1. Die Werte sind mathematisch gleich.

55. Geben Sie in der Zelle B21 die Formel **=B18+B20** ein, um die Obergrenze zu ermitteln.

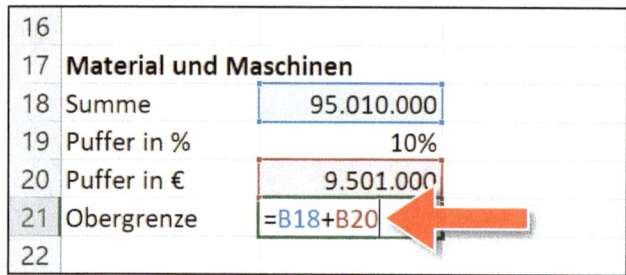

11.3.17 Abschluss

56. Speichern Sie die Datei und schließen Sie Excel.

12 Aufgabe: Geschäftsreise

Die folgende Aufgabe dient als Lernkontrolle und ist der Abschluss des zweiten Abschnittes. Anders als bei einer Anleitung wird der Lösungsweg hier nicht beschrieben. Das Resultat der Tabelle ist rechts abgebildet.

12.1 Inhalte

- Korrektur von Formaten
- Rechnen mit Datumsangaben und Prozenten

12.2 Aufgabe

1. Öffnen Sie die Übungsdatei
   Geschäftsreise - Anfang - S0499.
2. Löschen Sie alle Formate in der Zelle D4.
3. Löschen Sie in der Zelle D8 das Datum und das Datumsformat.
4. Errechnen Sie in der Zelle B5 die Anzahl der Übernachtungen. Subtrahieren Sie dazu die beiden Datumsangaben.
5. Geben Sie in der Zelle B7 den Nettopreis **95** ein.
   Hinweis: Der Nettopreis ist der Preis ohne Mehrwertsteuer.
6. Stellen Sie für die Zelle B7 das Format **Euro** ein.
7. Errechnen Sie in der Zelle B8 den Nettopreis für die angegebenen Übernachtungen.
8. Geben Sie in der Zelle B10 den Mehrwertsteuersatz **19%** ein.
9. Errechnen Sie in der Zelle B11 die Mehrwertsteuer in Euro.
10. Errechnen Sie in der Zelle B12 den Rechnungsbetrag.
    Hinweis: Der Rechnungsbetrag ergibt sich aus der Addition des Nettopreises und der Mehrwertsteuer. Da der Rechnungsbetrag Mehrwertsteuer enthält, wird er auch als Bruttobetrag bezeichnet.
11. Speichern Sie die Datei und schließen Sie das Programm Excel.

	A	B
1	**Geschäftsreise**	
2		
3	Anreise	24.10.2022
4	Abreise	30.10.2022
5	Übernachtungen	6
6		
7	Nettopreis pro Tag	95,00 €
8	Nettopreis gesamt	570,00 €
9		
10	Mehrwertsteuer in %	19%
11	Mehrwertsteuer in €	108,30 €
12	Rechnungsbetrag	678,30 €
13		

Ergebnis: Geschäftsreise

Testen Sie Ihr Wissen!

Möchten Sie Ihre Kenntnisse testen? Auf unserer Homepage haben wir einige Quizze für Sie vorbereitet. Sie finden Sie unter:

www.wissenssprung.de → Quizze

oder scannen Sie diesen QR-Code mit Ihrer Handykamera.

Abschnitt 3

Anleitungen

Inhalte dieses Abschnittes:

- Zellbezüge festsetzen (Dollarzeichen)
- häufige Fehlermeldungen

13   Anleitung: Löhne

Mit dieser Anleitung berechnen Sie die Löhne für die Mitarbeiter eines Unternehmens.

13.1   Neue Inhalte

- Bezüge festsetzen
- Fehlermeldung #WERT!

13.2   Wiederholungen

- Schaltfläche AutoSumme

13.3   Anleitung

13.3.1   Datei öffnen

1. Öffnen Sie die Übungsdatei
   Löhne - Anfang - S0499.

13.3.2   Zellen verschieben

In der Tabelle liegt ein Fehler vor. Die Zelle A2 soll auf A3 verschoben werden.

2. Markieren Sie die Zelle A2. Zeigen Sie an beliebiger Stelle mit der Maus auf den Rahmen des Zellzeigers. Zeigen Sie aber nicht auf den Anfasser.

	A	B	C
1		Löhne	
2			
3	**Stundenlohn**	**10,00 €**	
4			
5	Name	Stunden	Verdienst
6	Bartoldi	165	1.650,00 €
7	Müller	186	1.860,00 €
8	Kempke	201	2.010,00 €
9	Heidemann	130	1.300,00 €
10	Lessing	147	1.470,00 €
11	Lange	195	1.950,00 €
12	Fischer	128	1.280,00 €
13	Lehmann	54	540,00 €
14	Sommer	69	690,00 €
15	Schmidt	174	1.740,00 €
16		**1449**	**14.490,00 €**
17			

Ergebnis: Löhne

Ergebnis: An der Spitze der Maus wird ein Kreuz angezeigt. Es besteht aus vier Pfeilen.
Hinweis: Dieser Mauszeiger symbolisiert das Verschieben von Zellen. Der Anfasser dient nur zum Ausfüllen von Zellen, nicht zum Verschieben.

3. Ziehen Sie die Maus bei gedrückter linker Maustaste auf die Zelle A3. Achten Sie dabei auf den breiten grünen Rahmen.

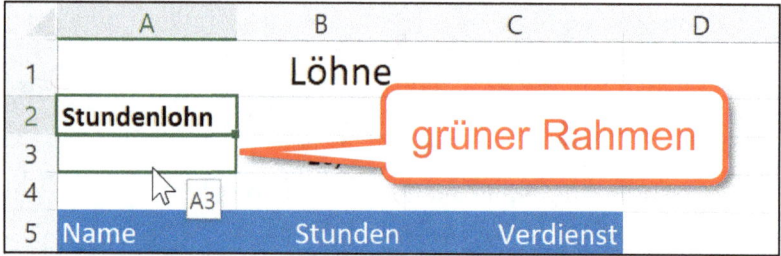

Hinweis: Der breite Rahmen symbolisiert die neue Position der Zelle.

4. Lassen Sie die Maustaste los.

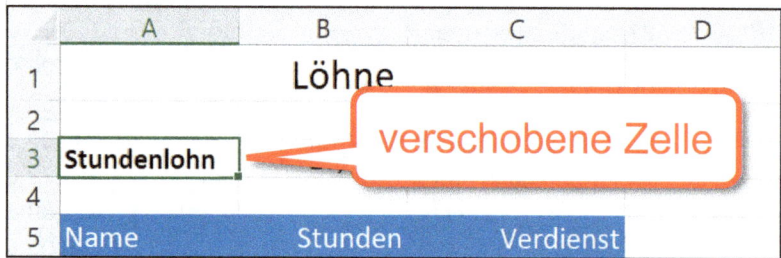

Ergebnis: Die Zelle A2 wird auf A3 verschoben. Die Formate werden dabei mit übertragen.

13.3.3   Verdienst ermitteln

In der Spalte C soll der Verdienst der Mitarbeiter ermittelt werden.

5. Geben Sie in der Zelle C6 die Formel **=B6*B3** ein.

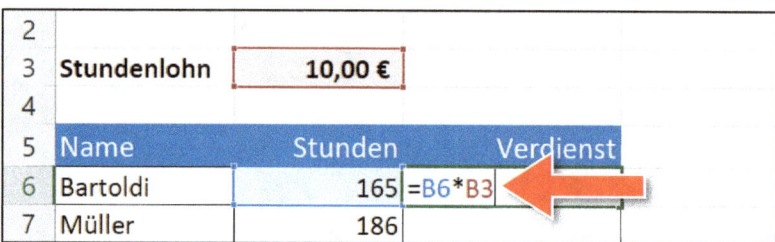

6. Betrachten Sie das Ergebnis.

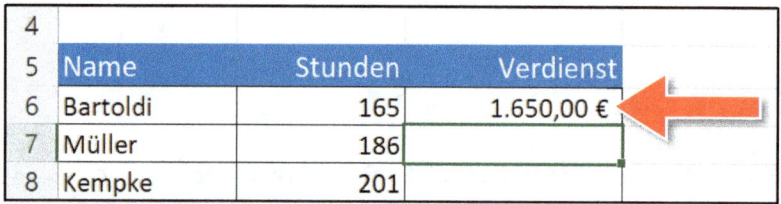

13.3.4   Bewusst Fehler machen

Die Formel in der Zelle C6 ist völlig korrekt. Sie hat aber einen entscheidenden Nachteil. Beim Übertragen der Formel entstehen falsche Ergebnisse. Um dieses Resultat zu sehen, ist es sinnvoll, diesen Fehler einmal bewusst zu begehen. Bedenken Sie bei den nächsten Schritten: Beim senkrechten Übertragen von Formeln werden die <u>Zahlen</u> der Zellbezüge verändert.

7. Markieren Sie C6 und übertragen Sie die Formel mit dem Anfasser auf die Zellen C7 bis C14.
8. Betrachten Sie das Ergebnis.

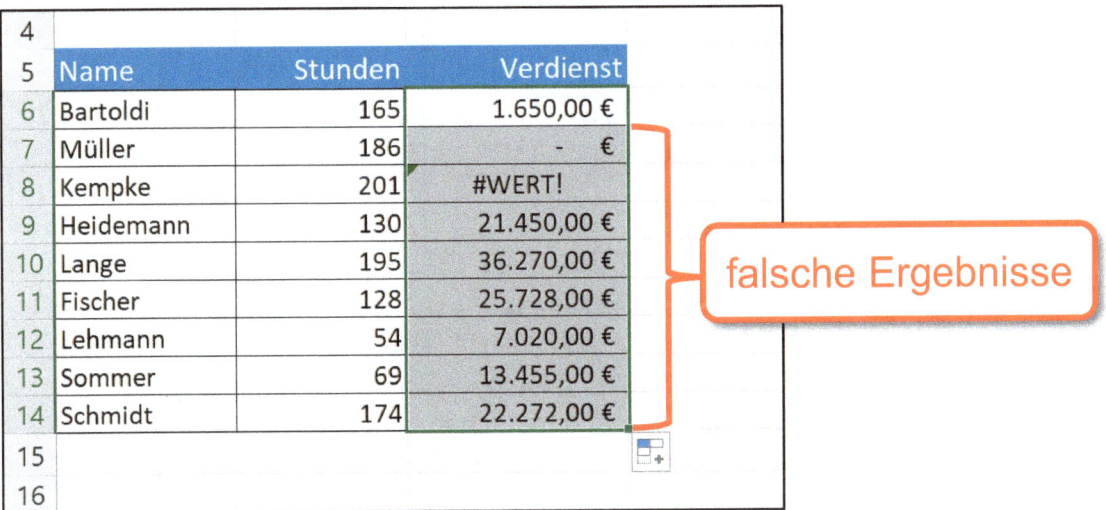

Hinweis: Die Ergebnisse in den Zellen C7 bis C14 sind falsch.

13.3.5 Kontrolle der falschen Resultate

9. Markieren Sie die Zelle C7 und betrachten Sie die Bearbeitungsleiste.

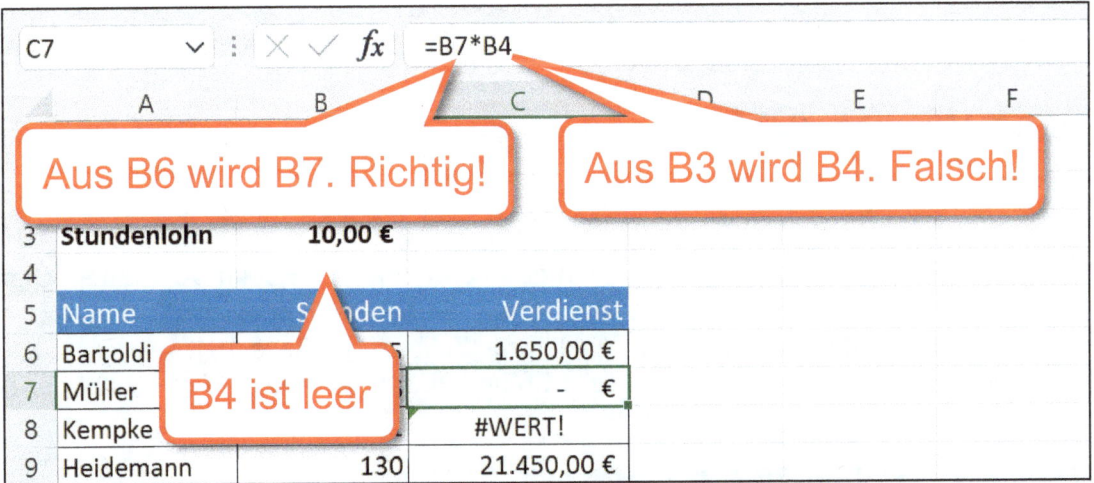

Hinweis: Beim senkrechten Übertragen verändert Excel die Zahlen der Zellbezüge (die Zeilenangabe). Pro Zeile wird dieser Wert um 1 erhöht. Excel kontrolliert aber nicht, ob die Veränderung sinnvoll ist! Die ursprüngliche Formel in C6 lautet: **=B6*B3**. Durch das Übertragen wird in der Zelle C7 die Formel **=B7*B4** eingetragen. Die Änderung des Zellbezuges von B6 auf B7 ist korrekt. Das Ändern des Zellbezuges von B3 auf B4 ist nicht gewollt. Dieser Bezug hätte sich nicht verändern dürfen. B4 ist eine leere Zelle. Daher zeigt die Formel in der Zelle C7 einen Strich an. Der Strich steht für den Wert 0. Die Zelle C8 zeigt die Fehlermeldung **#WERT!** an. Die Formel in dieser Zelle lautet: **=B8*B5**. Die Zelle B5 enthält aber keinen Wert (keine Zahl), sondern einen Text. Da das Rechnen mit Texten nicht möglich ist, gibt Excel diese Fehlermeldung aus.

13.3.6   Kontrolle der Formel mit F2

10. Markieren Sie C7 und drücken Sie die Taste F2, um den Schreibmodus aufzurufen.

3	**Stundenlohn**	10,00 €	
4	B4		
5		Stunden	Verdienst
6	Bartoldi	165	1.650,00 €
7	Müller	186	=B7*B4
8	Kempke	201	#WERT!

Hinweis: Durch den aktiven Schreibmodus lässt sich der Fehler leicht erkennen. Die farbige Hervorhebung der Zellen zeigt, dass der Bezug auf die Zelle B4 fehlerhaft ist.

11. Drücken Sie die Taste **Escape** Esc, um den Schreibmodus wieder zu verlassen.
    Oder: Da Sie keine Änderung an der Zelle vorgenommen haben, können Sie in dieser Situation auch die Taste **Enter** ↵ drücken, um den Schreibmodus wieder zu verlassen.

13.3.7   Korrektur der Formel - Bezüge festsetzen

12. Markieren Sie C6 und drücken Sie die Taste F2, um den Schreibmodus zu aktivieren.
13. Ändern Sie die Formel in **=B6*B$3**, um den Bezug auf die Zeile 3 festzusetzen. Beachten Sie das Dollarzeichen vor der 3.

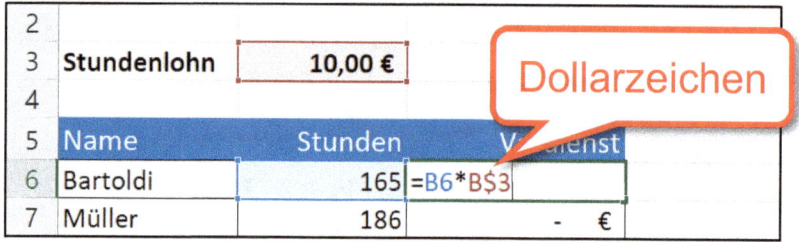

Hinweis: Das Dollarzeichen ($) vor der 3 verhindert das Verändern der 3 beim Übertragen. Diese Schreibweise wird als **gemischter Bezug** oder **absolute Zeilenangabe** bezeichnet.
Weiterlesen: Lesen Sie hierzu auch Kapitel 25 Erklärung: Zellbezüge, Seite 151.

14. Bestätigen Sie die Eingabe. Markieren Sie die Zelle C6 und übertragen Sie die Formel auf die Zellen C7 bis C14.

5	Name	Stunden	Verdienst
6	Bartoldi	165	1.650,00 €
7	Müller	186	1.860,00 €
8	Kempke	201	2.010,00 €
9	Heidemann	130	1.300,00 €
10	Lange	195	1.950,00 €
11	Fischer	128	1.280,00 €
12	Lehmann	54	540,00 €
13	Sommer	69	690,00 €
14	Schmidt	174	1.740,00 €
15			

richtige Ergebnisse

Hinweis: Beim Übertragen werden die alten Inhalte der Zellen überschrieben.

13.3.8　Kontrolle der Formeln

15. Markieren Sie C7 und drücken Sie die Taste F2 , um den Schreibmodus zu aktivieren.

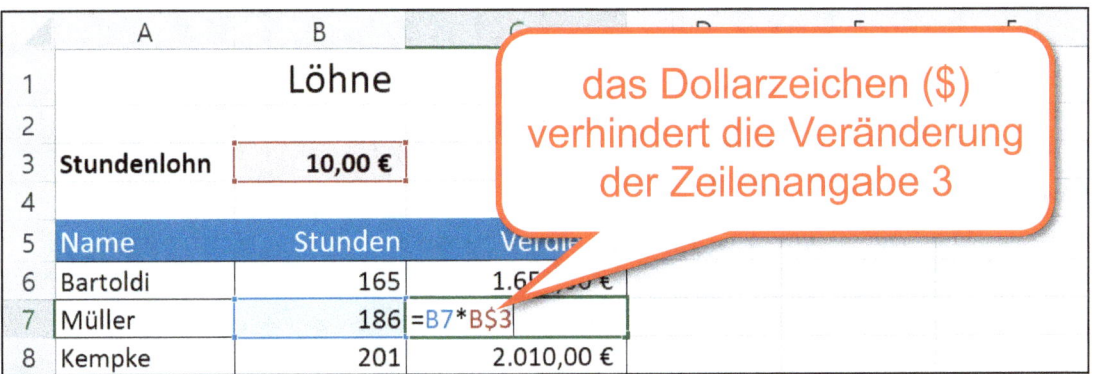

Hinweis: Der Zellbezug B6 wurde auf B7 geändert. Der Bezug B$3 wurde dieses Mal nicht geändert. Das Dollarzeichen ($) vor der 3 unterbindet die Veränderung der Zeilenangabe 3.

16. Kontrollieren Sie auch die Formel in der Zelle C8.

	Name	Stunden	Verdienst
2			
3	Stundenlohn	10,00 €	
4			
5	Name	Stunden	Verdienst
6	Bartoldi	165	1.650,00 €
7	Müller	186	1.860,00 €
8	Kempke	201	=B8*B$3
9	Heidemann	130	1.300,00 €

Hinweis: B7 wurde zu B8 geändert. B$3 bleibt unverändert.

13.3.9　Schaltfläche AutoSumme

17. Markieren Sie die Zellen B6 bis C15 und klicken Sie auf das Symbol der Schaltfläche **Auto-Summe** Σ . Klicken Sie aber nicht auf den kleinen Pfeil ⌄ an der Schaltfläche.

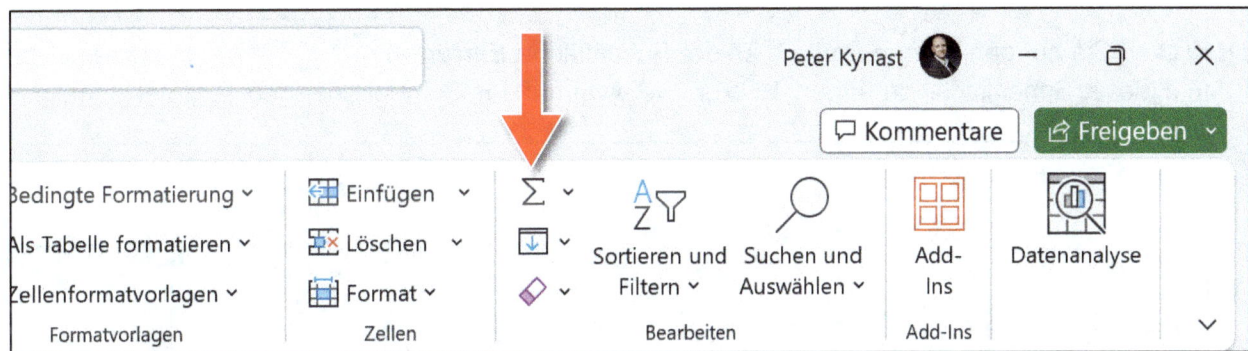

Ergebnis: Die Summen der beiden Spalten werden in den Zellen B15 und C15 angezeigt.

18. Markieren Sie die Zelle B15 und kontrollieren Sie die Formel in der Bearbeitungsleiste.

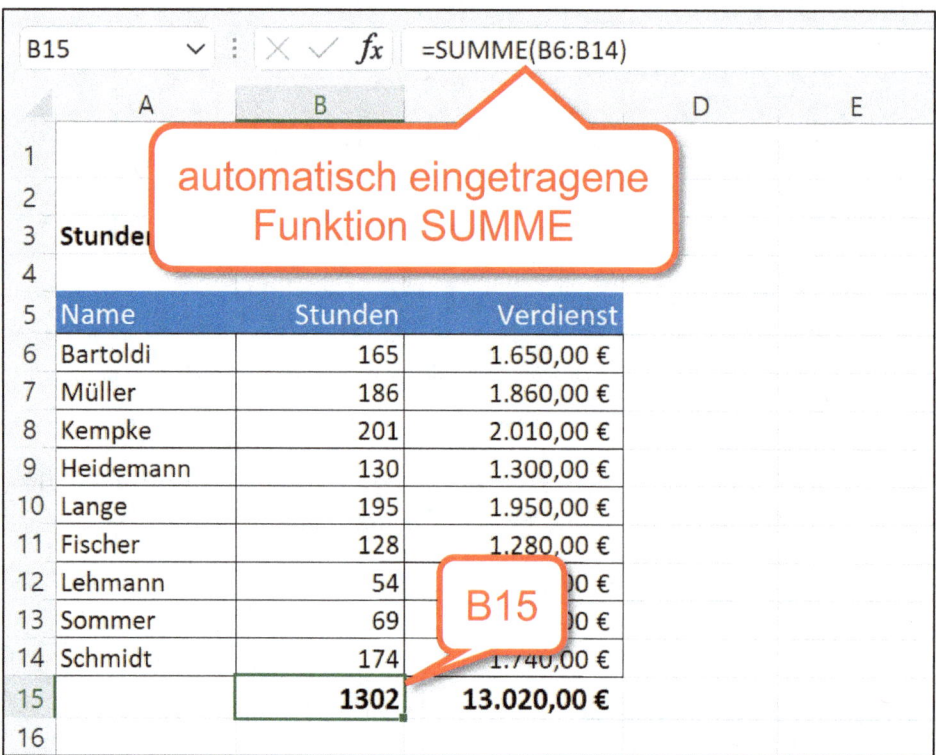

Hinweis: Ob Sie die Funktion *SUMME* von Hand eingeben oder die Schaltfläche *AutoSumme* benutzen, ist nicht entscheidend. Die beiden Wege sind gleichwertig.

19. Kontrollieren Sie auch die Formel in der Zelle C15.

13.3.10   Zeilen einfügen

20. Markieren Sie eine beliebige Zelle in der Zeile 10.

9	Heidemann	130	1.300,00 €
10	Lange	195	00 €
11	Fischer	128	1.280,00 €

21. Klicken Sie auf den kleinen Pfeil ⌄ an der Schaltfläche *Einfügen* ⊞ Einfügen ⌄ , um das Listenfeld dieser Schaltfläche zu öffnen. Klicken Sie <u>nicht</u> auf das Symbol oder den Text der Schaltfläche.

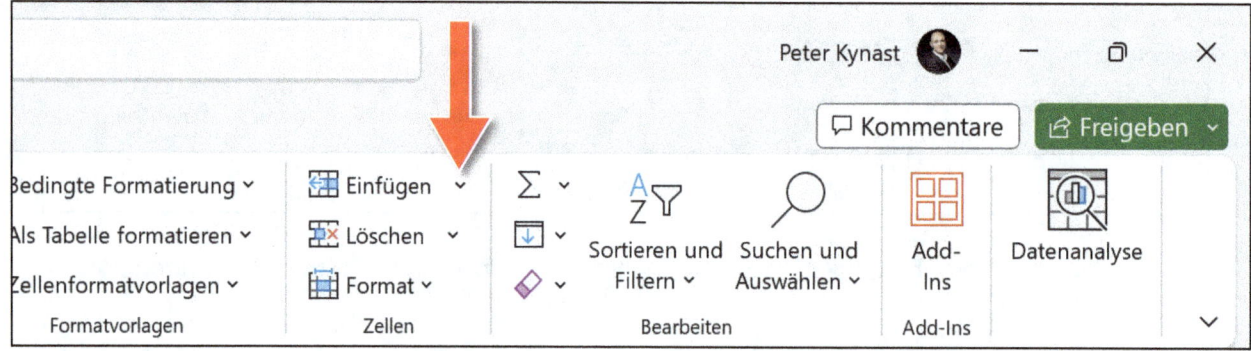

Hinweis: Durch einen Klick direkt auf den Text oder das Symbol würde ohne Nachfrage eine einzelne Zelle eingefügt werden. Die darunterliegenden Zellen würden nach unten verschoben werden.

22. Klicken Sie auf den Listenpunkt **Blattzeilen einfügen**, um eine neue Zeile einzufügen.

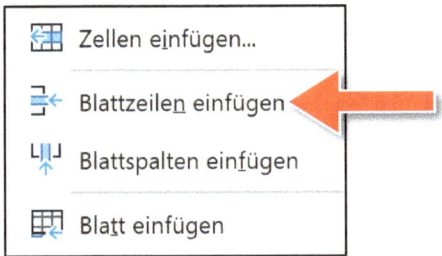

Ergebnis: Eine neue Zeile wird oberhalb der Zeile 10 eingefügt. Sie verfügt über die gleichen Formate wie die angrenzenden Zeilen. Die Funktionen in der Zeile 16 werden der vergrößerten Tabelle automatisch angepasst.

Hinweis: Zeilen werden immer über der markierten Zeile eingefügt. Dadurch können Sie auch oberhalb von Zeile 1 eine Zeile einfügen. Spalten werden immer links von der markierten Spalte eingefügt. Auf diese Weise sind Sie in der Lage, links von Spalte A eine neue Spalte einzufügen. Die Begriffe Zeile und Blattzeile sind gleichbedeutend. Auch Blattspalte und Spalte haben die gleiche Bedeutung.

13.3.11 Kontrolle der Funktion

23. Markieren Sie B16 und drücken Sie die Taste $\boxed{F2}$, um den Schreibmodus zu aktivieren.

5	Name	Stunden	Verdienst
6	Bartoldi	165	1.650,00 €
7	Müller	186	
8	Kempke	201	2
9	Heidemann	130	1.300,00 €
10			
11	Lange	195	
12	Fischer	128	
13	Lehmann	54	
14	Sommer	69	
15	Schmidt	174	1.740,00 €
16		=SUMME(B6:B15)	
17			

blauer Rahmen

der dazugehörige Bereich in der Funktion

Oder: Natürlich können Sie die Formel auch mit einem Blick auf die Bearbeitungsleiste kontrollieren. Die Aktivierung des Schreibmodus hat den Vorteil, dass der Zellbereich der Funktion durch einen blauen Rahmen hervorgehoben wird. Der dazugehörige Bereich innerhalb der Funktion weist die gleiche Farbe auf.

13.3.12 Dateneingabe

24. Beenden Sie den Schreibmodus mit der Taste **Enter** $\boxed{↵}$ oder **Escape** $\boxed{Esc}$.

Hinweis: Sie haben keine Daten verändert. Daher macht es keinen Unterschied, ob Sie die Zelle mit Enter oder Escape verlassen.

25. Geben Sie in der Zeile 10 folgende Daten ein.

9	Heidemann		130	1.300,00 €
10	Lessing	147		
11	Lange		195	1.950,00 €
12	Fischer		128	1.280,00 €
13	Lehmann		54	540,00 €

26. Bestätigen Sie die Eingabe und betrachten Sie das Ergebnis.

8	Kempke	201	2.010,00 €
9	Heidemann	130	1.300,00 €
10	Lessing	147	1.470,00 €
11	Lange	195	1.950,00 €
12	Fischer	128	1.280,00 €
13	Lehmann	54	540,00 €
14	Sommer	69	690,00 €

C10 wird automatisch ergänzt

Ergebnis: Beim Bestätigen der Zelle B10 wird die Formel in der Zelle C10 automatisch eingetragen. Excel erkennt die Systematik der Tabelle und der enthaltenen Formeln.

27. Markieren Sie C10 und drücken Sie die Taste $\boxed{F2}$, um den Schreibmodus zu aktivieren und um C10 zu kontrollieren.

	A	B	C	D
1		**Löhne**		
2				
3	**Stundenlohn**	**10,00 €**		
4				
5	Name	Stunden	Verdienst	
6	Bartoldi	165	1.650,00 €	
7	Müller	186	1.860,00 €	
8	Kempke	201	2.010,00 €	
9	Heidemann	130	1.300,00 €	
10	Lessing	147	=B10*B$3	
11	Lange	195	1.950,00 €	
12	Fischer	128	1.280,00 €	
13	Lehmann	54	540,00 €	
14	Sommer	69	690,00 €	
15	Schmidt	174	1.740,00 €	

Hinweis: Die farbige Hervorhebung der Zellen und der dazugehörigen Zellbezüge macht die Kontrolle einfach. Die automatisch eingetragene Formel ist korrekt. Verlassen Sie sich aber nicht blind auf die Automatismen von Excel. Nehmen Sie unbedingt Kontrollen vor. Erst wenn Sie die Wirkung eines Automatismus' sicher vorhersagen können, sollten Sie die Anzahl der Kontrollen reduzieren.

13.3.13 Abschluss

28. Speichern Sie die Datei und schließen Sie das Programm Excel.

14   Anleitung: Provisionen

In dieser Anleitung kalkulieren Sie Provisionszahlungen mehrerer Standorte einer Firma.

14.1   Neue Inhalte

- mehrere Spalten gleichzeitig einfügen
- zusammenhängende Bereiche schnell markieren

Standorte	Berlin	Dresden	Erfurt	Grimma	Leipzig	Potsdam	Summe
		Provision vom Umsatz:	3%				
Umsatz	501571	625871	175614	201320	458720	320145	2283241
Provision	15047,13	18776,13	5268,42	6039,6	13761,6	9604,35	68497,23

Ergebnis: Provisionen

14.2   Wiederholungen

- Bezüge festsetzen
- Schaltfläche AutoSumme

14.3   Anleitung

14.3.1   Datei öffnen

1. Öffnen Sie die Übungsdatei **Provisionen - Anfang - S0499**.

14.3.2   Mehrere Spalten einfügen

Es werden immer genau so viele Spalten eingefügt, wie zum aktuellen Zeitpunkt markiert sind. Im nächsten Schritt sollen vor der Spalte D zwei Spalten eingefügt werden.

2. Markieren Sie die Zellen D2 bis E2.

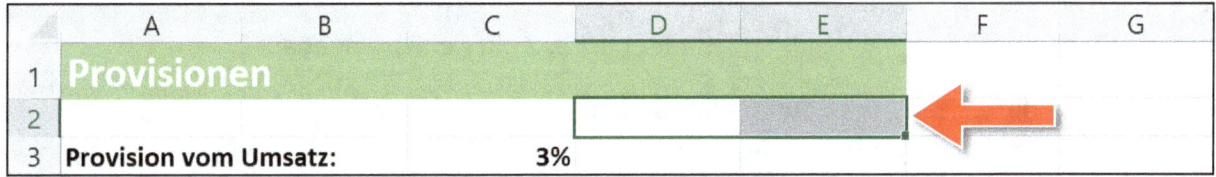

Hinweis: Die Zeilennummer oder die Anzahl der markierten Zeilen ist nicht entscheidend. Sie hätten auch D5 bis E5 markieren können oder D6 bis E20. Auch das Markieren der ganzen Spalten D und E ist möglich.

3. Klicken Sie auf den kleinen Pfeil ⌄ an der Schaltfläche **Einfügen** ⊞ Einfügen ⌄, um das Listenfeld dieser Schaltfläche zu öffnen.

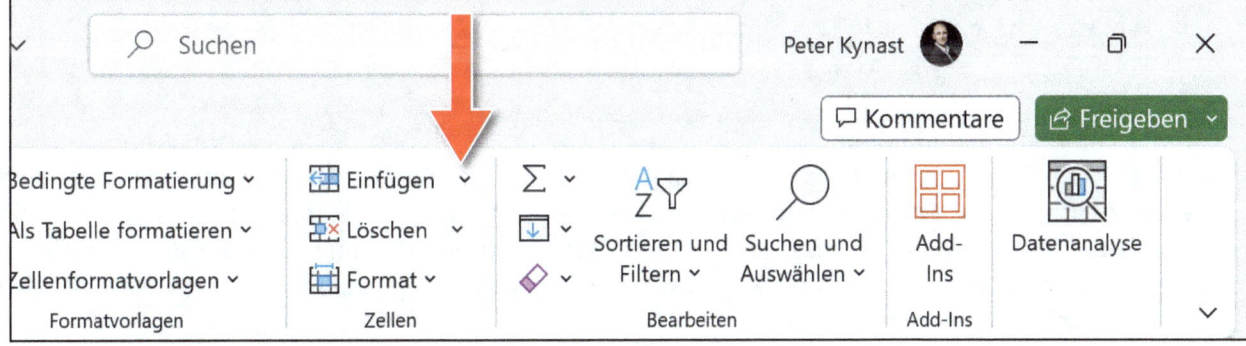

Hinweis: Der Begriff Einfügen wird in Excel mehrfach verwendet. Dies führt manchmal zu

Irritationen. In dieser Situation ist weder das Register Einfügen noch das Einfügen aus der Zwischenablage (Kopieren und Einfügen) gemeint. Die Schaltfläche befindet sich weit rechts im Menüband.

4. Klicken Sie auf den Listenpunkt **Blattspalten einfügen**.

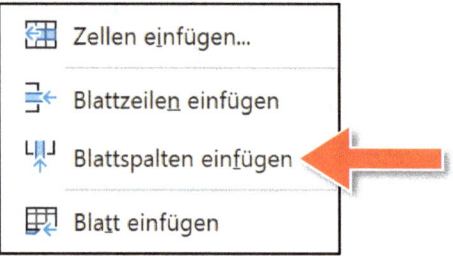

Ergebnis: Zwei neue Spalten werden links vor der Spalte D eingefügt. Sie verfügen über die Formate der angrenzenden Spalten.

Hinweis: Die Begriffe Spalte und Blattspalte sind gleichbedeutend.

14.3.3   Dateneingabe

5. Ergänzen Sie in den Zellen D5 bis E6 folgende Daten.

	Standorte	Berlin	Dresden	Erfurt	Grimma	Leipzig	Potsdam
4							
5	Standorte	Berlin	Dresden	Erfurt	Grimma	Leipzig	Potsdam
6	Umsatz	501571	625871	175614	201320	458720	320145
7	Provision						

14.3.4   Provisionen ermitteln

Beim Berechnen der Provision ist anfangs wieder bewusst ein Fehler eingebaut.

6. Geben Sie in der Zelle B7 die Formel **=B6*C3** ein.
    Hinweis: Zellbezüge können per Hand oder mit der Zeigen-Methode eingegeben werden. Bei der Zeigen-Methode haben Sie die Wahl zwischen Anklicken der Zelle(n) oder Auswählen mit den Pfeiltasten (Cursortasten). Entscheiden Sie, welche Eingabemethode für Sie die bessere Variante darstellt.
7. Betrachten Sie das Ergebnis.

		Berlin	Dresden	Erfurt
3	Provision vom Umsatz:		3%	
4				
5	Standorte	Berlin	Dresden	Erfurt
6	Umsatz	501571	625871	175614
7	Provision	15047,13		
8				

Hinweis: Die Formel in der Zelle B7 ist völlig korrekt. Sie hat aber einen entscheidenden Nachteil. Beim Übertragen der Formel entstehen falsche Ergebnisse. Um das Resultat zu sehen, ist es sinnvoll, diesen Fehler einmal bewusst zu begehen. Bedenken Sie bei den nächsten Schritten: Beim waagerechten Übertragen von Formeln werden die Buchstaben (Spaltenbezüge) in den Zellbezügen automatisch verändert.

8. Übertragen Sie die Formel von B7 mit dem Anfasser auf die Zellen C7 bis G7.

9. Betrachten Sie das Ergebnis. Es werden falsche Resultate angezeigt.

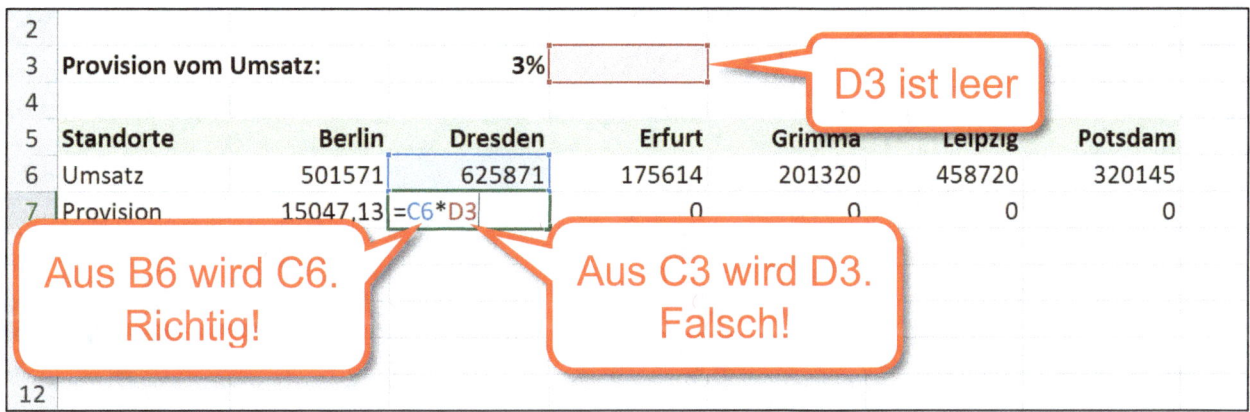

14.3.5   Kontrolle der fehlerhaften Ergebnisse

10. Markieren Sie C7 und drücken Sie die Taste [F2], um den Schreibmodus zu aktivieren.

Ergebnis: Die Buchstaben der Zellbezüge werden durch das Übertragen verändert. Sie werden pro Spalte um eine Stelle im Alphabet weitergesetzt. Aus B6 wird C6 und aus C3 wird D3. Die zweite Änderung hätte aber nicht erfolgen dürfen. Um das zu verhindern, muss in der Zelle B7 die Spalte C mit einem Dollarzeichen ($) festgesetzt werden.

11. Drücken Sie die Taste **Enter** [↵] oder **Escape** [Esc], um den Schreibmodus zu verlassen.
    Hinweis: Da Sie den Inhalt der Zelle nicht geändert haben, gibt es in dieser Situation keinen Unterschied zwischen diesen beiden Tasten.

14.3.6   Korrektur der Formel

12. Korrigieren Sie die Formel in der Zelle B7. Sie lautet: ***=B6*$C3***

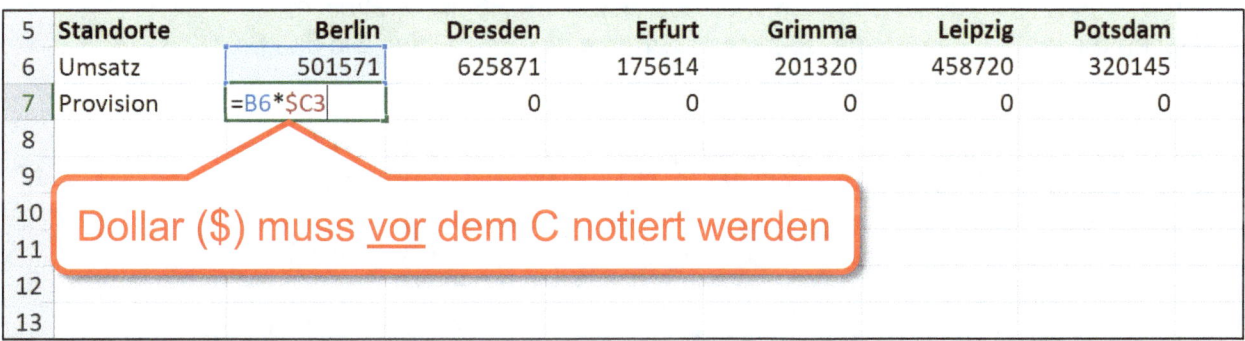

Hinweis: Das Dollarzeichen ($) muss <u>vor</u> dem Buchstaben C notiert werden. Dadurch wird der Bezug auf die Spalte C festgesetzt.

13. Übertragen Sie die korrigierte Formel erneut auf die Zellen C7 bis G7, um die fehlerhaften Formeln zu überschreiben.

14.3.7   Schaltfläche AutoSumme

14. Markieren Sie die Zellen B6 bis H7.

5	Standorte	Berlin	Dresden	Erfurt	Grimma	Leipzig	Potsdam	
6	Umsatz	501571	625871	175614	201320	458720	320145	
7	Provision	15047,13	18776,13	5268,42	6039,6	13761,6	9604,35	
8								
9								

Hinweis: Es gibt verschiedene Möglichkeiten, die Markierung für die AutoSumme zu setzen. Dabei kann es aber in einigen Fällen zu unerwünschten Resultaten kommen. Wenn Sie, wie in der Anweisung beschrieben, die Werte und die dazugehörigen Ergebniszellen (B6 bis H7) markieren, können keine Fehler bei der Summenbildung auftreten.

15. Klicken Sie auf die Schaltfläche **AutoSumme** $\boxed{\Sigma}$, um die Summen der markierten Zeilen zu bilden.

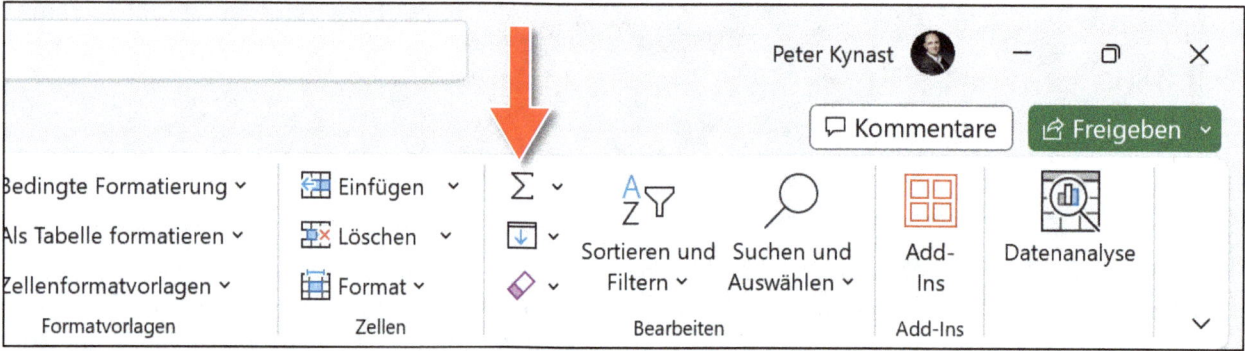

16. Betrachten Sie das Ergebnis.

5	Standorte	Berlin	Dresden	Erfurt	Grimma	Leipzig	Potsdam	
6	Umsatz	501571	625871	175614	201320	458720	320145	2283241
7	Provision	15047,13	18776,13	5268,42	6039,6	13761,6	9604,35	68497,23
8								
9								

Ergebnis: Excel fügt die Summen in die leeren Zellen (H6 und H7) ein.

17. Geben Sie in der Zelle H5 die Überschrift **Summe** ein. Betrachten Sie das Ergebnis.

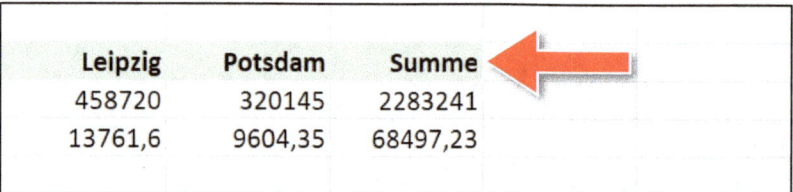

Leipzig	Potsdam	Summe
458720	320145	2283241
13761,6	9604,35	68497,23

Ergebnis: Die Formate wurden in den links angrenzenden Zellen bereits dreimal verwendet. Daher werden sie beim Bestätigen der Eingabe automatisch für H5 übernommen.

14.3.8   Formate übertragen

Das Übertragen mit dem schwarzen Kreuz wird meistens angewendet, um den Inhalt einer Zelle auf andere Zellen zu übertragen, z. B. Formeln, Texte oder Zahlen. Dabei werden standardmäßig die

Inhalte <u>und</u> die Formate auf die angrenzenden Zellen übertragen. Daher können Sie das schwarze Kreuz auch benutzen, um die Formate einer Zelle auf andere Zellen zu übertragen.

18. Markieren Sie die Zelle G1.
19. Zeigen Sie mit der Maus auf den Anfasser und ziehen Sie die Maus bei gedrückter linker Maustaste bis zur Zelle H1, um das Format zu übertragen.

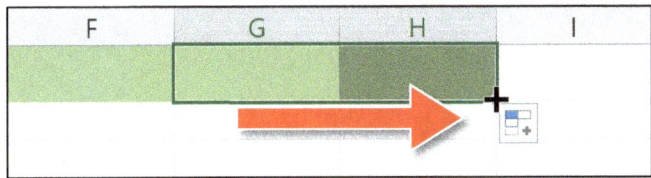

Ergebnis: Das Format der Zelle G1 (Füllfarbe) wird auf H1 übertragen.

14.3.9 Farbige Rahmen erzeugen

20. Markieren Sie eine beliebige Zelle in dem Datenbereich A5 bis H7.

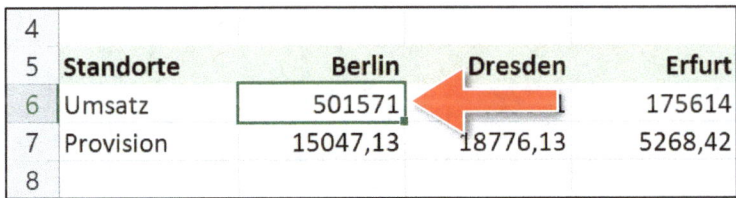

21. Drücken Sie die Tastenkombination **Steuerung** Strg + A (**Alles markieren**), um den zusammenhängenden Bereich zu markieren.

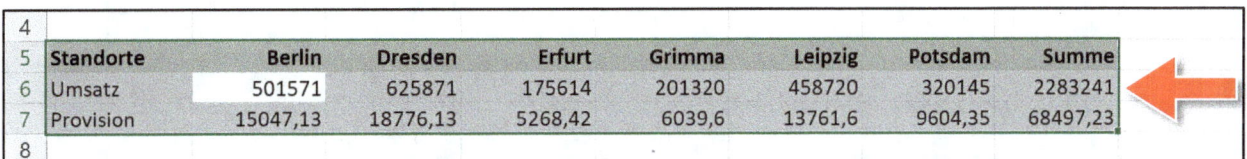

Hinweis: Der Befehl **Alles markieren** ist irreführend. Nicht das ganze Tabellenblatt wird markiert. Es werden die Zellen markiert, die als ein zusammenhängender Bereich erkannt werden.

22. Klicken Sie auf den Pfeil ⌄ an der Schaltfläche **Rahmenlinien** ⊞ ⌄, um das Listenfeld der Schaltfläche zu öffnen.

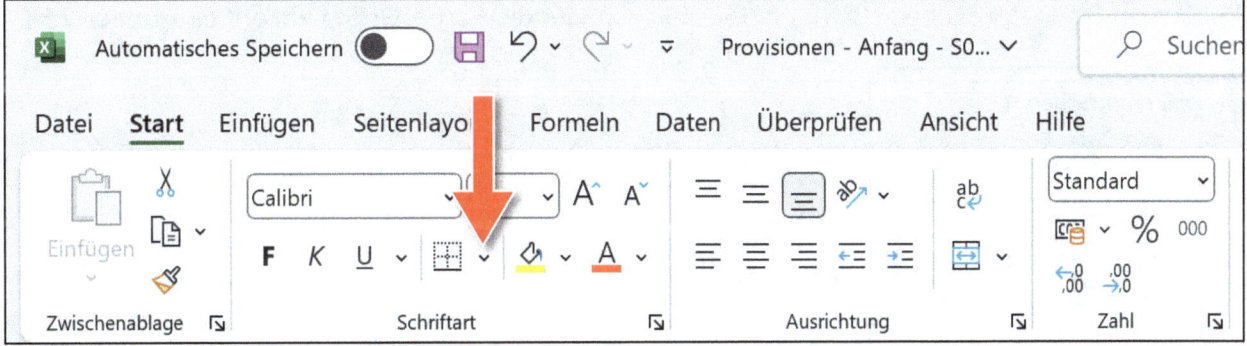

23. Klicken Sie auf den Listenpunkt *Weitere Rahmenlinien*.

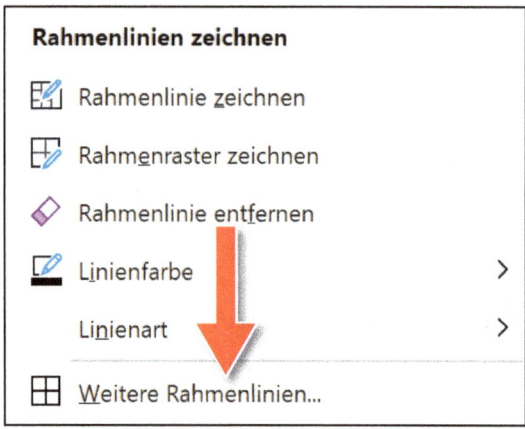

   Ergebnis: Das Dialogfenster *Zellen formatieren* wird geöffnet. Das Register *Rahmen* ist aktiv.

24. Klicken Sie auf den kleinen Pfeil ⌄ am Listenfeld *Farbe*, um das Listenfeld zu öffnen.

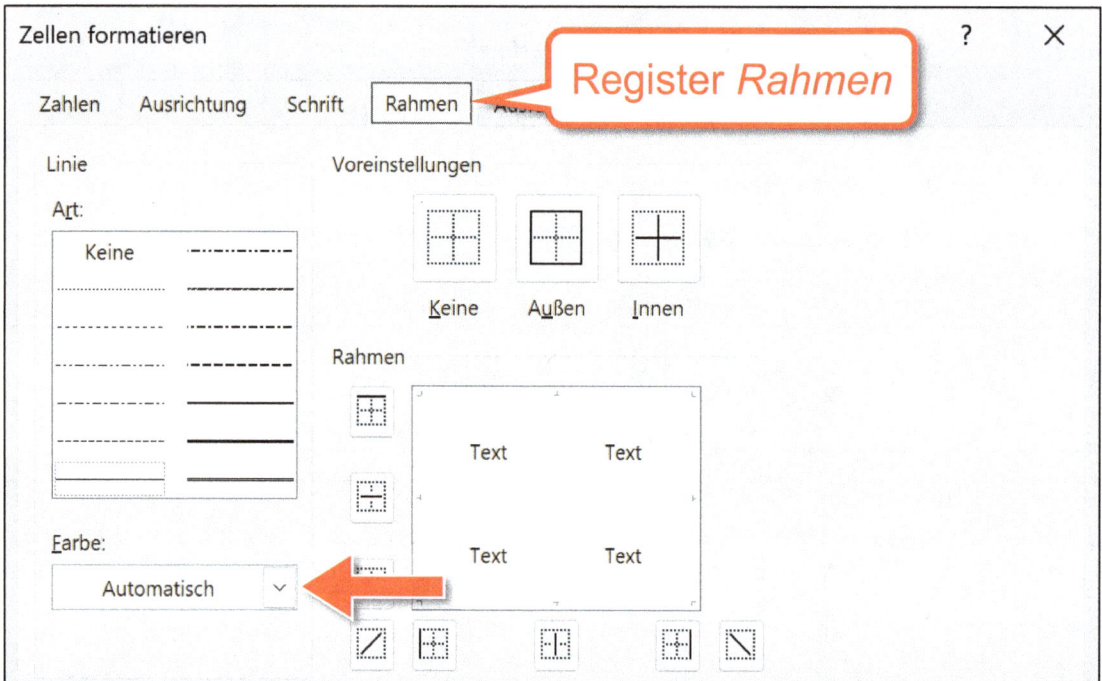

25. Klicken Sie in der Farbpalette auf die Schaltfläche für die Farbe *Grün, Akzent 6, dunkler 25%*.

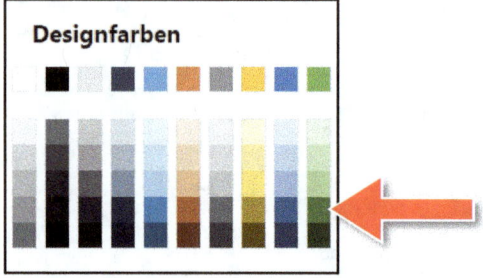

Hinweis: Sollen andersfarbige Linien formatiert werden, muss zuerst die Farbe ausgewählt werden. Danach können die Linien in der gewählten Farbe zugewiesen werden.

26. Klicken Sie auf die Schaltflächen **Außen** ⊞ und **Innen** ⊞, um den markierten Bereich mit äußeren und inneren Rahmen zu versehen. Achten Sie dabei auf die Vorschau.

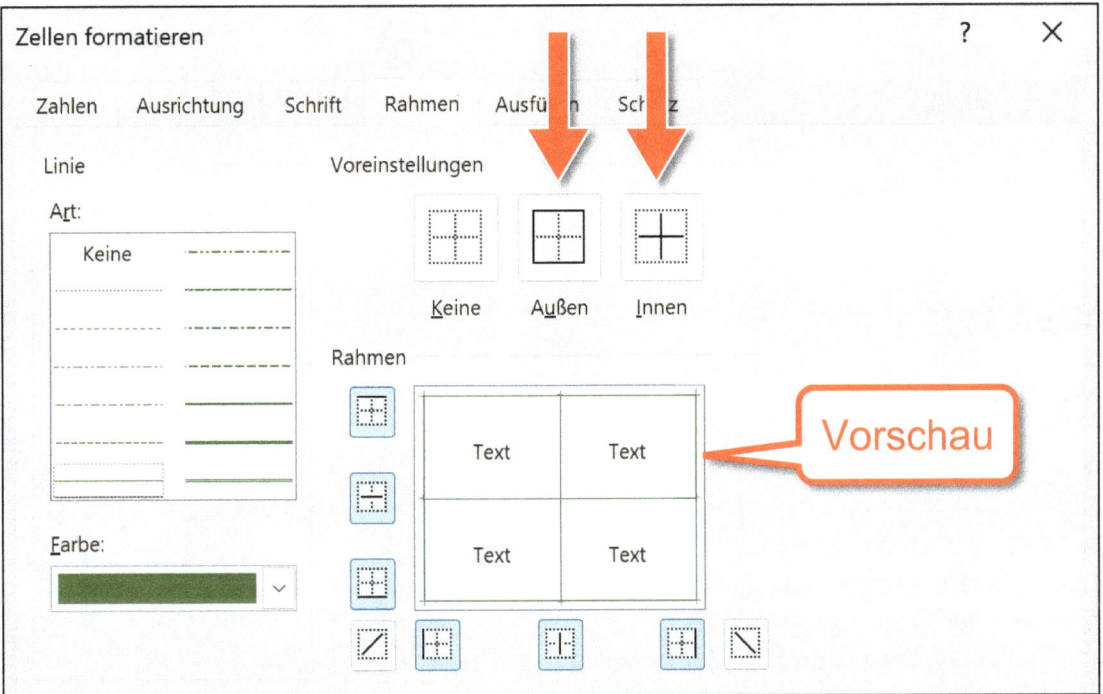

Hinweis: Achten Sie auch auf die Farben der Rahmenlinien in der Vorschau. Nur wenn die Rahmen hier farbig angezeigt werden, werden sie auch auf der Tabelle farbig dargestellt.

27. Klicken Sie auf die Schaltfläche **OK**, um die Rahmen zu übernehmen.

14.3.10 Abschluss

28. Speichern Sie die Datei und schließen Sie das Programm Excel.

Abweichungen

Arbeiten Sie diese Schulungsunterlage mindestens einmal durch, ohne von den Anweisungen abzuweichen. Nehmen Sie eigene Veränderungen erst beim zweiten Mal vor.

---

15 Anleitung: Baumarkt

Mit dieser Anleitung erstellen Sie eine Kalkulation für die Produktgruppen eines Baumarktes.

15.1 Neue Inhalte

- Fehlermeldung #DIV/0!

15.2 Wiederholungen

- Bezüge festsetzen

15.3 Anleitung

15.3.1 Datei öffnen

1. Öffnen Sie die Übungsdatei **Baumarkt - Anfang - S0499**.

15.3.2 Prozente ermitteln

	A	B	C
1	**Baumarkt**		
2	Umsatzanteile		
3			
4	**Produktgruppe**	**Umsatz**	**Prozent**
5	Farben	115.395,00 €	5,0%
6	Baustoffe	470.416,00 €	20,4%
7	Eisenwaren	394.061,00 €	17,1%
8	Elektro	469.594,00 €	20,4%
9	Werkzeug	312.522,00 €	13,6%
10	Garten	236.253,00 €	10,3%
11	Bad	294.472,00 €	12,8%
12	Süßigkeiten	11.025,00 €	0,5%
13	**Gesamt**	**2.303.738,00 €**	
14			

Ergebnis: Baumarkt

Nachfolgend ermitteln Sie in der Spalte C die prozentualen Anteile der Produktgruppen des Gesamtumsatzes. Dabei sind anfangs wieder bewusst zwei Fehler eingebaut.

2. Geben Sie in der Zelle C5 die Formel **=B5/B12*100** ein, um den prozentualen Anteil der Farben vom Gesamtumsatz zu ermitteln.

4	**Produktgruppe**	**Umsatz**	**Prozent**
5	Farben	115.395,00 €	=B5/B12*100
6	Baustoffe	470.416,00 €	

Hinweis: Mathematisch ist diese Formel vollkommen korrekt. Sie lässt sich aber nicht ohne Fehler auf die anderen Zellen übertragen. Nachfolgend übertragen Sie die Formel, um diesen Fehler sichtbar zu machen.

3. Übertragen Sie die Formel auf die Zellen C6 bis C11.

4	**Produktgruppe**	**Umsatz**	**Prozent**
5	Farben	115.395,00 €	5,033120151
6	Baustoffe	470.416,00 €	#DIV/0!
7	Eisenwaren	394.061,00 €	#DIV/0!
8	Elektro	469.594,00 €	#DIV/0!
9	Werkzeug	312.522,00 €	#DIV/0!
10	Garten	236.253,00 €	#DIV/0!
11	Bad	294.472,00 €	#DIV/0!

Fehlermeldungen, weil durch Null geteilt wird

Ergebnis: In den ausgefüllten Zellen wird die Fehlermeldung **#DIV/0!** angezeigt.
Hinweis: Die Meldung erscheint, weil eine Division mit Null durchgeführt wird. Das Teilen (Dividieren) durch Null ist mathematisch nicht möglich. Daher wird dieser Fehler ausgegeben.

15.3.3   Kontrolle der fehlerhaften Formeln

4. Markieren Sie C6 und drücken Sie die Taste F2 , um den Schreibmodus zu aktivieren.

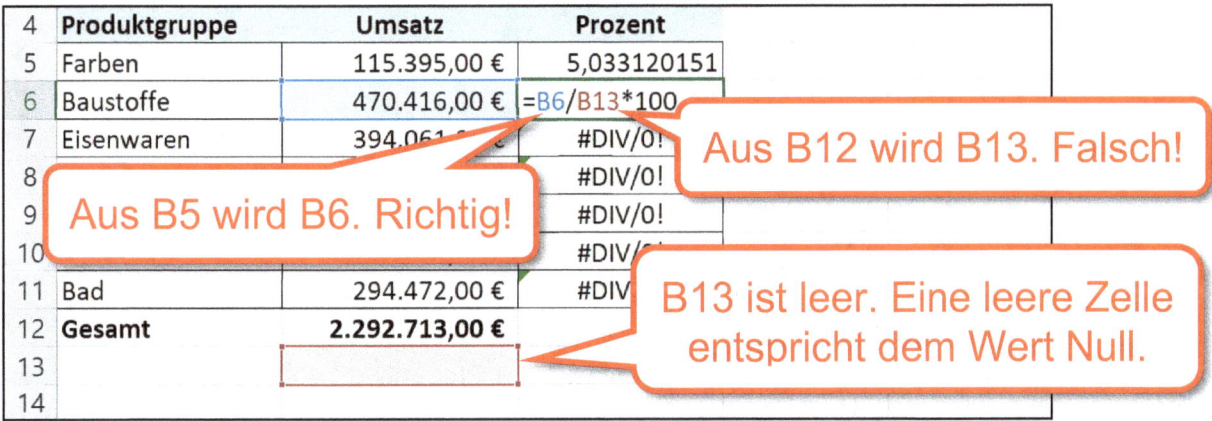

Hinweis: Beim senkrechten Ausfüllen verändert Excel die <u>Zahlen</u> der Zellbezüge. Dadurch wurde der Bezug von B5 auf B6 geändert. Diese Änderung ist gewünscht. Die Änderung von B12 zu B13 ist nicht gewollt. B13 ist eine leere Zelle. Eine leere Zelle entspricht dem Wert Null. B6 wird also durch Null geteilt (dividiert). Eine Division mit Null ist mathematisch nicht möglich.

15.3.4   Teilkorrektur der Formel

Die folgende Formel ist mathematisch korrekt und kann übertragen werden. Sie ist aber noch nicht fertig. Beim Anwenden des Formates Prozent werden Sie ein neues Problem feststellen.

5. Ändern Sie die Formel in der Zelle C5 wie folgt: ***=B5/B$12*100***

4	Produktgruppe	Umsatz	Prozent
5	Farben	115.395,00 €	=B5/B$12*100
6	Baustoffe	470.416,00 €	#DIV/0!

Hinweis: Die 12 darf sich beim Übertragen nicht verändern. Das Dollarzeichen muss daher <u>vor</u> die 12 gesetzt werden.

6. Übertragen Sie die Formel aus C5 auf die Zellen C6 bis C11.

4	Produktgruppe	Umsatz	Prozent
5	Farben	115.395,00 €	5,033120151
6	Baustoffe	470.416,00 €	20,51787555
7	Eisenwaren	394.061,00 €	17,18754157
8	Elektro	469.594,00 €	20,48202283
9	Werkzeug	312.522,00 €	13,63109992
10	Garten	236.253,00 €	10,30451696
11	Bad	294.472,00 €	12,84382302
12	Gesamt	2.292.713,00 €	
13			

Ergebnis: Die richtigen Ergebnisse werden angezeigt. Sie werden aber ohne Prozentzeichen dargestellt. Beim erneuten Übertragen werden die alten Formeln überschrieben.

7. Formatieren Sie C5 bis C11 mit dem Format **Prozent** % und betrachten Sie das Ergebnis.

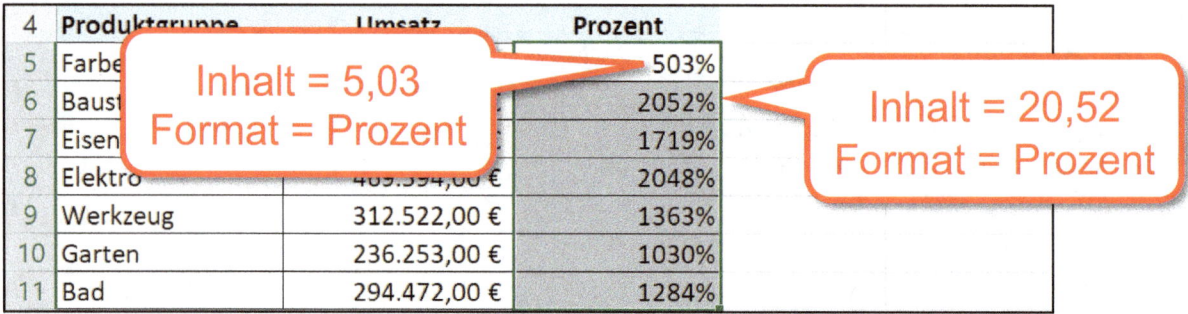

Ergebnis: Die Werte werden mit dem Format Prozent dargestellt.

Hinweis: Beim Zuweisen des Formates Prozent wird der Prozentwert angezeigt, der dem Inhalt der Zelle entspricht! Der Inhalt der Zelle C5 beträgt 5,03. Dieser Wert entspricht dem Prozentwert 503 %. Das gleiche Prinzip gilt für die nachfolgenden Zellen.

Weiterlesen: Lesen Sie hierzu auch Kapitel 24 Erklärung: Inhalte und Formate, Seite 150.

15.3.5   Korrektur der Formel

Die Berechnungen sind mathematisch korrekt. Durch das Prozentformat werden aber Prozentzahlen angezeigt, die 100-fach zu groß sind. Als Lösung wird der Faktor 100 aus der Formel entfernt.

8. Korrigieren Sie die Formel in C5 in **=B5/B$12** und übertragen Sie die Formel.

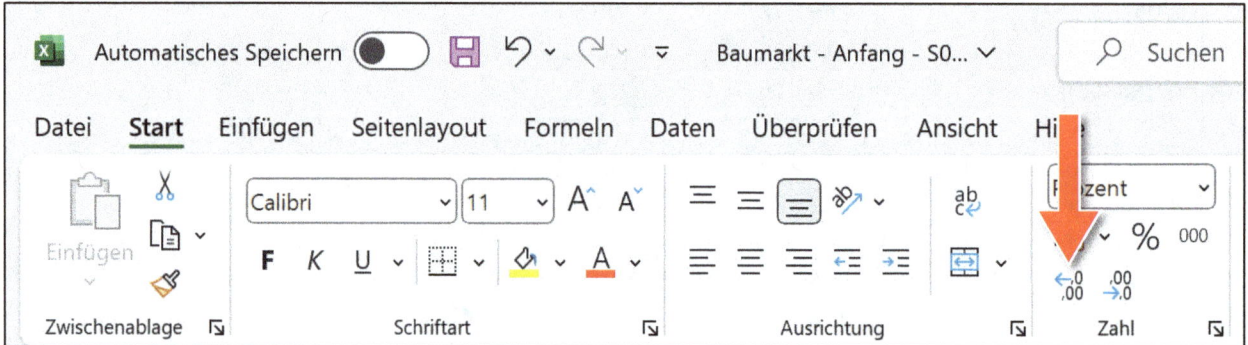

15.3.6   Nachkommastelle hinzufügen

9. Kontrollieren Sie, ob der Zellbereich C5 bis C11 noch markiert ist.

10. Klicken Sie auf **Dezimalstelle hinzufügen** ⬚, um eine Dezimalstelle einzublenden.

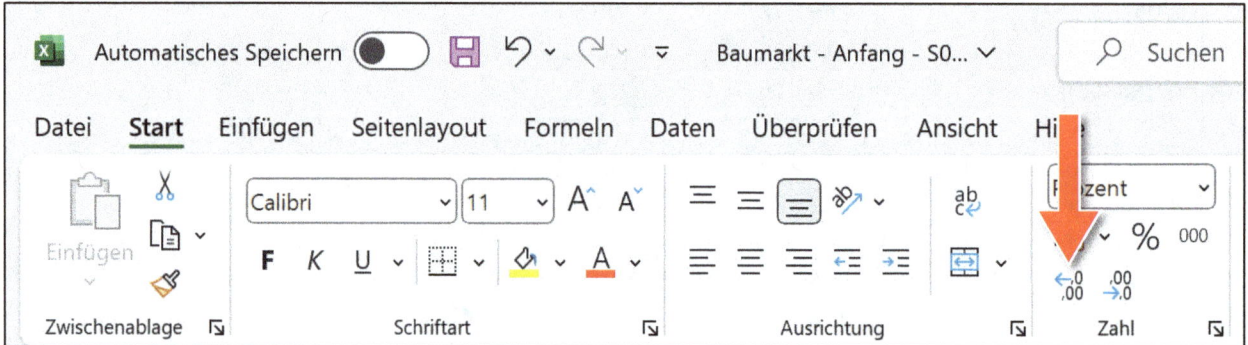

Hinweis: Excel zeigt nicht immer alle Nachkommastellen an. Beim Rechnen werden aber alle Nachkommastellen (Dezimalstellen) berücksichtigt. Es ist nicht entscheidend, ob diese sichtbar sind! Die Bezeichnung der Schaltfläche **Dezimalstelle hinzufügen** ist irreführend. Eine eindeutigere Bezeichnung wäre **Dezimalstelle einblenden**.

15.3.7   Zeile einfügen

11. Klicken Sie auf den Zeilenkopf von Zeile 12 und anschließend auf die Schaltfläche **Einfü-gen** 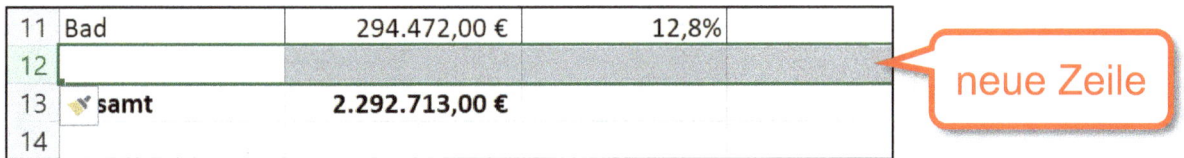, um eine neue Zeile über Zeile 12 einzufügen.

11	Bad	294.472,00 €	12,8%
12			
13	samt	2.292.713,00 €	
14			

neue Zeile

12. Kontrollieren Sie den Zellbereich in der Zelle B13. Er lautet aktuell: **B5:B11**

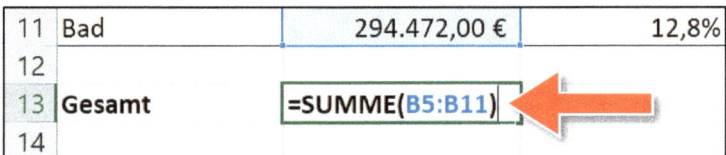

11	Bad	294.472,00 €	12,8%
12			
13	Gesamt	=SUMME(B5:B11)	
14			

Hinweis: Durch diese Kontrolle wird besser deutlich, was im nächsten Schritt passiert. B12 ist zu diesem Zeitpunkt <u>nicht</u> Teil der Bereichsangabe.

15.3.8   Dateneingabe

13. Geben Sie in A12 das Wort **Süßigkeiten** und in B12 **11025** ein. Betrachten Sie das Ergebnis.

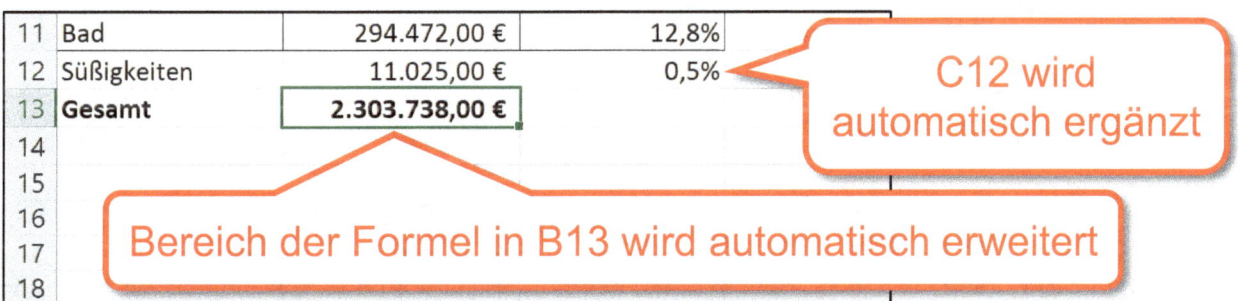

11	Bad	294.472,00 €	12,8%
12	Süßigkeiten	11.025,00 €	0,5%
13	Gesamt	2.303.738,00 €	
14			
15			
16			
17			
18			

C12 wird automatisch ergänzt

Bereich der Formel in B13 wird automatisch erweitert

Ergebnis: Beim Abschluss der Eingabe der Zelle B12 wird die Formel in C12 automatisch eingetragen. Gleichzeitig wird der Zellbereich in der Zelle B13 vergrößert. Er lautet jetzt B5 bis B12. Der neue Wert in der Zelle B12 wird miteinbezogen.

14. Drücken Sie die Taste $\boxed{F2}$, um den Zellbereich in der Zelle B13 zu kontrollieren.

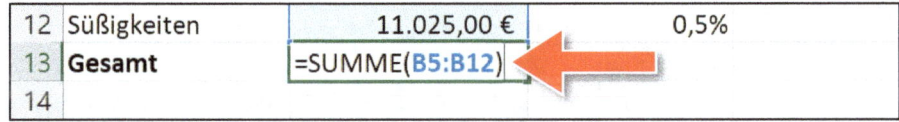

12	Süßigkeiten	11.025,00 €	0,5%
13	Gesamt	=SUMME(B5:B12)	
14			

Hinweis: Die Automatismen von Excel sind vielfältig. Verlassen Sie sich aber nicht blind auf sie. Bei neuen Vorgängen sollten Sie immer Kontrollen vornehmen. Erst wenn Sie ausreichend Erfahrung mit einem Automatismus gesammelt haben, sollten Sie auf Kontrollen verzichten.

15. Formatieren Sie die Zellen A12 bis C12 mit **Allen Rahmenlinien**.

15.3.9   Abschluss

16. Speichern Sie die Datei und schließen Sie das Programm Excel.

16   Anleitung: Bundestagswahl

In dieser Anleitung erstellen Sie eine Berechnung der prozentualen Wählerstimmen der Bundestagswahl 2021.

16.1   Neue Inhalte

- Bezüge mit der Taste F4 festsetzen

16.2   Wiederholungen

- Bezüge festsetzen
- Dezimalstellen hinzufügen

	A	B	C	D	E	F	G	H	I
1				**Bundestagswahl**					
2				Zweitstimmen 2021					
3									
4	**Partei**	**CDU + CSU**	**SPD**	**AfD**	**FDP**	**DIE LINKE**	**GRÜNE**	**Sonstige**	**Gesamt**
5	Stimmen	11.178.298	11.955.434	4.803.902	5.319.952	2.270.906	6.852.206	4.061.325	46.442.023
6	Prozent	24,1%	25,7%	10,3%	11,5%	4,9%	14,8%	8,7%	100,0%
7									

Ergebnis: Bundestagswahl

16.3   Anleitung

16.3.1   Datei öffnen

1. Öffnen Sie die Übungsdatei **Bundestagswahl - Anfang - S0499**.

16.3.2   Prozente ermitteln

2. Geben Sie in der Zelle B6 die Formel **=B5/I5** zur Berechnung der Prozentwerte ein. Schließen Sie die Eingabe aber noch nicht ab.

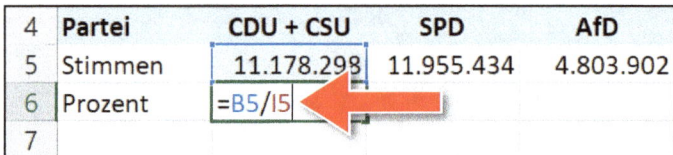

Hinweis: Die Formel soll anschließend auf die Zellen C6 bis I6 (i6) übertragen werden. Sie wissen bereits, dass die Formel so nicht vollständig ist. Damit der Bezug auf die Spalte I (i) nicht verändert wird, muss ein Dollarzeichen ($) davorgesetzt werden. Nachfolgend sehen Sie eine weitere Möglichkeit, das Dollarzeichen einzufügen.

3. Drücken Sie die Taste F4, um den Bezug zu verändern und Dollarzeichen einzufügen.

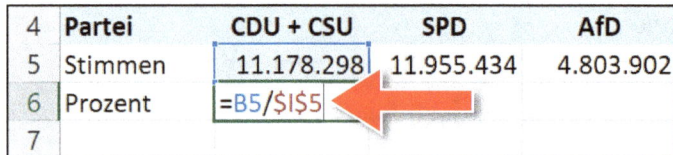

Ergebnis: Der Zellbezug I5 wird verändert. Vor dem I und vor der 5 wird jeweils ein Dollarzeichen eingefügt.
Hinweis: Diese Schreibweise würde auch zum richtigen Ergebnis führen. Das Dollarzeichen vor der 5 ist aber wirkungslos.
Achtung: Wenn Sie an einem Laptop arbeiten, müssen Sie manchmal die Tastenkombination Fn + F4 drücken, um F4 zu aktivieren.
Weiterlesen: Lesen Sie hierzu auch Kapitel 26 Erklärung: Tastaturbefehle, Seite 153.

4. Drücken Sie erneut die Taste F4 .

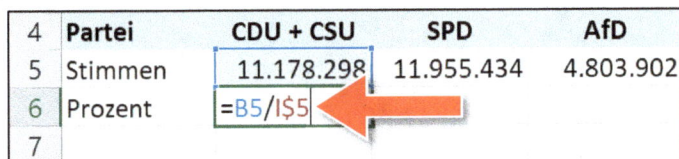

Ergebnis: Der Zellbezug wird wieder verändert. Aktuell steht nur ein Dollarzeichen vor der 5.

Hinweis: Diese Schreibweise würde nicht zum richtigen Ergebnis führen. Die Formel soll anschließend waagerecht übertragen werden. Das Dollarzeichen muss daher <u>vor</u> dem Buchstaben notiert werden. Ein Dollarzeichen <u>vor der Zahl</u> ist beim waagerechten Übertragen wirkungslos.

5. Drücken Sie erneut die Taste F4 .

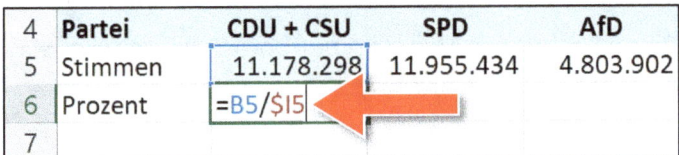

Ergebnis: Der Zellbezug wird wieder verändert. Das Dollarzeichen steht jetzt an der richtigen Stelle vor dem Buchstaben I (i).

Hinweis: Ob Sie die Dollarzeichen eintippen oder mit der Taste F4 arbeiten, ist nicht entscheidend. F4 stellt eine Alternative dar.

6. Bestätigen Sie die Eingabe. Übertragen Sie die Formel auf die Zellen C6 bis I6 (i6).

4	Partei	CDU + CSU	SPD	AfD	FDP	DIE LINKE	GRÜNE	Sonstige	Gesamt
5	Stimmen	11.178.298	11.955.434	4.803.902	5.319.952	2.270.906	6.852.206	4.061.325	46.442.023
6	Prozent	0,24069361	0,25742707	0,10343869	0,11455039	0,04889765	0,14754323	0,087449356	1
7									
8									

Hinweis: Zum Berechnen der Prozentwerte gehört in der Mathematik der Faktor 100. Da anschließend das Prozentformat zugewiesen wird, wird der Faktor 100 in dieser Formel weggelassen. In Excel ersetzt das Prozentformat den Faktor 100.

16.3.3 Prozentformat

7. Formatieren Sie die Zellen B6 bis I6 mit dem Zahlenformat **Prozent** %.

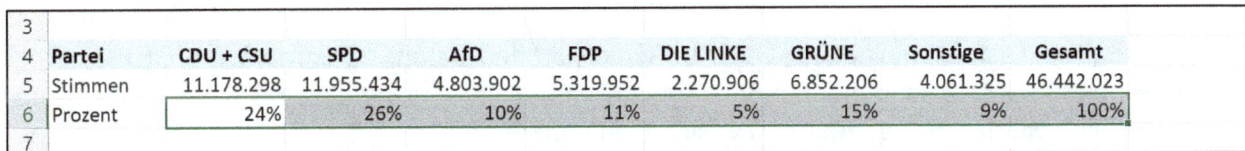

Ergebnis: Die Zahlen werden im Zahlenformat Prozent ohne Dezimalstellen dargestellt. Es werden die Prozentwerte angezeigt, die dem Inhalt der Zellen entsprechen.

Beispiele: 0,329 entspricht 32,9 %, 0,205 entspricht 20,5 % und 0,126 entspricht 12,6 %.

Hinweis: Die Begriffe Dezimalstellen und Nachkommastellen sind austauschbar.

16.3.4 Dezimalstelle hinzufügen

8. Kontrollieren Sie, ob der Zellbereich B6 bis I6 noch markiert ist.

9. Klicken Sie auf die Schaltfläche **Dezimalstelle hinzufügen** [image], um bei den markierten Zahlen eine Nachkommastelle einzublenden.

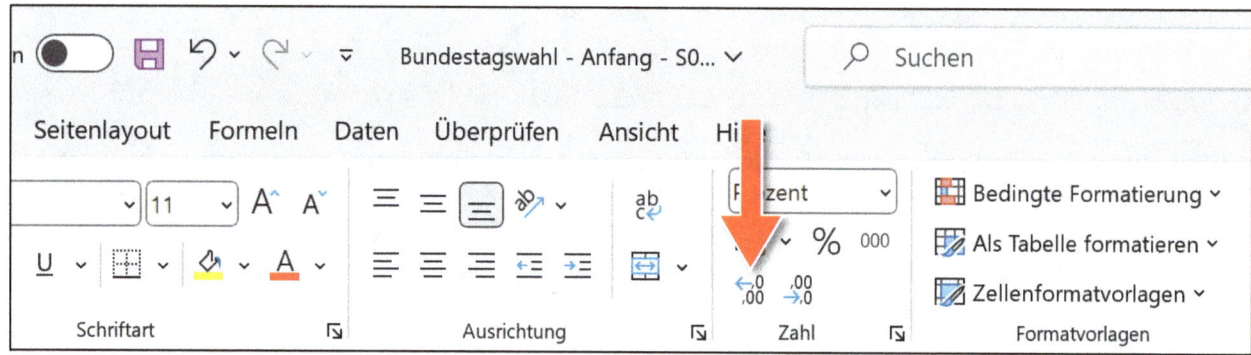

Hinweis: Alle Nachkommastellen werden beim Rechnen in Excel immer berücksichtigt. Es ist nicht entscheidend, ob die Nachkommastellen sichtbar sind oder nicht.

10. Betrachten Sie das Ergebnis.

16.3.5 Rahmen formatieren

11. Drücken Sie die Tastenkombination **Steuerung** [Strg] + [A], um den zusammenhängenden Tabellenbereich A4 bis I6 zu markieren.

Hinweis: Die Tastenkombination [Strg] + [A] aktiviert den Befehl **Alles markieren**. Excel markiert den Bereich, der als zusammenhängend erkannt wird. Durch nochmaliges Drücken dieser Tastenkombination würden Sie das ganze Tabellenblatt markieren.

12. Formatieren Sie diesen Bereich mit **Allen Rahmenlinien** [image].

16.3.6 Abschluss

13. Speichern Sie die Datei und schließen Sie das Programm Excel.

17   Aufgabe: Papierverbrauch

Die folgende Aufgabe dient als Lernkontrolle und ist der Abschluss des dritten Abschnittes. Anders als bei einer Anleitung wird der Lösungsweg hier nicht beschrieben.

17.1   Inhalte

- Funktionen: SUMME, MIN, MAX, MITTELWERT
- Bezüge festsetzen
- Prozentrechnung
- Auto-Ausfülloptionen

	A	B	C
1	**Papierverbrauch**		
2	Mai 2021		
3			
4	**Standort**	**Pakete**	**in Prozent**
5	Oststraße	89	12,0%
6	Bismarckstraße	139	18,7%
7	Berliner Straße	121	16,3%
8	Hofweg	127	17,1%
9	Teichstraße	90	12,1%
10	Am großen Bach	48	6,5%
11	Bieler Straße	54	7,3%
12	Grünstraße	32	4,3%
13	Dümmerweg	44	5,9%
14	Summe	744	100,0%
15	Durchschnitt	83	11,1%
16	Höchster Wert	139	18,7%
17	Niedrigster Wert	32	4,3%
18			

Ergebnis: Papierverbrauch

17.2   Aufgabe

1. Öffnen Sie die Übungsdatei **Papierverbrauch - Anfang - S0499**.
2. Berechnen Sie in der Zelle B14 den Gesamtverbrauch der Papierpakete.
3. Berechnen Sie in den Zellen B15, B16 und B17 den Durchschnitt, den höchsten Wert und den niedrigsten Wert.
4. Berechnen Sie in der Zelle C5 den prozentualen Anteil der Oststraße vom Gesamtverbrauch B14. Teilen Sie dazu den Wert aus Zelle B5 durch den Gesamtverbrauch B14. Die Formel soll anschließend auf die darunterliegenden Zellen übertragen werden. Die Zeilennummer des Gesamtverbrauchs darf sich beim Übertragen daher nicht verändern.
5. Übertragen Sie die Formel auf die Zellen C6 bis C17. Übertragen Sie nur die Formel und nicht die Formate. Die ursprünglichen Farben sollen erhalten bleiben.
6. Stellen Sie für die Zellen C5 bis C17 das Format **Prozent** mit einer Dezimalstelle ein.
7. Speichern Sie die Datei und schließen Sie das Programm Excel.

Liebe Leserin, lieber Leser,

Wissenssprung ist ein kleines Unternehmen. Bitte unterstützen Sie uns mit Ihrer Buchbewertung bei Amazon.

Herzlichen Dank, Ihr Peter Kynast

Ihre Bewertung können Sie mit einem Klick in Ihren Amazon-Bestellungen abgeben. Auch wenn Sie das Buch nicht selbst gekauft haben, können Sie eine Bewertung machen. Suchen Sie auf Amazon nach „Peter Kynast" und klicken Sie auf der Produktseite auf „Kundenrezension verfassen" oder scannen Sie diesen QR-Code. Mit ihm gelangen Sie direkt zur Bewertung.

Abschnitt 4

Anleitungen

Inhalte dieses Abschnittes:

- Zellen verknüpfen (Überträge)
- Zeiten addieren
- benutzerdefinierte Datumsformate
- Zahlen schnell addieren
- Sortieren von Daten

18   Anleitung: Arbeitszeiten

Mit dieser Anleitung erstellen Sie eine Addition monatlicher Arbeitsstunden.

18.1   Neue Inhalte

- Zellen verknüpfen (Überträge)
- Formatcodes
- Zeiten addieren
- schnelles Addieren mit der Statusleiste

18.2   Wiederholungen

- mehrere Zellen auf einmal ausfüllen
- Spaltenbreite einer bestimmten Zelle anpassen

18.3   Anleitung

18.3.1   Datei öffnen

1. Öffnen Sie die Übungsdatei
    Arbeitszeiten - Anfang - S0499.

18.3.2   Datumseingaben vereinfachen

Datumsangaben können vollständig über den Nummernblock eingegeben werden. Diese Methode ist deutlich kürzer und einfacher.

2. Geben Sie in A4 **1-10-20** ein. Nutzen Sie dabei das Minuszeichen ⌑ auf dem Nummernblock.

	Tag	Datum	Anfang
3			
4	1-10-20		
5			
6			

3. Bestätigen Sie die Eingabe mit der Taste **Enter** ⏎ auf dem Nummernblock und betrachten Sie das Ergebnis.

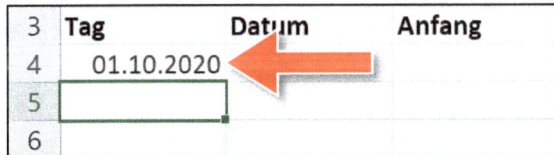

	Tag	Datum	Anfang
3			
4		01.10.2020	
5			
6			

Ergebnis: Die Eingabe wird automatisch in ein Datum umgewandelt. Es wird in der 8-stelligen Standard-Schreibweise **01.10.2020** dargestellt.

Hinweis: Die Datumseingabe über den Nummernblock ist schneller und einfacher. Sie müssen weniger Zeichen tippen als in der Schreibweise 01.10.2020. Außerdem haben Sie bei der Eingabe kürzere Wege als über die obere Zahlenreihe.

Ergebnis: Arbeitszeiten

	Tag	Datum	Anfang	Ende	Pause	Arbeitszeit
1	Arbeitszeiten					
2						
3	Tag	Datum	Anfang	Ende	Pause	Arbeitszeit
4	Do	01.10.2020	08:00	16:00	01:00	07:00
5	Fr	02.10.2020	08:00	16:00	01:00	07:00
6	Sa	03.10.2020				
7	So	04.10.2020				
8	Mo	05.10.2020	08:00	16:00	01:00	07:00
9	Di	06.10.2020	08:00	17:30	01:00	08:30
10	Mi	07.10.2020	08:00	18:21	01:00	09:21
11	Do	08.10.2020	08:00	16:00	01:00	07:00
12	Fr	09.10.2020	08:00	16:00	01:00	07:00
13	Sa	10.10.2020				
14	So	11.10.2020				
15	Mo	12.10.2020	08:00	16:30	01:00	07:30
16	Di	13.10.2020	08:00	16:00	01:00	07:00
17	Mi	14.10.2020	08:00	14:37	01:00	05:37
18	Do	15.10.2020	08:00	19:08	01:00	10:08
19	Fr	16.10.2020	08:00	16:00	01:00	07:00
20	Sa	17.10.2020				
21	So	18.10.2020				
22	Mo	19.10.2020	08:00	15:30	01:00	06:30
23	Di	20.10.2020	08:00	16:06	01:00	07:06
24	Mi	21.10.2020	08:00	16:00	01:00	07:00
25	Do	22.10.2020	08:00	16:00	01:00	07:00
26	Fr	23.10.2020	08:00	17:15	01:00	08:15
27	Sa	24.10.2020				
28	So	25.10.2020				
29	Mo	26.10.2020	08:00	18:15	01:00	09:15
30	Di	27.10.2020	08:00	16:00	01:00	07:00
31	Mi	28.10.2020	08:00	19:00	01:00	10:00
32	Do	29.10.2020	08:00	16:00	01:00	07:00
33	Fr	30.10.2020	08:00	20:00	01:00	11:00
34	Sa	31.10.2020				
35	Summe					170:12:00

Ergebnis: Arbeitszeiten

4. Markieren Sie die Zelle A4 und zeigen Sie mit der Maus auf den Anfasser.

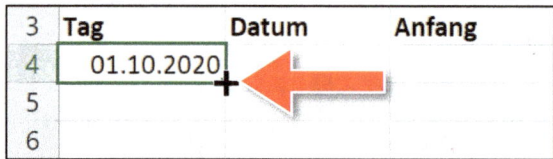

5. Ziehen Sie die Maus bei gedrückter linker Maustaste bis zur Zeile 34.

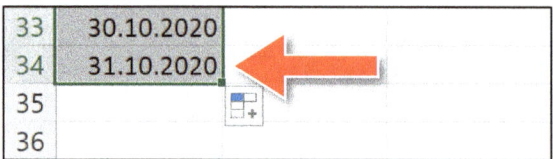

Ergebnis: Die Datumsangaben bis zum 31.10.2020 werden in die Zellen eingetragen. Beim Ausfüllen der Zellen wird der jeweils aktuelle Wert immer im sogenannten *Tooltip* angezeigt.

Hinweis: Datumsangaben werden beim Übertragen automatisch weitergezählt. Durch gleichzeitiges Drücken der Taste *Steuerung* Strg kann das Weiterzählen auch unterbunden werden. Das Datum wird dann kopiert.

18.3.3   Zellen verknüpfen (automatische Überträge erstellen)

Überträge sind in vielen Fällen sehr hilfreich. Durch einen Übertrag übernehmen Sie den Inhalt einer Zelle in eine andere Zelle.

6. Geben Sie in der Zelle B4 die Formel *=A4* ein.

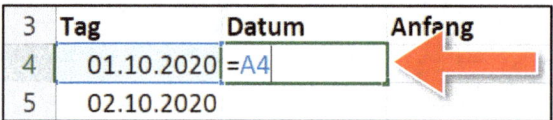

Hinweis: Am schnellsten geht die Eingabe, wenn Sie nach dem Gleichheitszeichen (=) auf die Pfeiltaste *Links* ← drücken (Zeigen-Methode). Der Zellbezug wird automatisch eingesetzt.

7. Bestätigen Sie die Eingabe und betrachten Sie das Ergebnis.

4	01.10.2020	01.10.2020
5	02.10.2020	
6	03.10.2020	

Ergebnis: Das Datum wird von A4 in die Zelle B4 übertragen. Bei einer Änderung von A4 würde B4 diese Änderung automatisch übernehmen.

18.3.4   Inhalte automatisch übertragen

8. Markieren Sie die Zelle B4 und zeigen Sie mit der Maus auf den Anfasser.

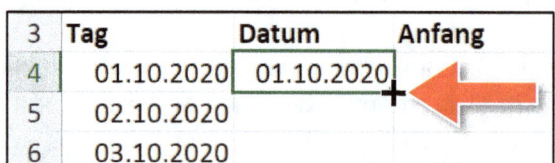

9. Klicken Sie doppelt auf den Anfasser, um die Formel auf die nachfolgenden Zellen automatisch zu übertragen. Betrachten Sie das Ergebnis.

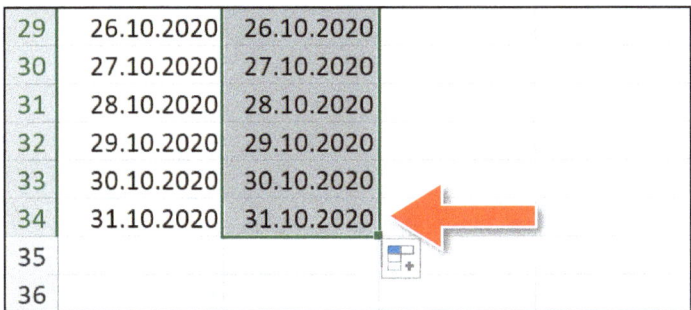

Ergebnis: Die Formel wird automatisch bis zum Ende der Tabelle übertragen.

10. Markieren Sie die Zelle B5 und drücken Sie die Taste F2, um die Formel zu kontrollieren.

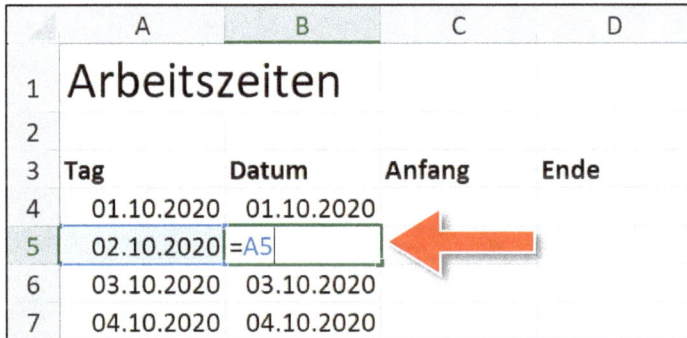

Ergebnis: Der Bezug wurde angepasst. Er überträgt den Inhalt der Zelle A5.
Oder: Klicken Sie doppelt auf die Zelle B5, um den Schreibmodus zu aktivieren.

11. Drücken Sie die Taste **Enter** ↵ oder **Escape** Esc, um den Schreibmodus zu verlassen.

18.3.5   Daten als Wochentage darstellen

Die Datumsangaben in Spalte A sollen als 2-stellige Wochentage dargestellt werden. Dazu erstellen Sie ein eigenes Zahlenformat. Eigene Zahlenformate werden auch benutzerdefinierte Zahlenformate genannt.

12. Markieren Sie die Zellen A4 bis A34. Klicken Sie auf den kleinen Pfeil ⤡ rechts unten in der Gruppe **Zahl**, um das Dialogfenster **Zellen formatieren** zu öffnen.

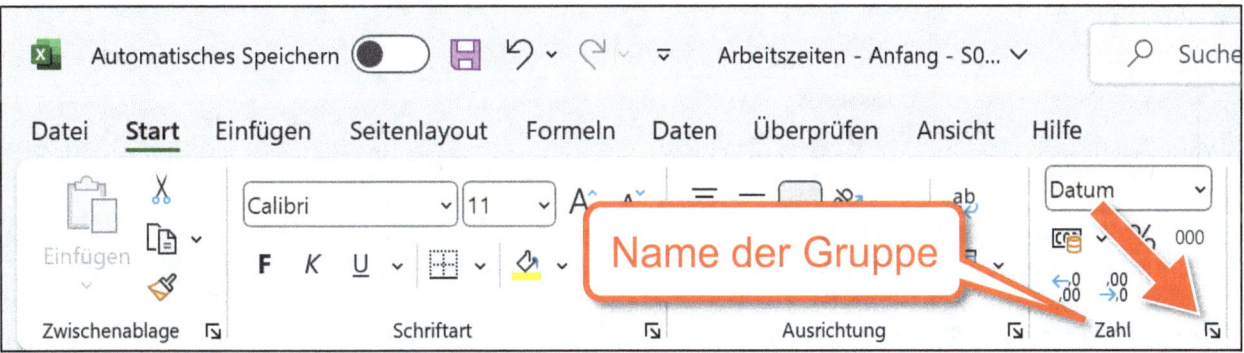

13. Klicken Sie im Dialogfenster *Zellen formatieren* auf die Kategorie *Benutzerdefiniert*.

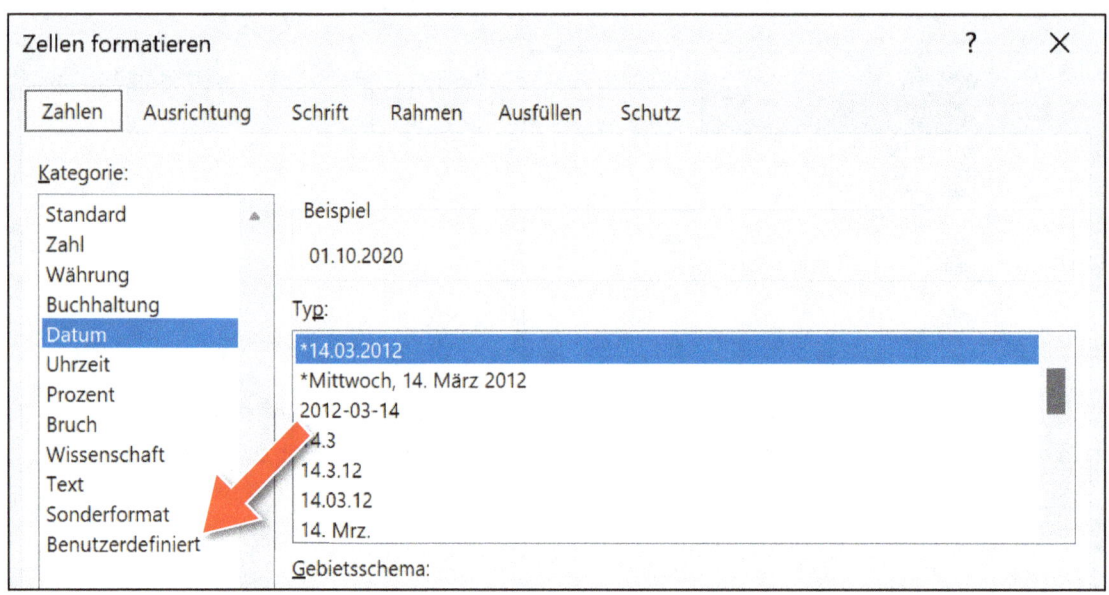

Hinweis: In dieser Kategorie können Sie eigene Zahlenformate erstellen.

14. Betrachten Sie die Einstellungen in dieser Kategorie.

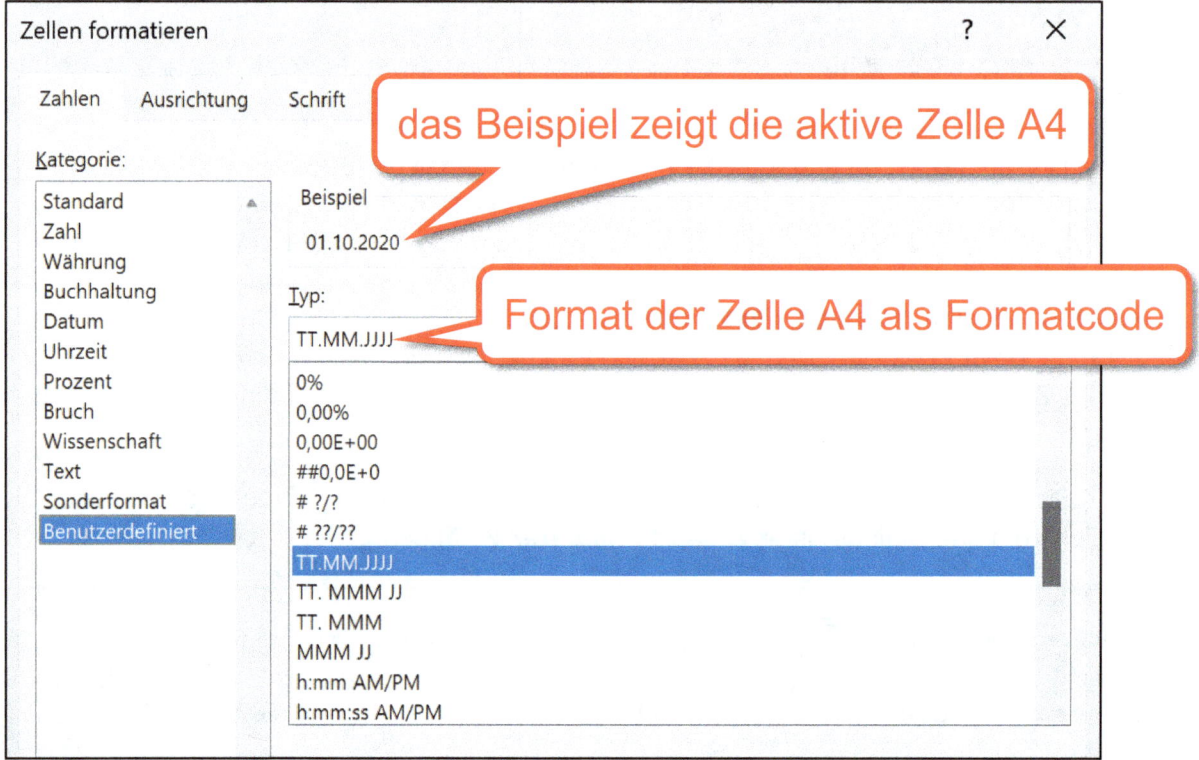

Hinweis: Das Beispiel bezieht sich immer auf die aktive Zelle (aktuell A4). Die aktive Zelle ist in einer Markierung leicht zu erkennen. Sie ist transparent, sodass die Hintergrundfarbe sichtbar ist. Die 8-stellige Datumsdarstellung 01.10.2020 (acht Stellen und zwei Punkte) basiert auf dem Formatcode **TT.MM.JJJJ** (T = Tag, M = Monat, J = Jahr). Dieser Formatcode lässt sich auf unterschiedliche Arten verändern und anpassen.

15. Klicken Sie in das Feld **_Typ_** und löschen Sie den gesamten Inhalt. Achten Sie dabei auf das angezeigte Beispiel.

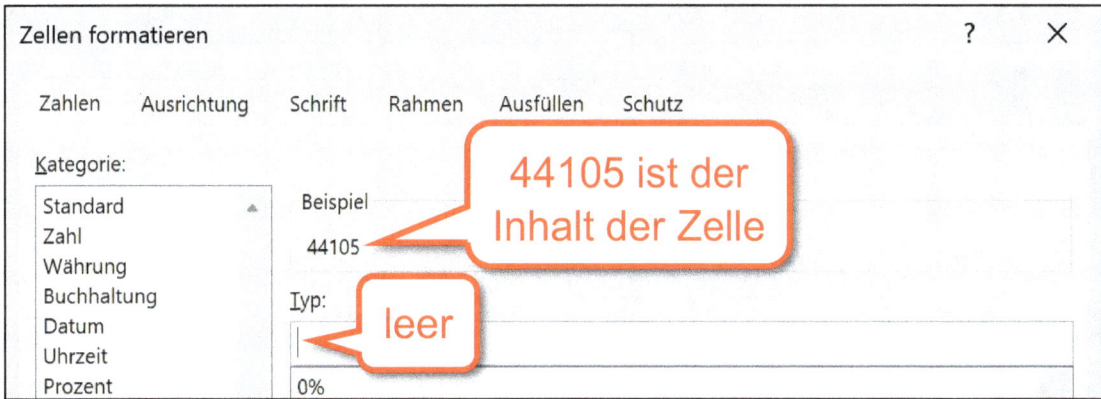

Ergebnis: Die Zahl 44105 wird im Beispiel angezeigt.

Hinweis: Durch das Löschen des Formatcodes wird das Format entfernt. Die unformatierte Zahl in der Zelle wird sichtbar. Der 01.10.2020 ist der 44105. Tag seit dem 01.01.1900.

18.3.6   Formatcode eingeben

16. Geben Sie im Feld **_Typ_** den Buchstaben **_T_** ein. Achten Sie dabei wieder auf das Beispiel.

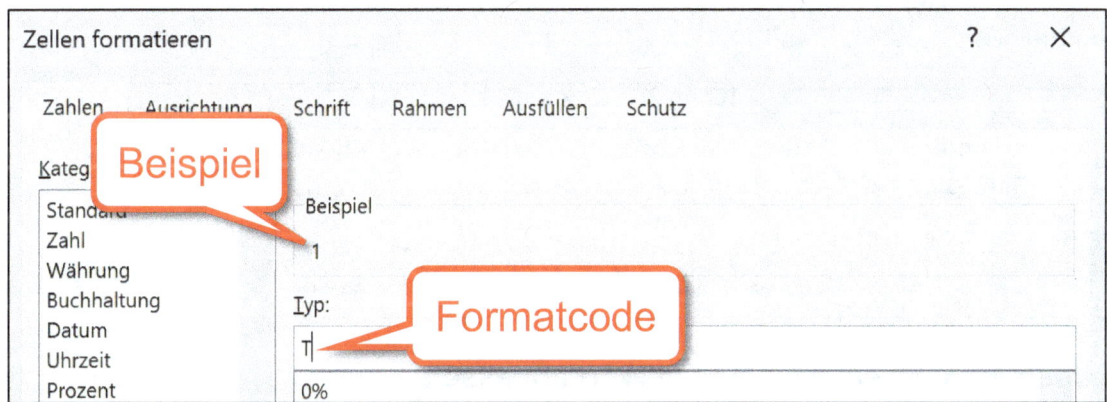

Ergebnis: Das Beispiel zeigt den Wert **_1_** an.

Hinweis: Der Formatcode **_T_** (Tag) zeigt den Tag des Monats als einstellige Zahl an. Die Anzeige bezieht sich auf die aktive Zelle A4. Sie enthält das Datum 01.10.2020.

17. Geben Sie ein weiteres **_T_** ein.

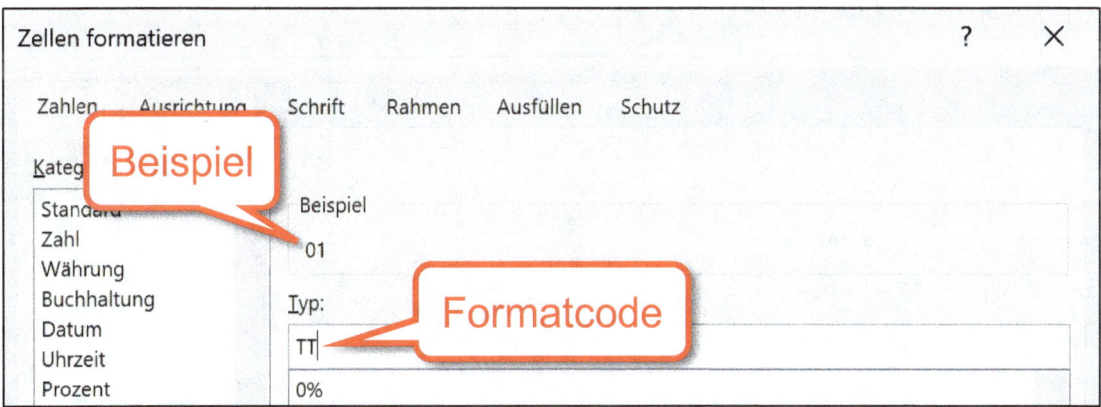

Ergebnis: Das Beispiel zeigt den Wert *01* an.

Hinweis: Der Formatcode *TT* zeigt den Tag des Monats als 2-stellige Zahl an.

18. Geben Sie ein weiteres *T* ein.

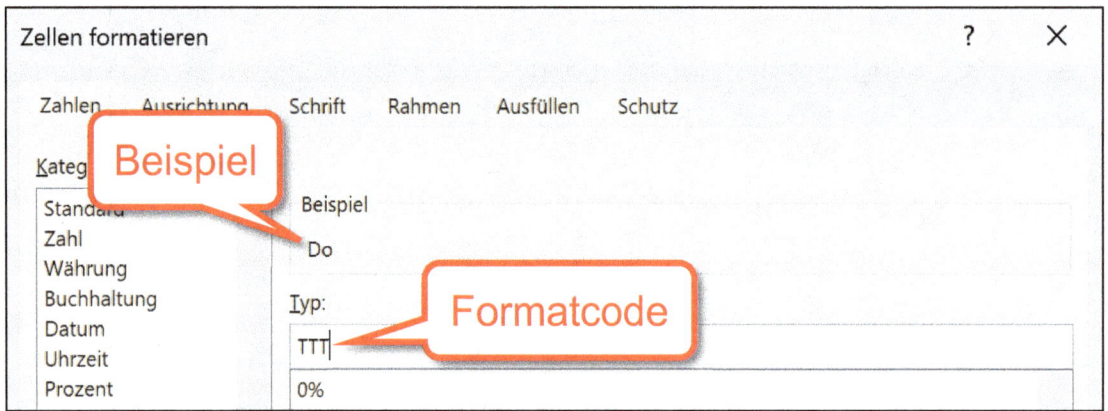

Ergebnis: Das Beispiel zeigt den Wert *Do* an.

Hinweis: Der Formatcode *TTT* ist die Einstellung, um den Tag als 2-stelliges Wort anzuzeigen. Der 01.10.2020 war ein Donnerstag. *TTTT* würde den ausgeschriebenen Wochentag *Donnerstag* ausgeben.

19. Klicken Sie auf die Schaltfläche *OK*, um das Format zu übernehmen.

Ergebnis: Die Datumsangaben werden als 2-stellige Wochentage angezeigt.

20. Betrachten Sie das Ergebnis.

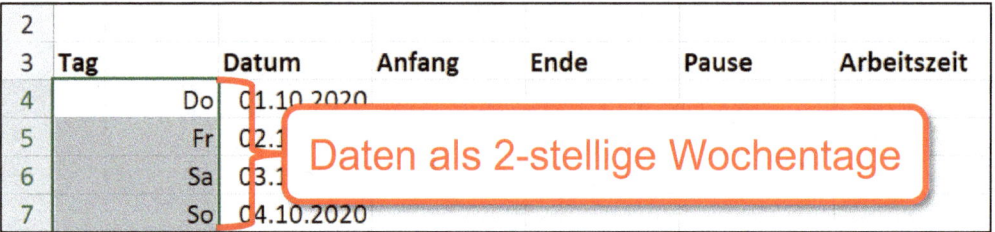

18.3.7   Spaltenbreite einem bestimmten Wort anpassen

Die Breite der Spalte A soll dem Wort *Tag* angepasst werden. Ein Doppelklick auf die Trennlinie zwischen den Spaltenköpfen A und B würde die Breite aber dem längsten Wort in der Spalte (Arbeitszeiten) anpassen.

21. Markieren Sie die Zelle A3 und klicken Sie auf die Schaltfläche *Format* 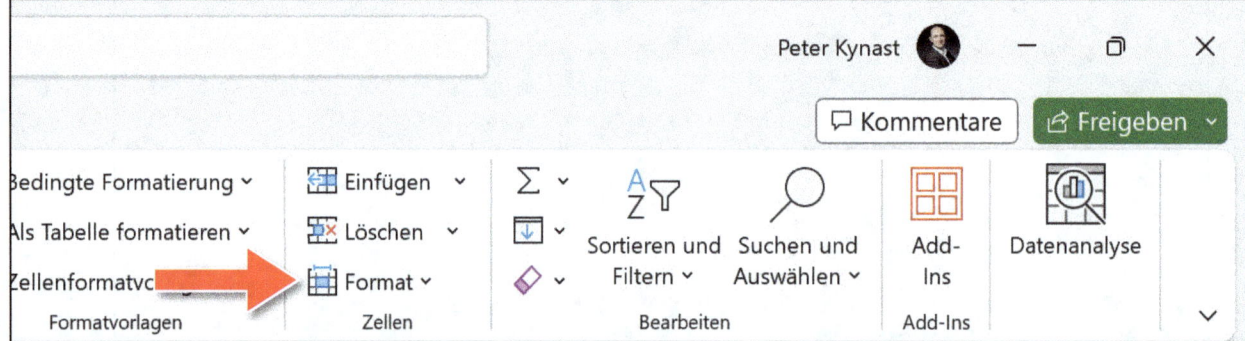, um das Listenfeld der Schaltfläche zu öffnen.

22. Klicken Sie auf den Listenpunkt **Spaltenbreite automatisch anpassen**, um die Spaltenbreite dem Wort in A3 anzupassen.

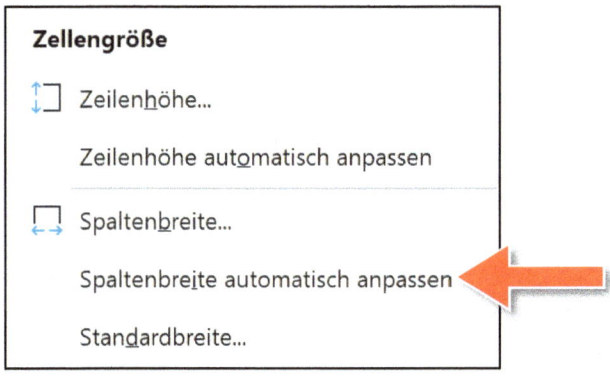

23. Betrachten Sie das Ergebnis.

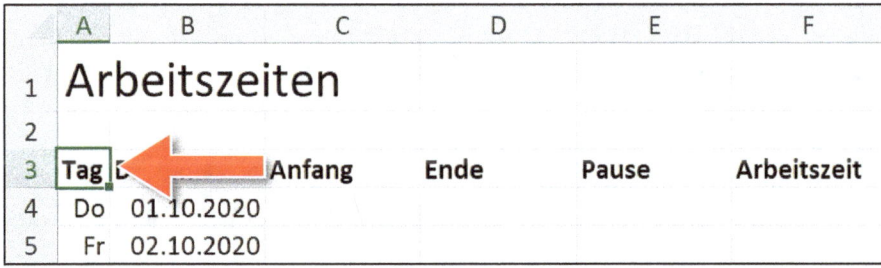

Ergebnis: Die Breite der Spalte A wird dem Wort **Tag** angepasst.

Hinweis: Um die Spaltenbreite einem bestimmten Inhalt anzupassen, muss diese Zelle markiert werden. Wählen Sie anschließend den Befehl **Spaltenbreite automatisch anpassen**.

24. Markieren Sie die Zellen A4 bis A34 und stellen Sie die Ausrichtung **Linksbündig** ☰ ein.

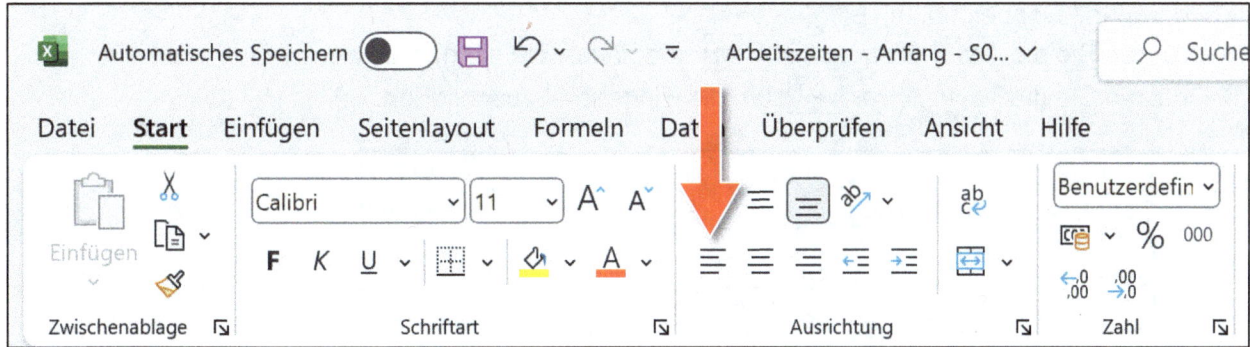

Hinweis: Die Inhalte der Zellen A4 bis A34 sind Datumsangaben. Jedes Datum ist eine Zahl! Daher werden sie zuerst rechtsbündig angezeigt.

18.3.8   Mehrere Zellen gleichzeitig ausfüllen

Der Arbeitsbeginn in dieser Firma ist 08:00 Uhr. Diese Uhrzeit wird zuerst bei allen Tagen eingetragen. Die Wochenenden werden später wieder gelöscht.

25. Markieren Sie die Zellen C4 bis C34.

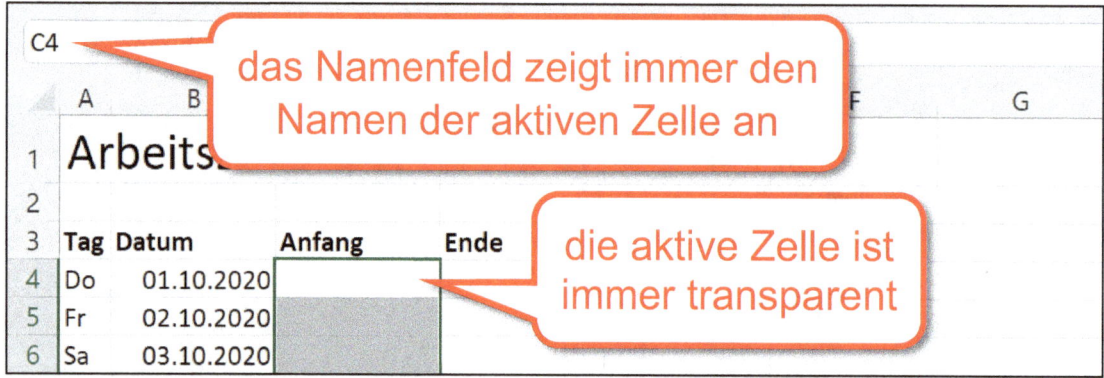

Hinweis: Eine Zelle ist immer aktiv, auch wenn mehrere Zellen markiert sind. In dieser Situation handelt es sich dabei um die Zelle C4. Daher ist C4 in der Markierung als einzige Zelle nicht grau hinterlegt. Die aktive Zelle ist immer transparent (durchsichtig). Die Hintergrundfarbe scheint unverändert durch.

26. Geben Sie die Uhrzeit **08:00** ein. Schließen Sie die Eingabe aber noch nicht ab.

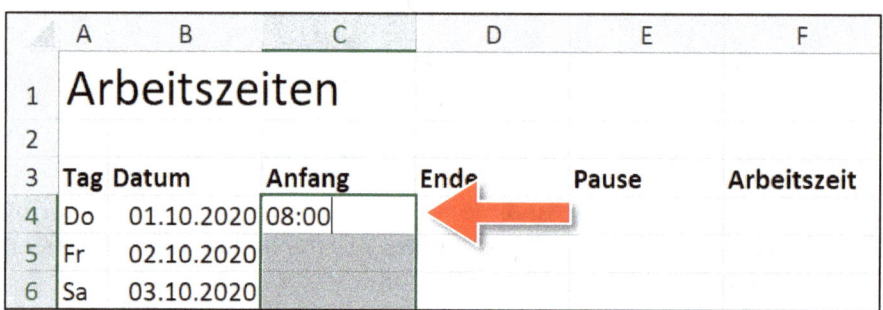

Hinweis: C4 ist die aktive Zelle, daher wird die Eingabe in dieser Zelle vorgenommen. Uhrzeiten werden mit Doppelpunkten eingegeben.

27. Drücken Sie die Taste **Steuerung** ⌷Strg⌷ und halten Sie sie gedrückt.

28. Drücken Sie die Taste **Enter** ⌷↵⌷, um die Eingabe abzuschließen.

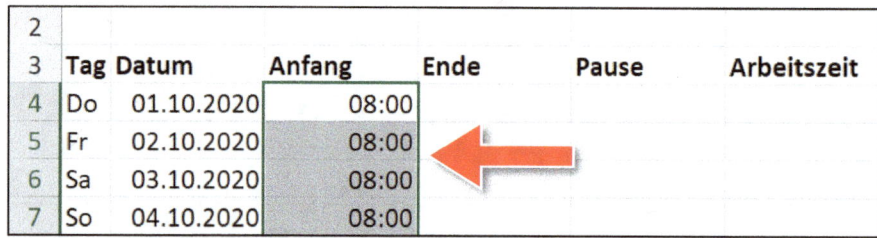

Ergebnis: Die Uhrzeit wird auf alle markierten Zellen übertragen.

29. Lassen Sie die Taste **Steuerung** ⌷Strg⌷ wieder los.

18.3.9   Zwischenstand öffnen

Für die Berechnung der Arbeitszeiten benötigen Sie die Endzeiten. Damit Sie diese nicht von Hand eingeben müssen, liegt die Datei mit diesen Zeiten bereits vor.

30. Speichern Sie die Datei und schließen Sie Excel.

31. Öffnen Sie die Übungsdatei **Arbeitszeiten - Zwischenstand - S0499**.

18.3.10 Pausen eingeben

32. Markieren Sie die Zellen E4 bis E34.

3	Tag	Datum	Anfang	Ende	Pause	Arbeitszeit
4	Do	01.10.2020	08:00	16:00		
5	Fr	02.10.2020	08:00	16:00		
6	Sa	03.10.2020	08:00	16:00		
7	So	04.10.2020	08:00	16:00		

aktive Zelle

33. Geben Sie die Zeitangabe *01:00* ein. Schließen Sie die Eingabe aber noch nicht ab.

3	Tag	Datum	Anfang	Ende	Pause	Arbeitszeit
4	Do	01.10.2020	08:00	16:00	01:00	
5	Fr	02.10.2020	08:00	16:00		

Hinweis: E4 ist die aktive Zelle, daher wird die Eingabe in dieser Zelle vorgenommen.

34. Drücken Sie die Taste *Steuerung* Strg und halten Sie sie gedrückt.

35. Drücken Sie die Taste *Enter* ↵ , um die Eingabe abzuschließen.

3	Tag	Datum	Anfang	Ende	Pause	Arbeitszeit
4	Do	01.10.2020	08:00	16:00	01:00	
5	Fr	02.10.2020	08:00	16:00	01:00	
6	Sa	03.10.2020	08:00	16:00	01:00	
7	So	04.10.2020	08:00	16:00	01:00	

automatisch eingetragen

Ergebnis: Die Zeitangabe wird auf alle markierten Zellen übertragen.

36. Lassen Sie die Taste *Steuerung* Strg wieder los.

18.3.11 Arbeitszeiten berechnen

37. Geben Sie in der Zelle F4 die Formel *=D4-C4-E4* ein, um die Arbeitszeit zu berechnen.

3	Tag	Datum	Anfang	Ende	Pause	Arbeitszeit
4	Do	01.10.2020	08:00	16:00	01:00	=D4-C4-E4
5	Fr	02.10.2020	08:00	16:00	01:00	
6	Sa	03.10.2020	08:00	16:00	01:00	

Hinweis: Von der Endzeit (D4) wird die Anfangszeit (C4) und die Pausenzeit (E4) abgezogen.

38. Bestätigen Sie die Eingabe und markieren Sie die Zelle F4 erneut.

39. Zeigen Sie mit der Maus auf den Anfasser.

3	Tag	Datum	Anfang	Ende	Pause	Arbeitszeit
4	Do	01.10.2020	08:00	16:00	01:00	07:00
5	Fr	02.10.2020	08:00	16:00	01:00	
6	Sa	03.10.2020	08:00	16:00	01:00	

40. Klicken Sie doppelt auf den Anfasser, um die nachfolgenden Zellen automatisch auszufüllen.
   Ergebnis: Die Formel wird auf alle darunterliegenden Zellen bis zur Zeile 34 automatisch übertragen.

18.3.12 Wochenenden löschen

41. Markieren Sie die Zellen C6 bis F7 und alle danach kommenden Wochenenden. Markieren Sie aber nicht die Inhalte in den Spalten A und B. Halten Sie die Taste **Steuerung** Strg gedrückt, um eine Mehrfachmarkierung zu erstellen.

	A	B	C	D	E	F	G	H
1	**Arbeitszeiten**							
2								
3	**Tag**	**Datum**	**Anfang**	**Ende**	**Pause**	**Arbeitszeit**		
4	Do	01.10.2020	08:00	16:00	01:00	07:00		
5	Fr	02.10.2020	08:00	16:00	01:00	07:00		
6	Sa	03.10.2020	08:00	16:00	01:00	07:00	←	
7	So	04.10.2020	08:00	16:00	01:00	07:00		
8	Mo	05.10.2020	08:00	16:00	01:00	07:00		
9	Di	06.10.2020	08:00	17:30	01:00	08:30		
10	Mi	07.10.2020	08:00	18:21	01:00	09:21		
11	Do	08.10.2020	08:00	16:00	01:00	07:00		
12	Fr	09.10.2020	08:00	16:00	01:00	07:00		
13	Sa	10.10.2020	08:00	16:00	01:00	07:00	←	
14	So	11.10.2020	08:00	16:00	01:00	07:00		
15	Mo	12.10.2020	08:00	16:30	01:00	07:30		
16	Di	13.10.2020	08:00	16:00	01:00	07:00		
17	Mi	14.10.2020	08:00	14:37	01:00	05:37		
18	Do	15.10.2020	08:00	19:08	01:00	10:08		
19	Fr	16.10.2020	08:00	16:00	01:00	07:00		
20	Sa	17.10.2020	08:00	16:00	01:00	07:00	←	
21	So	18.10.2020	08:00	16:00	01:00	07:00		
22	Mo	19.10.2020	08:00	15:30	01:00	06:30		
23	Di	20.10.2020	08:00	16:06	01:00	07:06		
24	Mi	21.10.2020	08:00	16:00	01:00	07:00		
25	Do	22.10.2020	08:00	16:00	01:00	07:00		
26	Fr	23.10.2020	08:00	17:15	01:00	08:15		
27	Sa	24.10.2020	08:00	16:00	01:00	07:00	←	
28	So	25.10.2020	08:00	16:00	01:00	07:00		
29	Mo	26.10.2020	08:00	18:15	01:00	09:15		
30	Di	27.10.2020	08:00	16:00	01:00	07:00		
31	Mi	28.10.2020	08:00	19:00	01:00	10:00		
32	Do	29.10.2020	08:00	16:00	01:00	07:00		
33	Fr	30.10.2020	08:00	20:00	01:00	11:00		
34	Sa	31.10.2020	08:00	16:00	01:00	07:00	←	
35								
36								
37								

42. Drücken Sie die Taste **Entfernen** Entf , um die Inhalte zu löschen.

18.3.13 Wochenenden hervorheben

43. Markieren Sie die Zellen A6 bis F7 und alle danach kommenden Wochenenden. Halten Sie die Taste **Steuerung** ⌷Strg⌷ gedrückt, um eine Mehrfachmarkierung zu erstellen.

	Tag	Datum	Anfang	Ende	Pause	Arbeitszeit
3						
4	Do	01.10.2020	08:00	16:00	01:00	07:00
5	Fr	02.10.2020	08:00	16:00	01:00	07:00
6	Sa	03.10.2020				
7	So	04.10.2020				
8	Mo	05.10.2020	08:00	16:00	01:00	07:00
9	Di	06.10.2020	08:00	17:30	01:00	08:30
10	Mi	07.10.2020	08:00	18:21	01:00	09:21
11	Do	08.10.2020	08:00	16:00	01:00	07:00
12	Fr	09.10.2020	08:00	16:00	01:00	07:00
13	Sa	10.10.2020				
14	So	11.10.2020				
15	Mo	12.10.2020	08:00	16:30	01:00	07:30
16	Di	13.10.2020	08:00	16:00	01:00	07:00
17	Mi	14.10.2020	08:00	14:37	01:00	05:37
18	Do	15.10.2020	08:00	19:08	01:00	10:08
19	Fr	16.10.2020	08:00	16:00	01:00	07:00
20	Sa	17.10.2020				
21	So	18.10.2020				
22	Mo	19.10.2020	08:00	15:30	01:00	06:30
23	Di	20.10.2020	08:00	16:06	01:00	07:06
24	Mi	21.10.2020	08:00	16:00	01:00	07:00
25	Do	22.10.2020	08:00	16:00	01:00	07:00
26	Fr	23.10.2020	08:00	17:15	01:00	08:15
27	Sa	24.10.2020				
28	So	25.10.2020				
29	Mo	26.10.2020	08:00	18:15	01:00	09:15
30	Di	27.10.2020	08:00	16:00	01:00	07:00
31	Mi	28.10.2020	08:00	19:00	01:00	10:00
32	Do	29.10.2020	08:00	16:00	01:00	07:00
33	Fr	30.10.2020	08:00	20:00	01:00	11:00
34	Sa	31.10.2020				
35						

44. Formatieren Sie diese Bereiche mit der Füllfarbe **Grün, Akzent 6, heller 60%**.

18.3.14 Rahmen formatieren

45. Markieren Sie eine beliebige Zelle im Bereich A3 bis F34.
46. Drücken Sie die Tastenkombination ⌷Strg⌷ + ⌷A⌷, um die ganze Tabelle zu markieren.
47. Formatieren Sie die Zellen mit **Allen Rahmenlinien** .

18.3.15 Ergebnisse in der Statusleiste ablesen

Manchmal sollen Werte schnell berechnet werden, ohne dafür eine Formel eingeben zu müssen. Im folgenden Beispiel addieren Sie die Zeiten einer Arbeitswoche ohne die Eingabe einer Formel.

48. Markieren Sie die Zellen F29 bis F33 und betrachten Sie die **Statusleiste** von Excel.

Mittelwert, Anzahl und Summe der markierten Werte

Ergebnis: Der Mittelwert, die Anzahl und die Summe der markierten Zellen werden angezeigt.

49. Überschlagen Sie die Stunden im Kopf, um die angezeigte Summe zu kontrollieren.

18.3.16 Gesamtsumme bilden

50. Geben Sie in der Zelle A35 das Wort **Summe** ein.

51. Markieren Sie die Zellen F4 bis F35 und klicken Sie auf die Schaltfläche **AutoSumme** $\sum$, um die Summe der Arbeitsstunden zu bilden. Betrachten Sie das Ergebnis.

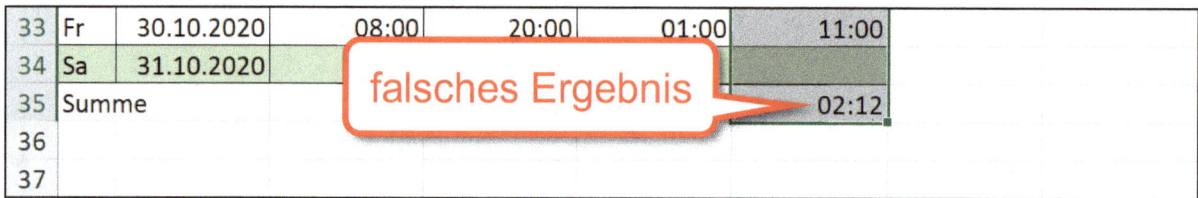

falsches Ergebnis

Ergebnis: In der Zelle F35 wird die Summe der Zellen F4 bis F34 ermittelt. Dazu trägt Excel automatisch die Formel **=SUMME(F4:F34)** ein.

Hinweis: Die Formel ist korrekt, das angezeigte Ergebnis aber nicht. Grund dafür ist das aktuelle Zeitformat der Zelle F35. Das Standard-Zeitformat ist ein Uhrzeitformat. Es ist nicht geeignet, um addierte Stunden anzuzeigen. Es geht nicht über die Uhrzeit 23:59 Uhr hinaus. Nach 23:59 Uhr zeigt dieses Format wieder 00:00 Uhr an und nicht 24:00 Stunden.

Beispiel: 12:00 + 15:00 würde als 03:00 Uhr angezeigt werden und nicht als 27:00 Stunden.

18.3.17 Zeitformat ändern

52. Markieren Sie die Zelle F35.

53. Klicken Sie auf den kleinen Pfeil ⌐ unten rechts in der Gruppe **Zahl**, um das Dialogfenster **Zellen formatieren** zu öffnen.

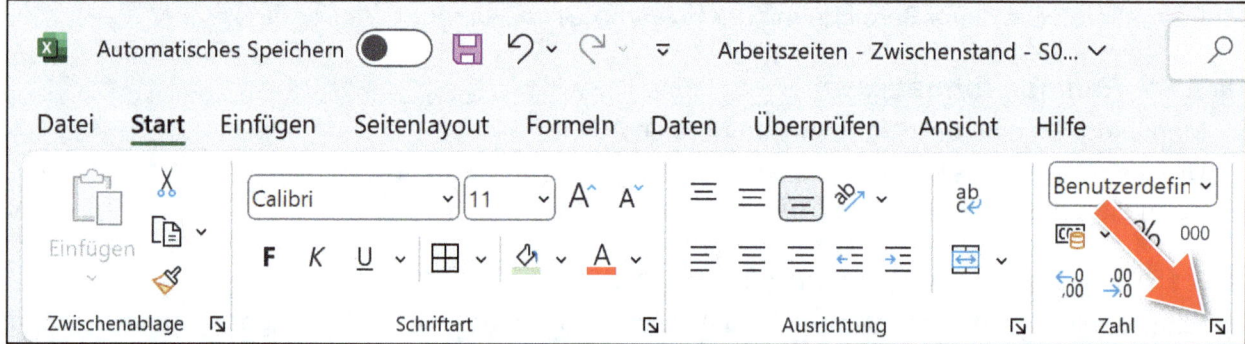

54. Klicken Sie auf die Kategorie *Uhrzeit*, um diese Kategorie zu aktivieren.

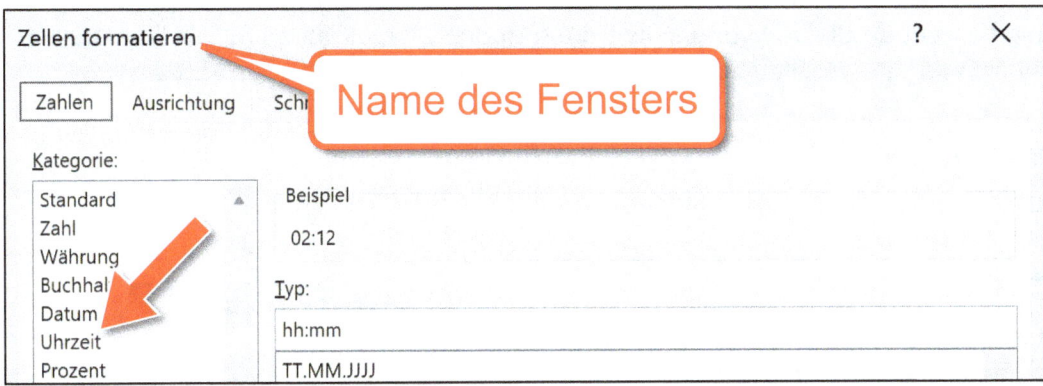

Hinweis: Der Name der Kategorie *Uhrzeit* ist irreführend. Nicht alle Formate in dieser Kategorie sind Uhrzeitformate. Die Kategorie beinhaltet auch Stundenformate. Ein Uhrzeitformat geht nicht über den Wert 23:59:59 hinaus. Nach diesem Wert zeigt ein Uhrzeitformat wieder die Zeit 00:00:00 an. Stundenformate gehen über den Wert 23:59:59 hinaus und können Werte wie z. B. 24:00:00, 30:00:00 oder 150:28:13 Stunden anzeigen.

55. Klicken Sie in der Kategorie *Uhrzeit* im Feld *Typ* auf den Eintrag *37:30:55*.

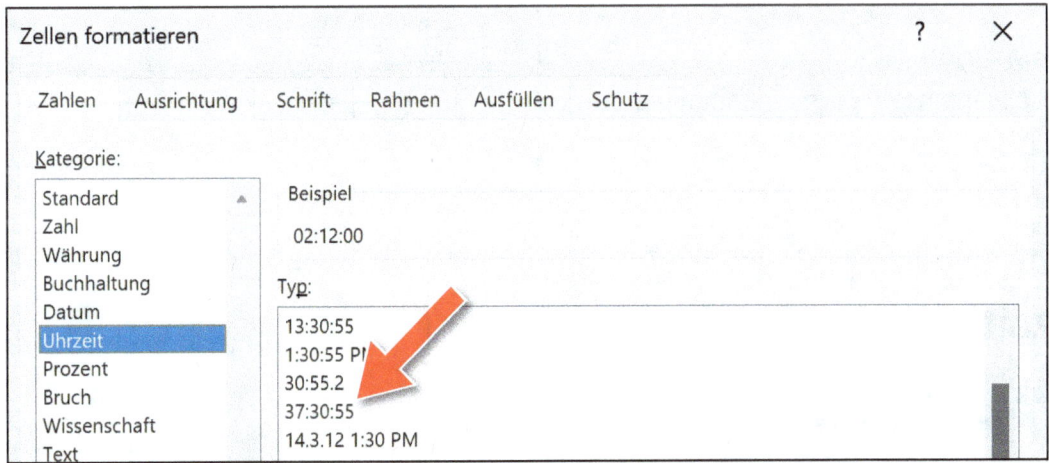

Hinweis: Das Format *37:30:55* ist ein Stundenformat. Es geht über den 24-Stunden-Rhythmus hinaus. Der Wert 37:30:55 ergibt sich aus:
24:00:00 + 13:30:55 = 37:30:55
Der Wert 13:30:55 ist eine willkürliche Beispielzeit, die Excel im Feld *Typ* verwendet.

56. Klicken Sie auf die Schaltfläche *OK* und betrachten Sie das Ergebnis.

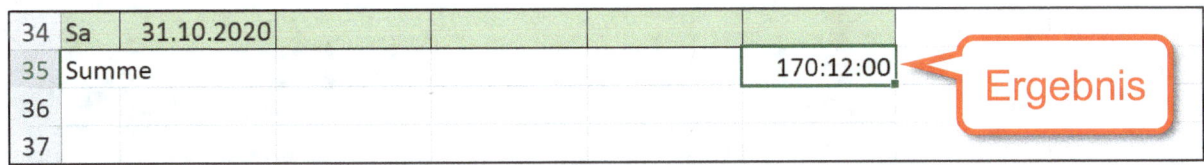

Ergebnis: Die addierten Stunden werden richtig dargestellt.

57. Formatieren Sie die Zellen A35 und F35 in Fettschrift.

18.3.18 Abschluss

58. Speichern Sie die Datei und schließen Sie das Programm Excel.

19   Anleitung: Hochzeiten

Mit dieser Anleitung berechnen Sie den voraussichtlichen Bedarf an Getränken für ein Restaurant. Die Kalkulation bezieht sich auf drei Hochzeitsfeiern im Januar 2022.

19.1   Neue Inhalte

- Punkt-vor-Strichrechnung mit Klammern aufheben

19.2   Wiederholungen

- Automatismen durch Hochkomma unterbinden
- Zellen zwischen andere Zellen schieben
- Textumbruch in einer Zelle

19.3   Anleitung

19.3.1   Datei öffnen

1. Öffnen Sie die Übungsdatei
   Hochzeiten - Anfang - S0499.

19.3.2   Zeile einfügen

Über der Zeile 3 soll eine neue Zeile eingefügt werden.

2. Klicken Sie auf den Zeilenkopf der Zeile 3, um die Zeile 3 zu markieren.

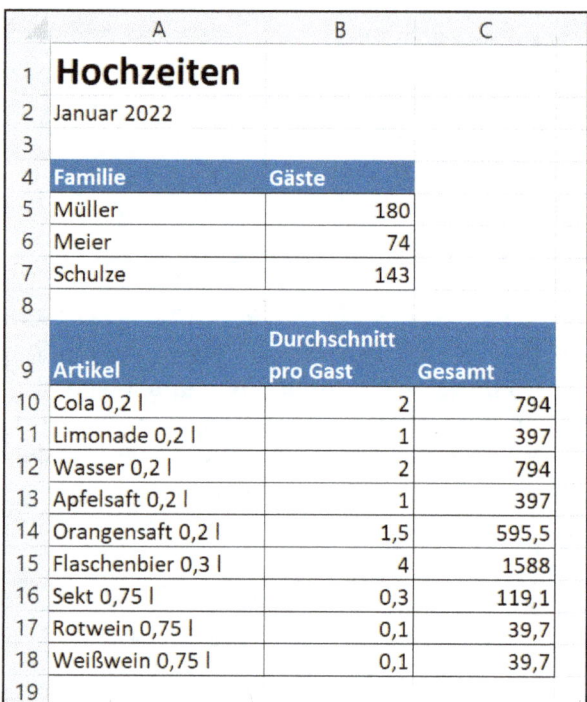

Ergebnis: Hochzeiten

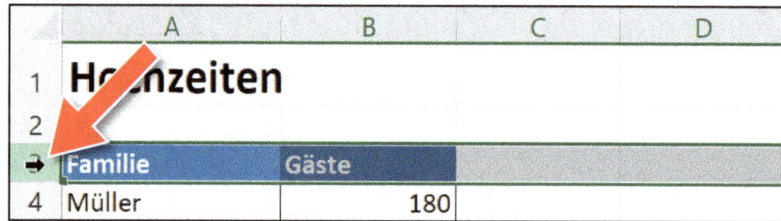

Hinweis: Der schwarze Pfeil ➡ ist der Mauszeiger zum Markieren einer ganzen Zeile.

3. Klicken Sie auf das Symbol oder den Text der Schaltfläche ***Einfügen*** ⊞ Einfügen ∨ . Klicken Sie nicht auf den Pfeil ∨ an der Schaltfläche.

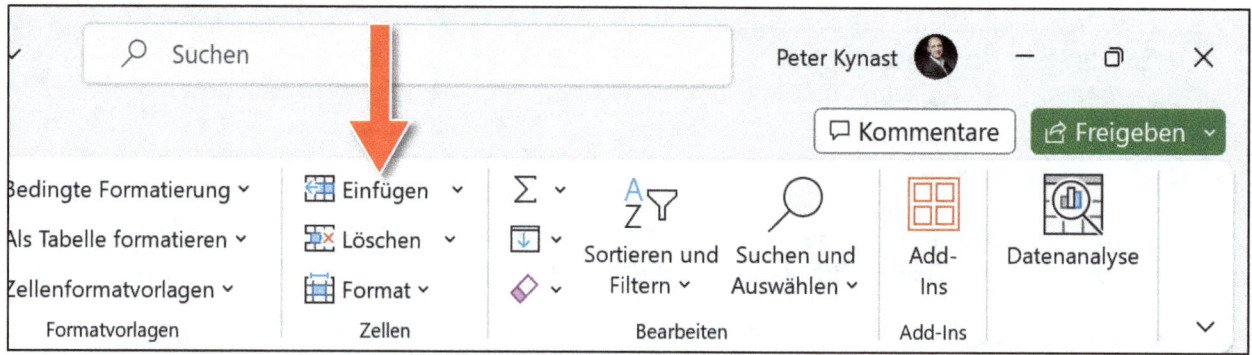

Ergebnis: Eine neue Zeile wird oberhalb der markierten Zeile eingefügt.

Hinweis: Die Schaltfläche *Einfügen* besteht aus zwei Teilen. Den ersten Teil bilden das Symbol und die Beschriftung. Der zweite Teil ist ein kleiner Pfeil ⌄. Er dient zum Öffnen der Schaltfläche. Bei einem Klick auf den ersten Teil der Schaltfläche (Symbol und Text) wird der Befehl Einfügen <u>direkt</u> ausgeführt. Eine neue Zeile wird sofort eingefügt. Dabei gilt die Grundregel: Es werden immer genau so viele Zeilen eingefügt, wie aktuell markiert sind. Da eine ganze Zeile markiert ist, wird auch eine ganze Zeile eingefügt. Die neue Zeile übernimmt die Formate der Zeile, die vor dem Einfügen <u>über</u> der markierten Zeile war.

19.3.3 Monat eingeben

In der Zelle A2 soll die Überschrift *Januar 2022* eingegeben werden. Dabei wird zuerst wieder eine falsche Vorgehensweise aufgezeigt, um einen häufig vorkommenden Fehler zu demonstrieren.

4. Markieren Sie die Zelle A2 und betrachten Sie das Listenfeld *Zahlenformat*.

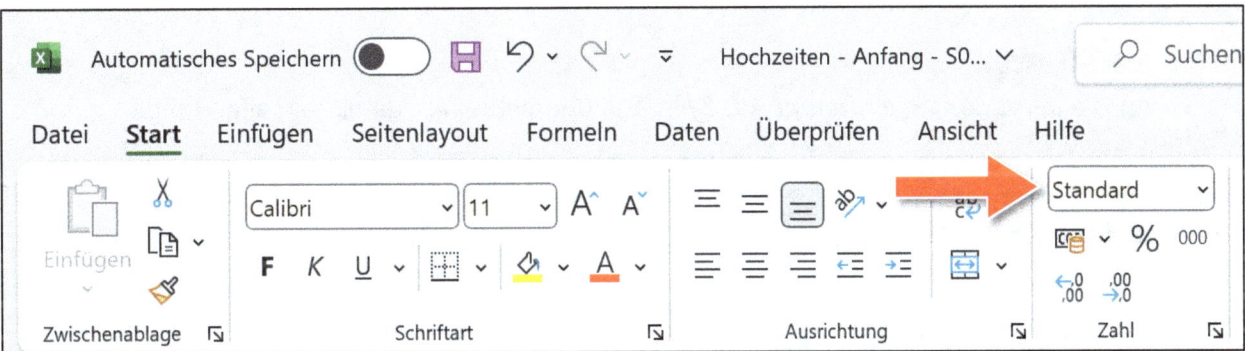

Hinweis: Das Listenfeld *Zahlenformat* zeigt an, dass die Zelle A2 mit dem Zahlenformat *Standard* formatiert ist. Dabei handelt es sich um die Grundeinstellung aller Zellen.

5. Geben Sie in der Zelle A2 den Text *Januar 2022* ein.

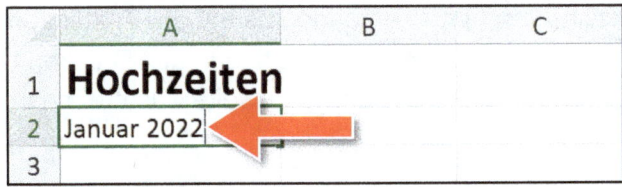

6. Bestätigen Sie die Eingabe und betrachten Sie das Ergebnis.

Ergebnis: Beim Bestätigen wird die Eingabe automatisch verändert. Aus *Januar 2022* wird *Jan 22*. Das Datum wurde als Text eingetragen. Beim Abschluss der Eingabe wird dieser Text aber in ein Datum umgewandelt. Dabei wird der Zelle ein Datumsformat zugewiesen. Dieses Format verkürzt die Eingabe *Januar 2022* auf *Jan 22*. Dieser Automatismus ist anfangs irritierend. Er lässt sich aber leicht verhindern.

19.3.4   Kontrolle des Zahlenformates

7. Markieren Sie die Zelle A2 und betrachten Sie das Listenfeld **Zahlenformat**.

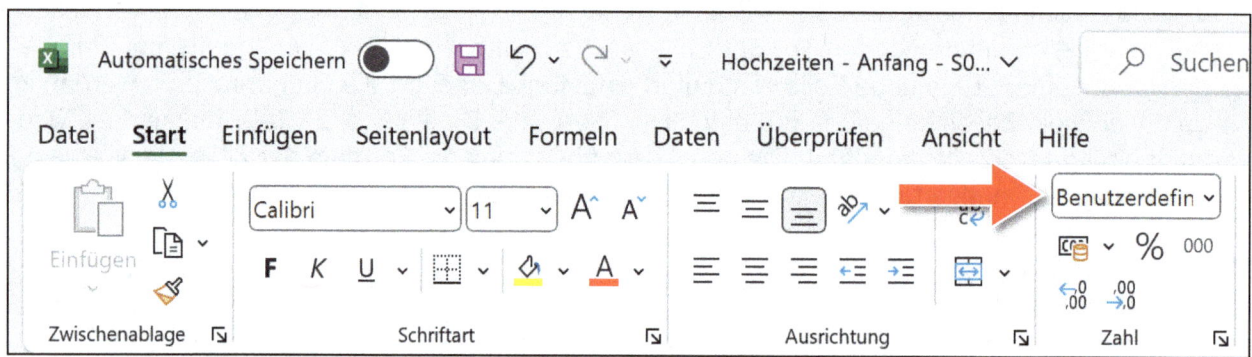

Ergebnis: Beim Abschluss der Eingabe wurde das Zahlenformat automatisch von **Standard** auf **Benutzerdefiniert** geändert. **Benutzerdefiniert** ist in diesem Fall ein Datumsformat.

19.3.5   Korrektur

8. Geben Sie in A2 den Text **'Januar 2022** ein. Sie überschreiben damit den alten Inhalt.

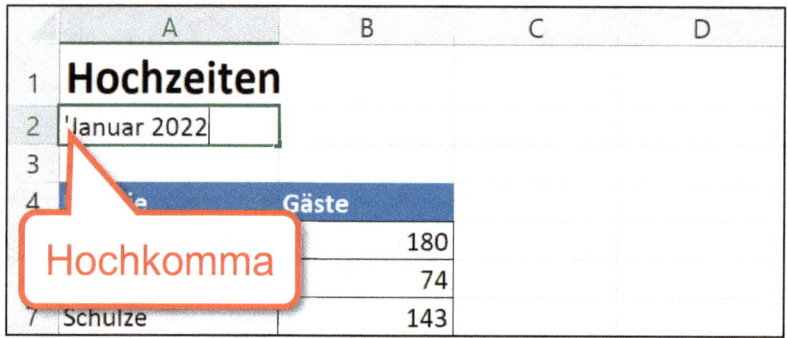

Hinweis: Achten Sie auf das vorangestellte Hochkomma ('). Sie erzeugen es mit der Tastenkombination **Umschalten** (Großschreibtaste) ⇧ + # . Für alle Tastenkombinationen gilt: Drücken Sie die erste Taste und halten Sie sie gedrückt. Drücken Sie anschließend die zweite Taste einmal kurz. Lassen Sie danach die erste Taste wieder los.

9. Betrachten Sie das Ergebnis.

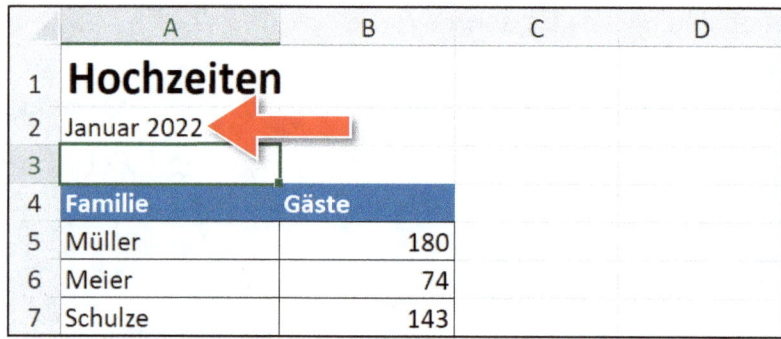

Ergebnis: Es wird keine automatische Veränderung mehr vorgenommen. Das Hochkomma wird nicht angezeigt.

Hinweis: Ein vorangestelltes Hochkomma unterbindet automatische Veränderungen von Eingaben. Es wird nicht angezeigt, ist aber Teil des Zellinhaltes.

19.3.6 Zeile löschen

10. Klicken Sie auf den Zeilenkopf der Zeile 9, um die Zeile 9 zu markieren.

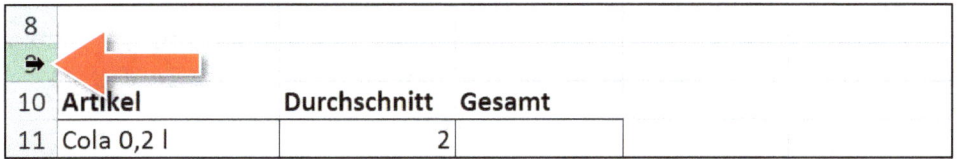

Hinweis: Der schwarze Pfeil ➡ dient zum Markieren einer ganzen Zeile. Er erscheint, wenn Sie die Maus auf einen Zeilenkopf setzen.

11. Klicken Sie auf das Symbol oder die Beschriftung der Schaltfläche *Löschen* [Löschen ⌄], um die markierte Zeile zu löschen. Klicken Sie <u>nicht</u> auf den kleinen Pfeil [⌄] der Schaltfläche.

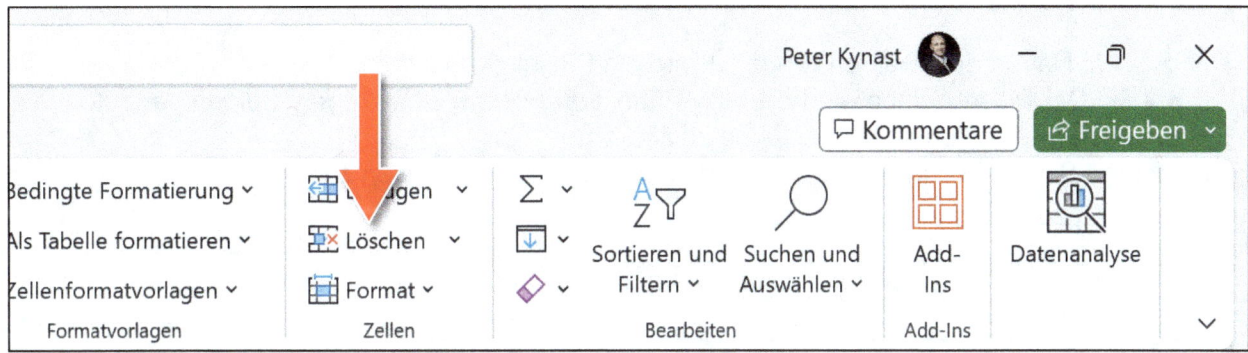

Hinweis: Der kleine Pfeil würde das Listenfeld dieser Schaltfläche öffnen. Natürlich könnten Sie auf diesem Weg auch die Zeile löschen. Sie würden anschließend in dem Listenfeld den Listenpunkt *Blattzeile löschen* anklicken. In dieser Situation soll aber eine andere Vorgehensweise zum Löschen von Zeilen aufgezeigt werden. Beim Klicken auf die Schaltfläche *Löschen* werden immer so viele Zellen gelöscht, wie zu diesem Zeitpunkt markiert sind! Da eine ganze Zeile markiert ist, wird auch eine ganze Zeile gelöscht.

19.3.7 Formate übertragen

Den Zellen A9 bis C9 sollen die gleichen Formate wie der Zelle A4 zugewiesen werden. Die Formate können natürlich einzeln eingestellt werden. Mit dem Werkzeug *Format übertragen* kann dieser Arbeitsgang aber vereinfacht werden. Alle Formate werden dabei gleichzeitig auf die Zellen kopiert.

12. Markieren Sie die Zelle A4 und klicken Sie auf die Schaltfläche *Format übertragen* [🖌].

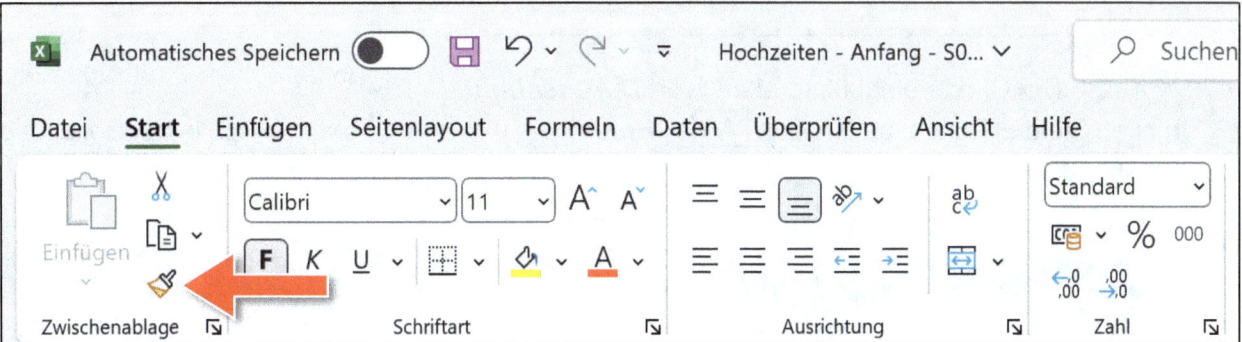

Ergebnis: Das Werkzeug wird aktiviert und die Zelle A4 mit einem animierten Rahmen dargestellt.
Hinweis: Die Abbildung oben wurde auf einem Bildschirm mittlerer Größe angefertigt. Die Schaltfläche *Format übertragen* wird lediglich als Symbol dargestellt. Auf größeren Bildschirmen wird die

Schaltfläche *Format übertragen* ⟦ Format übertragen ⟧ mit dem dazugehörigen Namen angezeigt.

13. Zeigen Sie mit der Maus auf eine beliebige Zelle. Klicken Sie aber nicht auf diese Zelle.

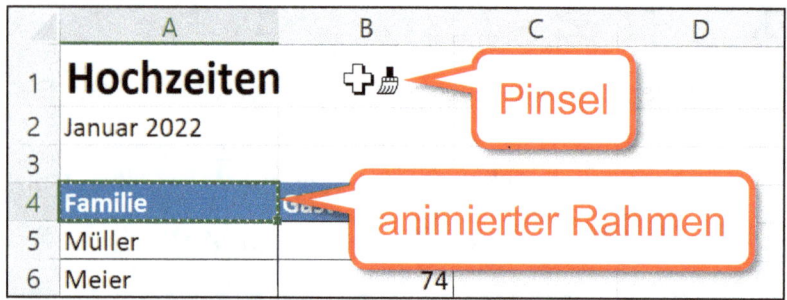

Ergebnis: Neben dem weißen Kreuz ⬩ wird ein Pinsel 🖌 angezeigt.
Hinweis: Der Pinsel symbolisiert die aktive Funktion *Format übertragen*. Zeigen bedeutet, die Maus auf eine Position zu setzen, ohne zu klicken.

14. Markieren Sie die Zellen A9 bis C9, um das Format auf diese Zellen zu übertragen.

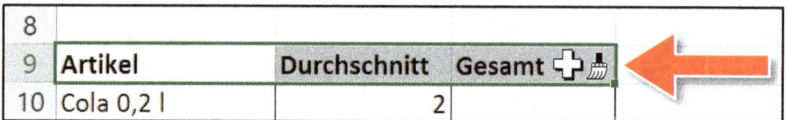

Ergebnis: Beim Loslassen der Maustaste wird das Format auf die Zellen A9 bis C9 übertragen. Die Funktion *Format übertragen* wird dabei wieder deaktiviert.

15. Betrachten Sie das Ergebnis. Die Formate werden übertragen.

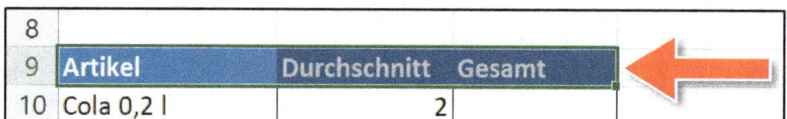

19.3.8   *Textumbruch innerhalb einer Zelle*

16. Markieren Sie B9 und drücken Sie die Taste ⟦F2⟧, um den Schreibmodus zu aktivieren.

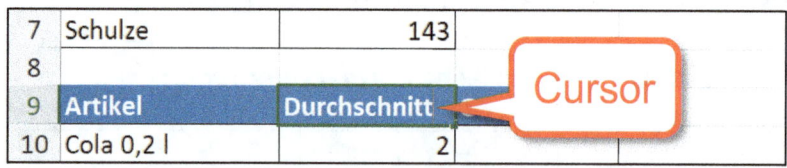

Ergebnis: Der Cursor steht hinter dem Wort *Durchschnitt*.

17. Drücken Sie die Tastenkombination ⟦Alt⟧ + *Enter* ⟦↵⟧, um einen Textumbruch in der Zelle zu erzeugen.

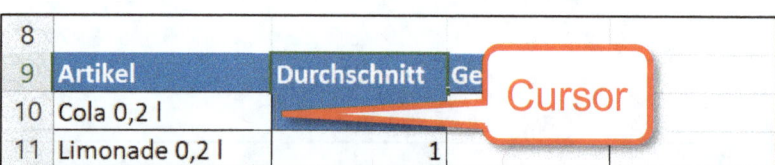

Hinweis: Die Eingabe wird durch diese Tastenkombination nicht abgeschlossen! Der **Textumbruch** wurde früher auch **Zeilenumbruch** genannt.

Weiterlesen: Lesen Sie hierzu auch Kapitel 26 Erklärung: Tastaturbefehle, Seite 153.

18. Geben Sie den Text **pro Gast** in der zweiten Zeile ein.

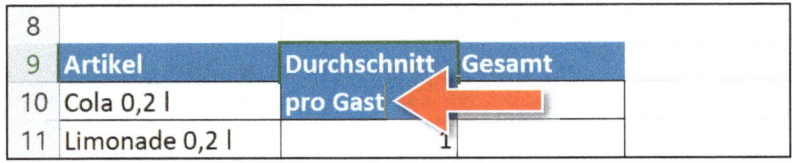

19. Bestätigen Sie die Eingabe mit der Taste **Enter** ⏎ und betrachten Sie das Ergebnis.

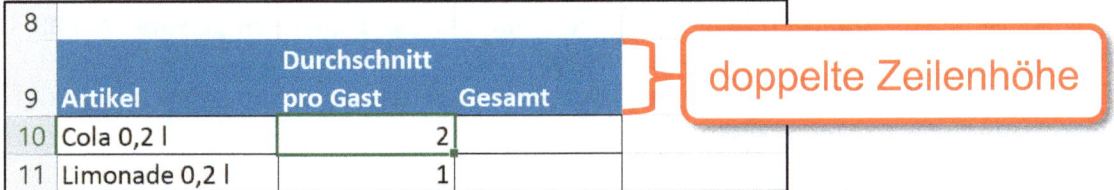

Ergebnis: Die Eingabe wird abgeschlossen. Die Höhe der Zeile 9 wird verdoppelt. Sie passt sich automatisch dem Inhalt der Zelle B9 an.

19.3.9   Kontrolle des Textumbruches

20. Markieren Sie die Zelle B9 und betrachten Sie die Schaltfläche **Textumbruch** [abc].

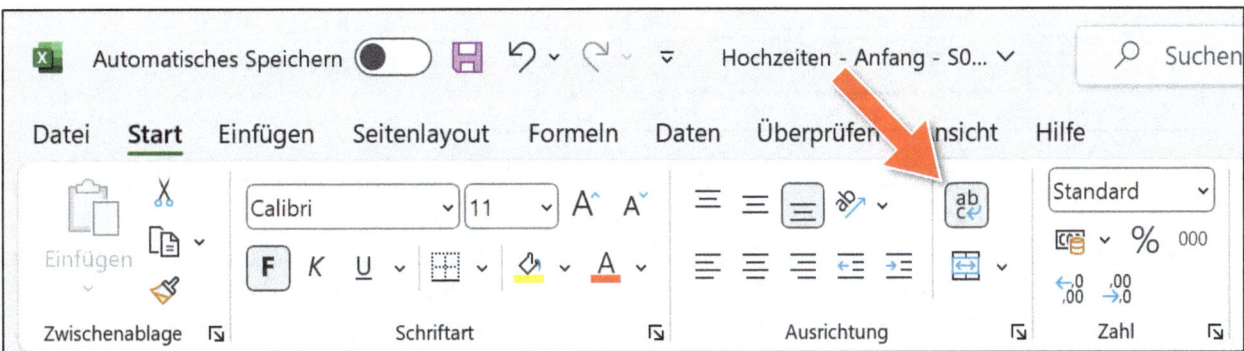

Hinweis: Die graue Unterlegung der Schaltfläche symbolisiert, dass diese Formatierung für die markierte Zelle aktiv ist. Der Textumbruch wurde durch die Tastenkombination Alt + **Enter** ⏎ erzeugt und hat dabei das Format der Zelle verändert. Der Textumbruch hieß in früheren Excel-Versionen **Zeilenumbruch**.

19.3.10   Dateneingabe

Zahlen mit Nachkommastellen <u>müssen</u> mit einem Komma eingegeben werden. Die Eingabe mit einem Punkt anstelle eines Kommas würde zu einem Fehler führen. Anschließend wird dieser Fehler zur Demonstration bewusst herbeigeführt.

21. Markieren Sie die Zelle B15 und betrachten Sie das Listenfeld *Zahlenformat*.

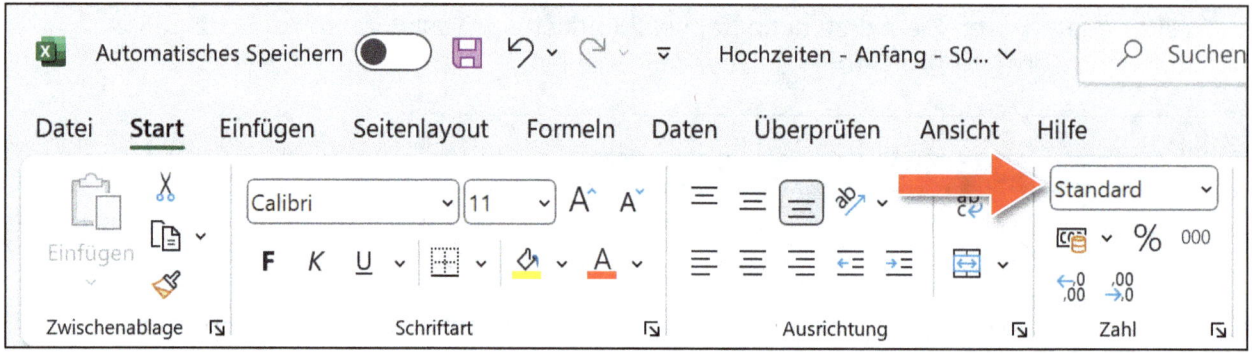

> **Hinweis:** Das Listenfeld *Zahlenformat* zeigt für die Zelle B15 das Zahlenformat *Standard* an. Dabei handelt es sich um die Grundeinstellung aller Zellen.

22. Geben Sie in B15 den Wert *1.5* ein. Schreiben Sie die Eingabe bewusst mit einem Punkt und nicht mit einem Komma.

14	Apfelsaft 0,2 l	1
15	Orangensaft 0,2 l	1.5
16	Sekt 0,75 l	0,3

23. Bestätigen Sie die Eingabe und betrachten Sie das Ergebnis.

13	Wasser 0,2 l	2
14	Apfelsaft 0,2 l	1
15	Orangensaft 0,2 l	01. Mai
16	Sekt 0,75 l	0,3
17	Rotwein 0,75 l	0,1

umgewandelt in ein Datum

> **Ergebnis:** Die Eingabe wird als Datum *01. Mai* dargestellt. Das Zahlenformat der Zelle wird durch die Eingabe automatisch verändert. Excel weist der Zelle ein Datumsformat zu.
> **Hinweis:** Durch den Punkt wird die Eingabe *1.5* als Datum *1. Mai* interpretiert. Um diesen Fehler zu vermeiden, <u>müssen</u> Zahlen mit Nachkommastellen mit Komma geschrieben werden.

24. Markieren Sie die Zelle B15 und betrachten Sie das Listenfeld *Zahlenformat* erneut.

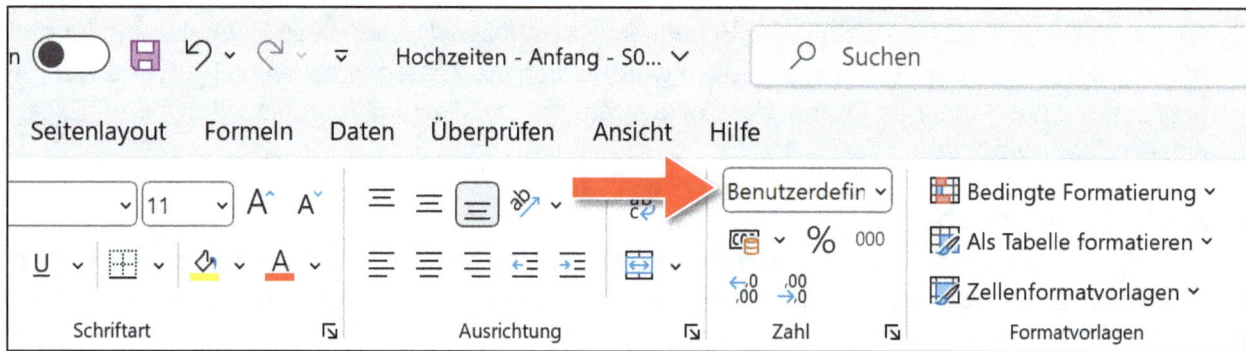

> **Hinweis:** Das Listenfeld zeigt das Zahlenformat *Benutzerdefiniert* an. Benutzerdefiniert ist ein Datumsformat.

19.3.11 Korrektur

Auch bei der Korrektur werden Sie zuerst einen typischen Fehler begehen. Es genügt nicht die Zelle mit dem richtigen Wert zu überschreiben.

25. Geben Sie in der Zelle B15 den Wert **1,5** ein.

14	Apfelsaft 0,2 l	1	
15	Orangensaft 0,2 l	1,5	
16	Sekt 0,75 l	0,3	

26. Bestätigen Sie die Eingabe und betrachten Sie das Ergebnis.

14	Apfelsaft 0,2 l	1	
15	Orangensaft 0,2 l	01. Jan	Datum
16	Sekt 0,75 l	0,3	
17	Rotwein 0,75 l	0,1	

Ergebnis: Beim Bestätigen der Eingabe zeigt die Zelle das Datum **01. Jan** an.

Hinweis: Die falsche Eingabe **1.5** hat das Zahlenformat der Zelle verändert. Die richtige Eingabe **1,5** genügt aber nicht, um diesen Fehler zu korrigieren. Auch das falsche Zahlenformat **Benutzerdefiniert** muss geändert werden.

27. Markieren Sie die Zelle B15 und öffnen Sie das Listenfeld **Zahlenformat**.

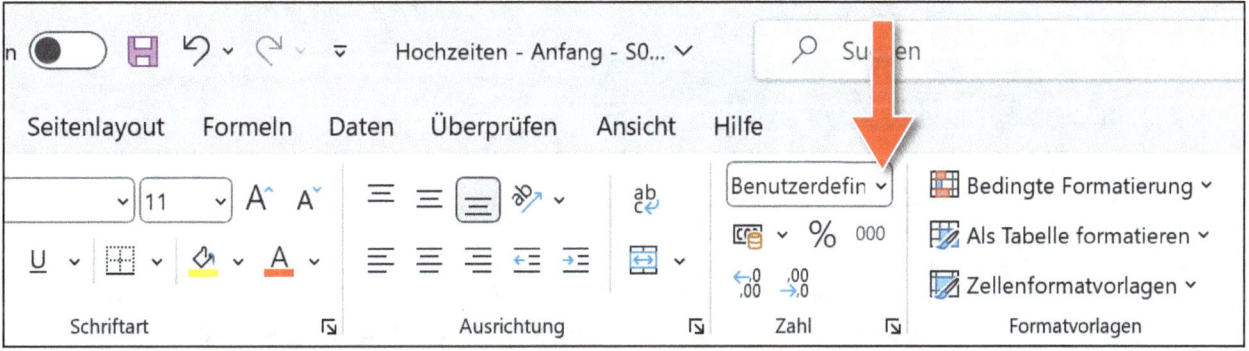

28. Klicken Sie auf den Listenpunkt **Standard**, um das Zahlenformat Standard wieder zuzuweisen.

29. Betrachten Sie das Ergebnis.

14	Apfelsaft 0,2 l	1	
15	Orangensaft 0,2 l	1,5	
16	Sekt 0,75 l	0,3	

Ergebnis: Die Zelle zeigt den Wert 1,5 an.

Weiterlesen: Lesen Sie hierzu auch Kapitel 24 Erklärung: Inhalte und Formate, Seite 150.

19.3.12 *Punkt-vor-Strichrechnung mit Klammern aufheben*

Das Restaurant plant die Getränkebestellung für den Januar 2022. Es werden Hochzeiten für drei Familien ausgerichtet. Für die drei Feiern sind 397 Besucher angemeldet (B5+B6+B7). Pro Gast kalkuliert das Restaurant einen Durchschnittswert an Getränken, der sich aus den Erfahrungen der letzten Jahre ergibt. Die Zellen B10 bis B18 enthalten diese Erfahrungswerte. Die Gesamtmengen für den Einkauf sollen in der Spalte C berechnet werden. Um die Wichtigkeit der Klammern zu demonstrieren, werden diese zuerst weggelassen. Es entsteht auf diese Weise eine falsche Berechnung.

30. Geben Sie in der Zelle C10 die Formel **=B5+B6+B7*B10** ein.

9	Artikel	Durchschnitt pro Gast	Gesamt
10	Cola 0,2 l	2	=B5+B6+B7*B10
11	Limonade 0,2 l	1	

Hinweis: Diese Formel ist falsch! Sie soll zeigen, dass Klammern notwendig sind, um das richtige Ergebnis zu erhalten.

31. Bestätigen Sie die Eingabe und betrachten Sie das Ergebnis.

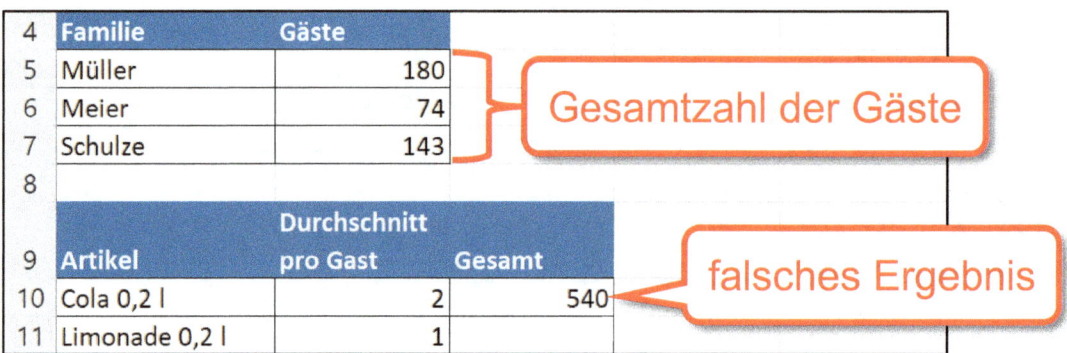

4	Familie	Gäste
5	Müller	180
6	Meier	74
7	Schulze	143
8		

Gesamtzahl der Gäste

9	Artikel	Durchschnitt pro Gast	Gesamt
10	Cola 0,2 l	2	540
11	Limonade 0,2 l	1	

falsches Ergebnis

Ergebnis: Das Ergebnis der Formel ist falsch!

Hinweis: Insgesamt werden 397 Gäste erwartet (180 + 74 + 143 = 397). Dieser Wert muss mit der Zahl 2 malgenommen werden (B10). Das richtige Ergebnis lautet daher **794**. Das Ergebnis 540 wird angezeigt, weil Excel die Punkt-vor-Strichrechnung anwendet! Es wurden keine Klammern gesetzt, daher hat die Multiplikation von B7 und B10 Vorrang vor den Additionen. Die aktuelle (falsche) Berechnung lautet:

Schritt 1: 143 * 2 = 286

Schritt 2: 286 + 180 + 74 = 540

Um zuerst die Gesamtzahl der Gäste zu addieren, müssen die Additionen eingeklammert werden. Erst danach darf die Multiplikation durchgeführt werden.

32. Markieren Sie C10 und drücken Sie die Taste F2 , um den Schreibmodus zu aktivieren.

33. Ergänzen Sie die Klammern und ändern Sie die Formel in: **=(B5+B6+B7)*B10**

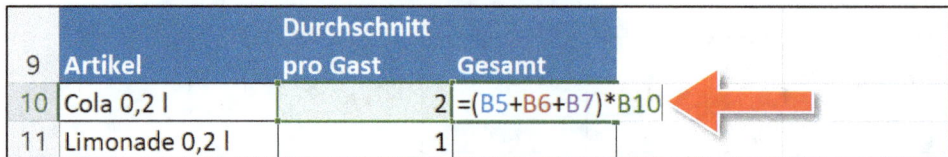

9	Artikel	Durchschnitt pro Gast	Gesamt
10	Cola 0,2 l	2	=(B5+B6+B7)*B10
11	Limonade 0,2 l	1	

Hinweis: Zuerst muss die Anzahl der Gäste addiert werden. Diese Summe wird danach mit der Durchschnittsmenge pro Gast multipliziert. Excel beachtet die Punkt-vor-Strichrechnung.

Rechenvorgänge mit Punkten (Malnehmen und Teilen) haben Vorrang vor Rechenvorgängen mit Strichen (Plusrechnen und Minusrechnen). Klammern heben diese Regel auf. In dieser Situation müssen sie gesetzt werden.

34. Bestätigen Sie die Eingabe. Das richtige Ergebnis wird angezeigt.

9	Artikel	Durchschnitt pro Gast	Gesamt
10	Cola 0,2 l	2	794
11	Limonade 0,2 l	1	

> richtiges Ergebnis

Hinweis: Es fehlen noch die Dollarzeichen, denn die Bezüge auf B5, B6 und B7 dürfen sich beim Übertragen nicht verändern. Nachfolgend wird dieser Fehler noch einmal gezeigt.

35. Markieren Sie die Zelle C10 und klicken Sie doppelt auf den Anfasser, um die nachfolgenden Zellen auszufüllen.

9	Artikel	Durchschnitt pro Gast	Gesamt
10	Cola 0,2 l	2	794
11	Limonade 0,2 l	1	

36. Betrachten Sie das Ergebnis. Es werden falsche Resultate angezeigt.

9	Artikel	pro Gast	Gesamt
10	Cola 0,2 l	2	794
11	Limonade 0,2 l	1	217
12	Flaschenbier 0,3 l	4	#WERT!
13	Wasser 0,2 l	2	#WERT!
14	Apfelsaft 0,2 l	1	#WERT!
15	Orangensaft 0,2 l	1,5	10,5
16	Sekt 0,75 l	0,3	2,1
17	Rotwein 0,75 l	0,1	0,7
18	Weißwein 0,75 l	0,1	0,45

> falsche Ergebnisse

37. Markieren Sie die Zelle C11 und rufen Sie den Schreibmodus auf.

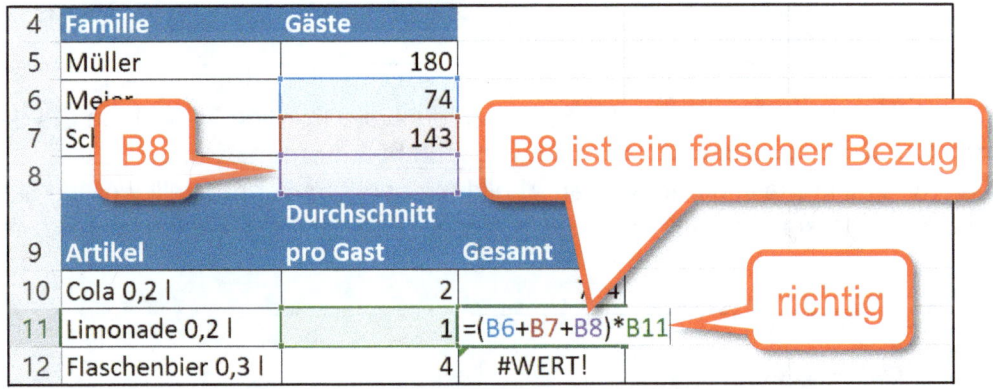

Ergebnis: Die Zeilenangaben aller Bezüge werden verändert. Aus B5 wird B6, aus B6 wird B7 und aus B7 wird B8. Aber nur die Veränderung von B10 auf B11 ist erwünscht.

38. Beenden Sie den Schreibmodus und ändern Sie die Formel in C10 in: *=(B$5+B$6+B$7)*B10*

39. Bestätigen Sie die Eingabe und übertragen Sie die Formel auf die Zellen C11 bis C18.

9	Artikel	Durchschnitt pro Gast	Gesamt
10	Cola 0,2 l	2	794
11	Limonade 0,2 l	1	397
12	Flaschenbier 0,3 l	4	1588
13	Wasser 0,2 l	2	794
14	Apfelsaft 0,2 l	1	397
15	Orangensaft 0,2 l	1,5	595,5
16	Sekt 0,75 l	0,3	119,1
17	Rotwein 0,75 l	0,1	39,7
18	Weißwein 0,75 l	0,1	39,7

richtige Ergebnisse

19.3.13 Zeile zwischen andere Zeilen schieben

Die Zeile 12 (Flaschenbier) soll zu den anderen alkoholischen Getränken geschoben werden.

40. Markieren Sie A12 bis C12 und zeigen Sie mit der Maus auf den Rand des Zellzeigers.

11	Limonade 0,2 l	1	397
12	Flaschenbier 0,3 l	4	1588
13	Wasser 0,2 l	2	794
14	Apfelsaft 0,2 l	1	397

41. Drücken Sie die Taste **Umschalten** (Großschreibtaste) und halten Sie sie gedrückt.
42. Ziehen Sie die Maus bei gedrückter Taste **Umschalten** ⇧ nach unten zwischen die Zeilen 15 und 16. Achten Sie dabei auf die grüne Linie und den Tooltip.

11	Limonade 0,2 l	1	397
12	Flaschenbier 0,3 l	4	1588
13	Wasser 0,2 l	2	794
14	Apfelsaft 0,2 l	1	397
15	Orangensaft 0,2 l	1,5	595,5
16	Sekt 0,75 l	0,3	119,1
17	Rotwein 0,75 l	0,1	39,7
18	Weißwein 0,75 l	0,1	39,7

grüne Linie

Tooltip

A16:C16

Ergebnis: Die grüne Linie und der Tooltip (A16:C16) zeigen die neue Position an. Achten Sie darauf, dass die grüne Linie wie in der obigen Abbildung <u>waagerecht</u> angezeigt wird.
Achtung: Sollte die grüne Linie wie in der folgenden Abbildung senkrecht dargestellt werden, ist die Maus zu weit von der Zellmitte entfernt. Bewegen Sie in diesem Fall die Maus weiter zur Mitte der Zelle.

14	Apfelsaft 0,2 l	1	397
15	Orangensaft 0,2 l		
16	Sekt 0,75 l	0,3	
17	Rotwein 0,75 l	0,1	39,7

B15:D15

falsch

43. Lassen Sie zuerst die Maustaste und danach die Taste **Umschalten** ⬆ los.
    Hinweis: Diese Reihenfolge ist entscheidend. Würden Sie erst die Taste Umschalten loslassen, würden Sie die Zellen auf die anderen Zellen schieben. Ziel ist es aber, die Zellen <u>zwischen</u> die anderen Zellen zu setzen.
44. Betrachten Sie das Ergebnis.

13	Apfelsaft 0,2 l	1	397
14	Orangensaft 0,2 l	1,5	595,5
15	Flaschenbier 0,3 l	4	1588
16	Sekt 0,75 l	0,3	119,1
17	Rotwein 0,75 l	0,1	39,7

Ergebnis: Die Zeile Flaschenbier wird zwischen den Zeilen Orangensaft und Sekt eingefügt.
45. Passen Sie die Breite der Spalte A an.

19.3.14 Abschluss
Speichern Sie die Datei und schließen Sie das Programm Excel.

Computerlexikon

Möchten Sie Begriffe zum Thema Computer nachschlagen? Auf unserer Homepage haben wir für Sie ein kleines Lexikon angefertigt.

Wissenssprung-Homepage → Hilfe → Computerlexikon

Scannen Sie den QR-Code, um direkt zum Computerlexikon zu gelangen.

---

20   Anleitung: Mitarbeiter

Mit dieser Anleitung berechnen Sie die Anzahl der Mitarbeiter eines Unternehmens.

20.1   Neue Inhalte

- Sortieren von Daten
- Summe aus Zellbereich und
  Einzelzelle

20.2   Wiederholungen

- Zellen verschieben
- mehrere Spalten einfügen
- zusammenhängende Bereiche
  schnell markieren
- Schaltfläche AutoSumme
- schnelles Addieren mit der
  Statusleiste

Mitarbeiter							
Anzahl Mitarbeiter Ende 2020:			1802				
Neueinstellungen 2021							
Standort	Region	Einkauf	Lager	Service	Produktion	Vertrieb	Summe
Bielefeld	West	2	5	2	9	8	26
Düsseldorf	West	3	4	4	14	7	32
Krefeld	West	1	2	3	13	8	27
München	Süd	1	3	5	17	4	30
Stuttgart	Süd	3	1	5	18	6	33
Erfurt	Ost	1	5	2	16	8	32
Jena	Ost	2	2	1	12	5	22
Magdeburg	Ost	1	3	2	10	3	19
Potsdam	Ost	3	2	7	16	6	34
Bremen	Nord	1	4	1	14	4	24
Mitarbeiter gesamt:		2081					

Ergebnis: Mitarbeiter

20.3   Anleitung

20.3.1   Datei öffnen

1. Öffnen Sie die Übungsdatei **Mitarbeiter - Anfang - S0499**.

20.3.2   Kontrolle und Korrektur

Nachfolgend wird ein häufiger Fehler beschrieben. Die Zelle A3 enthält beschreibenden Text und eine Zahl (Anzahl der Mitarbeiter). Die Zellen B3 und C3 sind leer. Auf den ersten Blick sieht es aber so aus, als ob die beiden Zellen einen Inhalt hätten.

2. Markieren Sie die Zelle C3 und betrachten Sie die Bearbeitungsleiste.

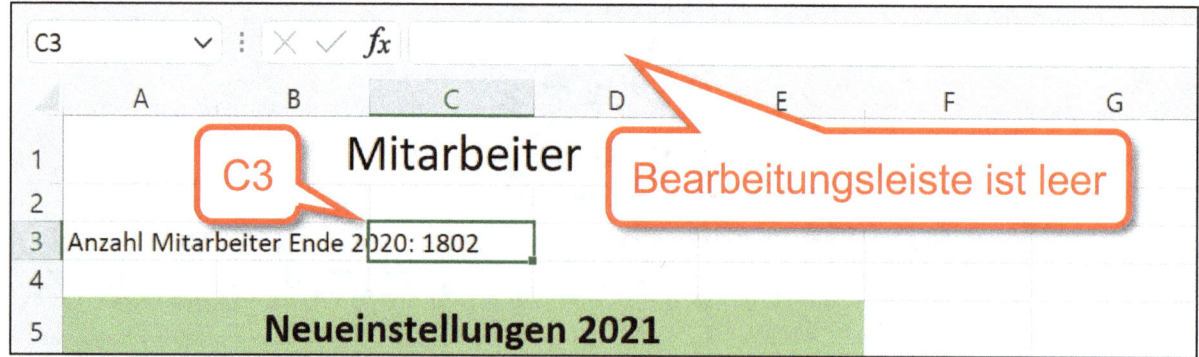

Ergebnis: Die Bearbeitungsleiste ist leer. C3 hat keinen Inhalt.
Hinweis: Der ganze Text <u>und</u> die Zahl 1802 sind Inhalt der Zelle A3. Wenn sich Text und Zahl aber gemeinsam in einer Zelle befinden, kann mit dieser Zelle nicht gerechnet werden. Die Daten müssen getrennt werden.

3. Markieren Sie die Zelle A3 und betrachten Sie die Bearbeitungsleiste.

Ergebnis: Die Bearbeitungsleiste zeigt den Inhalt von A3 an.

4. Drücken Sie die Taste F2 , um den Schreibmodus zu aktivieren.

5. Löschen Sie die Zahl *1802* aus der Zelle.

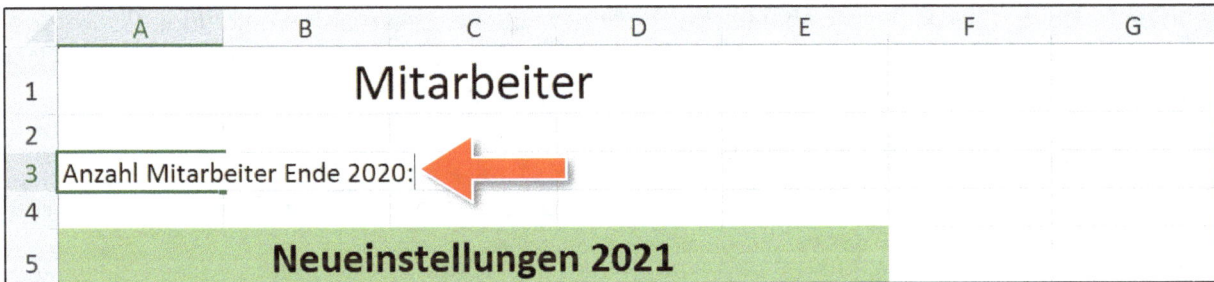

6. Bestätigen Sie die Eingabe.

7. Geben Sie in D3 die Anzahl der Mitarbeiter *1802* ein.

20.3.3　Zwei Spalten einfügen

Nachfolgend werden zwei Spalten vor der Spalte D eingefügt. Da das Einfügen von Spalten bereits behandelt wurde, wird dieses Mal eine andere Methode aufgezeigt.

8. Klicken Sie auf den Spaltenkopf der Spalte D und ziehen Sie die Maus bei gedrückter linker Maustaste bis zum Spaltenkopf E, um diese beiden Spalten zu markieren.

9. Klicken Sie auf das Symbol oder den Text der Schaltfläche *Einfügen* 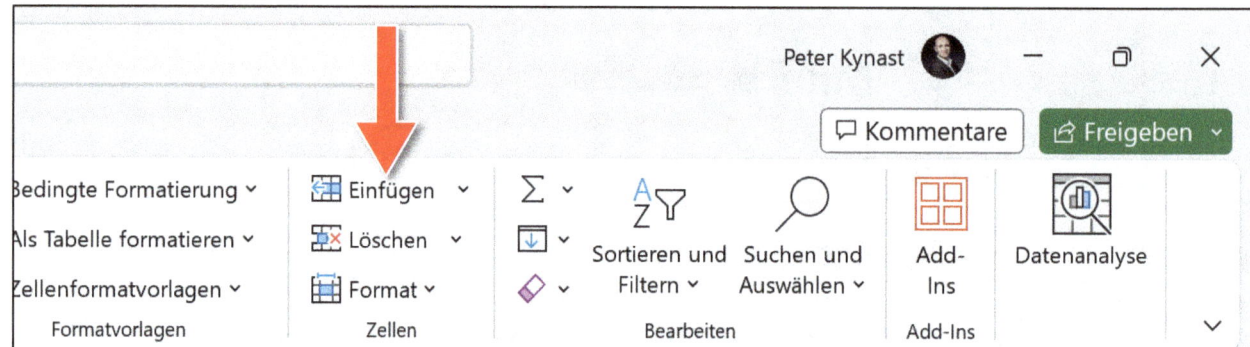 . Klicken Sie aber <u>nicht</u> auf den Pfeil ⌄ der Schaltfläche.

Ergebnis: Zwei Spalten werden vor der Spalte D eingefügt. Die neuen Spalten übernehmen die Formate der Spalte, die sich links von der Markierung befindet (Spalte C).
Hinweis: Beim Anklicken der Schaltfläche *Einfügen* werden Zellen sofort eingefügt. Es werden immer genau so viele Zellen eingefügt, wie gerade markiert sind. In dieser Situation sind zwei ganze Spalten markiert, daher werden auch zwei ganze Spalten eingefügt.

20.3.4   Zellen verschieben

10. Markieren Sie die Zelle F3 und zeigen Sie mit der Maus auf den Rand der Zelle. Setzen Sie die Maus aber nicht auf den Anfasser.

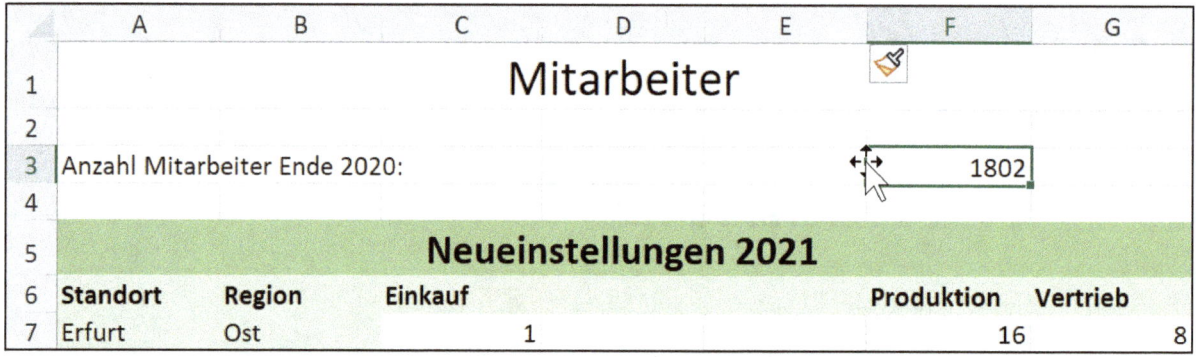

11. Verschieben Sie die Zelle F3 nach D3, damit sie sich wieder an der alten Position befindet.

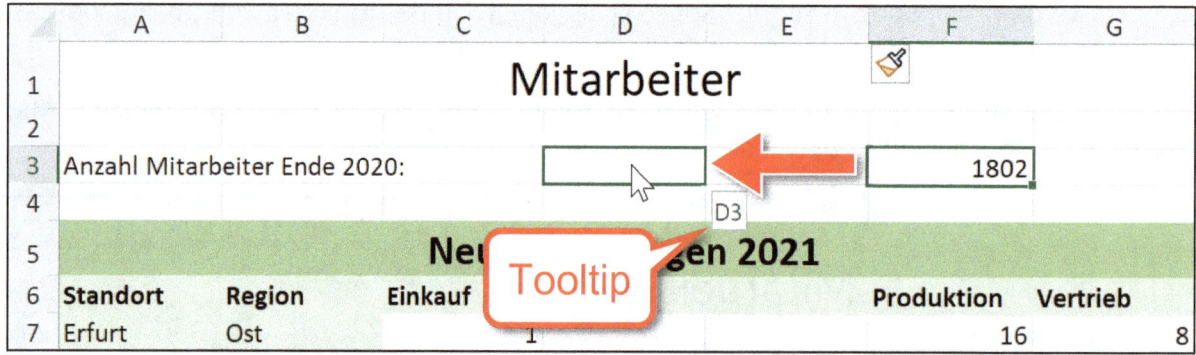

20.3.5   Dateneingabe

12. Ergänzen Sie in den beiden neuen Spalten folgende Daten.

5	Neueinstellungen 2021						
6	**Standort**	**Region**	**Einkauf**	**Lager**	**Service**	**Produktion**	**Vertrieb**
7	Erfurt	Ost	1	5	2	16	8
8	Düsseldorf	West	3	4	4	14	7
9	Magdeburg	Ost	1	3	2	10	3
10	Bremen	Nord	1	4	1	14	4
11	Potsdam	Ost	3	2	7	16	6
12	Bielefeld	West	2	5	2	9	8
13	München	Süd	1	3	5	17	4
14	Krefeld	West	1	2	3	13	8
15	Stuttgart	Süd	3	1	5	18	6
16	Jena	Ost	2	2	1	12	5

20.3.6   Mitarbeiter pro Standort ermitteln

13. Markieren Sie den Bereich C7 bis H16.

5	Neueinstellungen 2021						
6	**Standort**	**Region**	**Einkauf**	**Lager**	**Service**	**Produktion**	**Vertrieb**
7	Erfurt	Ost	1	5	2	16	8
8	Düsseldorf	West	3	4	4	14	7
9	Magdeburg	Ost	1	3	2	10	3
10	Bremen	Nord	1	4	1	14	4
11	Potsdam	Ost	3	2	7	16	6
12	Bielefeld	West	2	5	2	9	8
13	München	Süd	1	3	5	17	4
14	Krefeld	West	1	2	3	13	8
15	Stuttgart	Süd	3	1	5	18	6
16	Jena	Ost	2	2	1	12	5
17							

14. Klicken Sie auf die Schaltfläche **AutoSumme** Σ , um die Summen zu berechnen.
    Ergebnis: Die Summen werden in die Zellen H7 bis H16 eingefügt.

15. Geben Sie in der Zelle H6 die Überschrift **Summen** ein.
    Ergebnis: Das Format wird automatisch übernommen.
    Hinweis: Viele Formate werden automatisch eingestellt, wenn sie bereits dreimal ohne Unterbrechung verwendet wurden. Bei einer neuen Eingabe in dieser Reihe werden sie der Zelle dann automatisch hinzugefügt. Die Eingabe kann direkt neben dem formatierten Bereich oder mit zwei Zellen Abstand stattfinden.

20.3.7   Verbinden und zentrieren korrigieren

16. Markieren Sie A1 bis H1 und klicken Sie auf die Schaltfläche **Verbinden und zentrieren** ⊞ , um die Verbindung der Zellen aufzuheben.
    Ergebnis: Die aktuelle Verbindung wird aufgehoben. Die Markierung bleibt bestehen.

17. Klicken Sie erneut auf die Schaltfläche **Verbinden und zentrieren** ⊞ .
    Ergebnis: Der zweite Klick verbindet und zentriert die Zellen und den Inhalt wieder.

18. Betrachten Sie das Ergebnis.

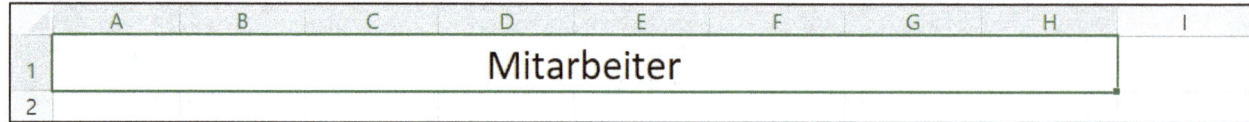

19. Korrigieren Sie auf die gleiche Weise die Verbindung der Zellen in der Zeile 5.

20.3.8   Rahmenlinien formatieren

20. Markieren Sie eine beliebige Zelle in dem Datenbereich A5 bis H16.
21. Drücken Sie die Tastenkombination $\boxed{\text{Strg}}$ + $\boxed{\text{A}}$ (*Alles markieren*), um den zusammenhängenden Datenbereich zu markieren.

Standort	Region	Einkauf	Lager	Service	Produktion	Vertrieb	Summen
Erfurt	Ost	1	5	2	16	8	32
Düsseldorf	West	3	4	4	14	7	32
Magdeburg	Ost	1	3	2	10	3	19
Bremen	Nord	1	4	1	14	4	24
Potsdam	Ost	3	2	7	16	6	34
Bielefeld	West	2	5	2	9	8	26
München	Süd	1	3	5	17	4	30
Krefeld	West	1	2	3	13	8	27
Stuttgart	Süd	3	1	5	18	6	33
Jena	Ost	2	2	1	12	5	22

22. Formatieren Sie diesen Bereich mit *Allen Rahmenlinien*.

20.3.9   Berechnung aller Mitarbeiter

23. Geben Sie in der Zelle C18 die Formel *=SUMME(H7:H16;D3)* ein.

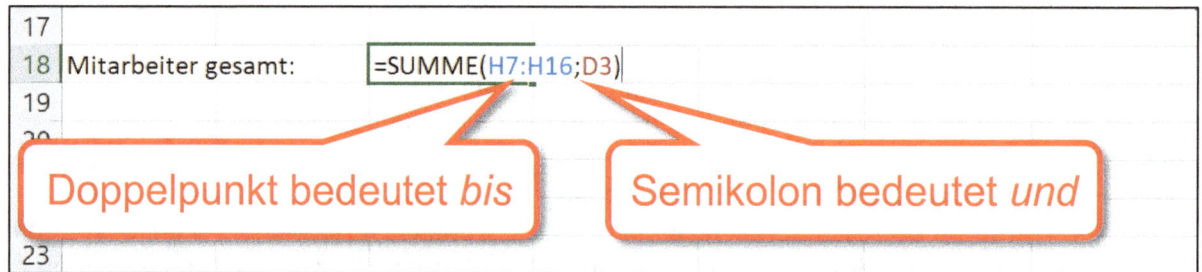

Hinweis: Diese Schreibweise bedeutet: Addiere die Zellen von H7 bis H16 <u>und</u> die Zelle D3. Zellbezüge und Namen von Funktionen werden standardmäßig in Großbuchstaben geschrieben. Sie können aber auch die Kleinschreibung verwenden. Excel wandelt die Buchstaben beim Bestätigen der Eingabe automatisch in Großbuchstaben um.
Oder: Die Formeln *=SUMME(H7:H16)+D3* und *=D3+SUMME(H7:H16)* sind gleichwertig.

20.3.10   Sortieren von Daten

Die Daten sollen nach Städten aufsteigend sortiert werden. Zuerst wird die entsprechende Spalte mit dem Zellzeiger markiert. Die anschließende Sortierung richtet sich nach der markierten Spalte.

24. Markieren Sie eine beliebige Zelle in dem Zellbereich A7 bis A16 (Spalte A).

6	**Standort**	**Region**	**Einkauf**		**Lager**	
7	Erfurt	Ost		1		5
8	Düsseldorf	West		3		4
9	Magdeburg	Ost		1		3
10	Bremen	Nord		1		4

Zellzeiger

Hinweis: Der Zellzeiger markiert eine Spalte. Die Sortierung richtet sich nach dieser Spalte.

25. Klicken Sie auf die Schaltfläche *Sortieren und Filtern*.

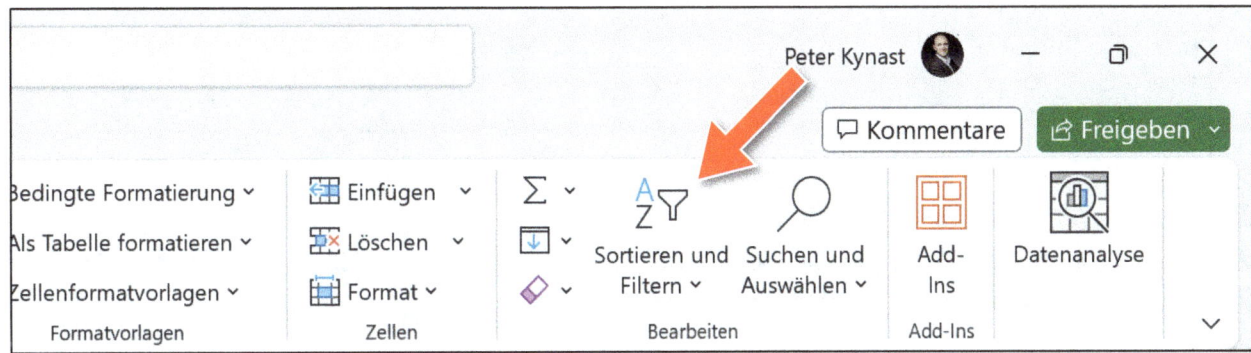

26. Klicken Sie auf den Listenpunkt *Von A bis Z sortieren*.

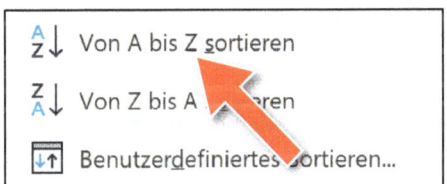

A↓Z Von A bis Z sortieren

Z↓A Von Z bis A sortieren

↓↑ Benutzerdefiniertes Sortieren...

Ergebnis: Die Daten werden nach den Städtenamen aufsteigend sortiert.

27. Betrachten Sie das Ergebnis und kontrollieren Sie die Sortierung.

4								
5	**Neueinstellungen 2021**							
6	**Standort**	**Region**	**Einkauf**	**Lager**	**Service**	**Produktion**	**Vertrieb**	**Summen**
7	Bielefeld	West	2	5	2	9	8	26
8	Bremen	Nord	1	4	1	14	4	24
9	Düsseldorf	West	3	4	4	14	7	32
10	Erfurt	Ost				16	8	32
11	Jena	Ost				12	5	22
12	Krefeld	West				13	8	27
13	Magdeburg	Ost				10	3	19
14	München	Süd	1	3	5	17	4	30
15	Potsdam	Ost	3	2	7	16	6	34
16	Stuttgart	Süd	3	1	5	18	6	33
17								

Städte aufsteigend sortiert

Hinweis: Excel sortiert standardmäßig <u>ganze</u> Zeilen! Auf diese Weise werden Fehler vermieden. Die zusammengehörigen Daten in den Zeilen bleiben zusammen.

28. Kontrollieren Sie auch die Werte, die zu den Städten gehören.
Hinweis: Sie können die Werte in ihrer ursprünglichen Sortierung bei Schritt 21 ablesen.

29. Markieren Sie eine beliebige Zelle im Zellbereich B7 bis B16 (Regionen) und sortieren Sie die Daten absteigend (**Von Z bis A sortieren**). Betrachten Sie das Ergebnis.

	Standort	Region	Einkauf	Lager	Service	Produktion	Vertrieb	Summen
4								
5	**Neueinstellungen 2021**							
6	**Standort**	**Region**	**Einkauf**	**Lager**	**Service**	**Produktion**	**Vertrieb**	**Summen**
7	Bielefeld	West	2	5	2	9	8	26
8	Düsseldorf	West	3	4	4	14	7	32
9	Krefeld	West	1	2	3	13	8	27
10	München	Süd					4	30
11	Stuttgart	Süd					6	33
12	Erfurt	Ost					8	32
13	Jena	Ost					5	22
14	Magdeburg	Ost	1	3	2	10	3	19
15	Potsdam	Ost	3	2	7	16	6	34
16	Bremen	Nord	1	4	1	14	4	24
17								

Regionen absteigend sortiert

20.3.11 Ergebnisse in der Statusleiste ablesen

Manchmal möchte man Zahlen berechnen, ohne dass das Ergebnis in der Tabelle stehen soll. Nachfolgend wird die Summe der neuen Mitarbeiter in diesem Jahr ermittelt.

30. Markieren Sie die Zellen H7 bis H16 und betrachten Sie die Statusleiste.

Mittelwert   Anzahl   Summe

Mittelwert: 27,9   Anzahl: 10   Summe: 279   100 %

Ergebnis: Der Mittelwert, die Anzahl und die Summe der markierten Werte (H7 bis H16) wird in der Statusleiste angezeigt. Diese Anzeige verschwindet wieder, sobald Sie die Markierung aufheben. Mittelwert ist ein anderes Wort für **Durchschnitt**.

20.3.12 Abschluss

31. Speichern Sie die Datei und schließen Sie das Programm Excel.

21   Anleitung: Währungsumrechnung

Mithilfe der nachfolgenden Anleitung rechnen Sie verschiedene Währungen in Euro um.

21.1   Neue Inhalte

- Standard-Spaltenbreite einstellen

21.2   Wiederholungen

- Automatismen durch Hochkomma unterbinden
- Auto-Ausfülloptionen
- Zellen zwischen andere Zellen schieben
- Einheiten der Spaltenbreite

	A	B	C	D	E	F
1			**Währungsumrechnung**			
2			März 2022			
3						
4	**Staat**	**Währung**	**1 Euro**	**10 Euro**	**100 Euro**	**1000 Euro**
5	England	Pfund	0,84	8,39	83,87	838,70
6	Island	Kronen	142,78	1427,78	14277,81	142778,10
7	Japan	Yen	131,71	1317,05	13170,50	131705,00
8	Norwegen	Kronen	9,66	96,63	966,31	9663,10
9	Russland	Rubel	114,96	1149,64	11496,38	114963,80
10	Türkei	Lira	16,41	164,11	1641,07	16410,70
11						
12						
13						
14	Die angegebenen Werte sind Durchschnittswerte pro Monat.					
15						

Ergebnis: Währungsumrechnung

21.3   Anleitung

21.3.1   Datei öffnen

1. Öffnen Sie die Übungsdatei **Währungsumrechnung - Anfang - S0499**.

21.3.2   Automatismen unterbinden

2. Geben Sie in A2 den Text **'März 2022** ein. Achten Sie auf das vorangestellte Hochkomma (').

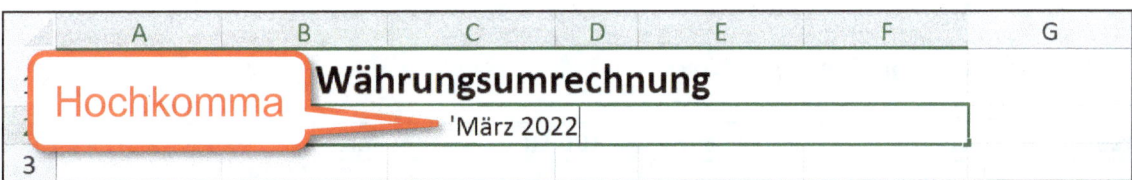

Hinweis: Das Hochkomma erzeugen Sie mit der Tastenkombination **Umschalten** ⇧ + #. Es verhindert die automatische Umwandlung der Eingabe. Wenn Sie die Eingabe ohne Hochkomma vornehmen, würde die Eingabe **März 2022** durch **Mrz 22** ersetzt werden. Durch die Schreibweise mit Hochkomma bleibt die Eingabe unverändert. Der Zellinhalt ist ein Text! Ohne Hochkomma wandelt Excel die Eingabe in ein Datum um. Der Zellinhalt wäre in diesem Fall kein Text, sondern eine Zahl, die als Datum formatiert ist.

3. Bestätigen Sie die Eingabe und betrachten Sie das Ergebnis.

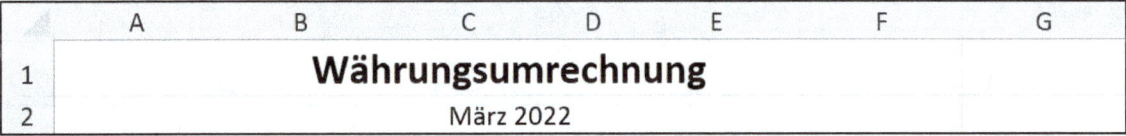

Ergebnis: Die Eingabe wird nicht verändert. Das Hochkomma (') ist nicht sichtbar. Es ist aber Teil des Zellinhaltes. Beim Bearbeiten der Zelle wird das Hochkomma wieder sichtbar.

21.3.3   Rauten (#)

Rauten haben in Excel eine Schutzfunktion. Manchmal sind Spalten sehr schmal und die Zahlen in diesen Spalten können daher nicht vollständig angezeigt werden. Zahlen dürfen aber niemals abgeschnitten werden! In diesen Fällen werden die Zahlen durch Rauten unkenntlich gemacht. Die Rauten verhindern das Anzeigen und Ausdrucken abgeschnittener, falscher Zahlen.

4. Stellen Sie für Spalte D die Breite **10,71** ein. Der Wert wird beim Ziehen als Tooltip angezeigt.

Ergebnis: Alle Zahlen in der Spalte D sind wieder lesbar.

Hinweis: 10,71 ist die Standardbreite aller Spalten. Die Breite wird in zwei Einheiten angegeben. Die erste Einheit lautet **Zeichen**. Die Spaltenbreite 10,71 bedeutet, dass 10,71 Standardzeichen nebeneinander angezeigt werden können. Die zweite Einheit ist die Einheit Pixel.

21.3.4 Zeigen-Methode per Tastatur

In der Spalte E sollen die Währungsbeträge für 1000 Euro ermittelt werden. Formeln können per Hand oder mit der Zeigen-Methode eingegeben werden. Die Zeigen-Methode wiederum kann per Mausklick oder Tastatur angewendet werden.

5. Geben Sie in der Zelle E5 ein Gleichheitszeichen (=) ein.

4	Staat	Währung	1 Euro	100 Euro	1000 Euro	10 Euro
5	England	Pfund	0,8387	83,87	=	7
6	Norwegen	Kronen	9,6631	966,31		96,631

6. Drücken Sie einmal auf die Pfeiltaste **Links** ←.

4	Staat	Währung	1 Euro	100 Euro	1000 Euro	10 Euro
5	England	Pfund	0,8387	83,87	=D5	Bezug D5
6	Norwegen	Kronen	9,6631	966,31		
7	Türkei	Lira	16,4107	1641,07		164,107

Ergebnis: Der Zellbezug D5 wird in der Formel eingetragen. Die Zelle D5 ist durch einen animierten Rahmen markiert.

7. Drücken Sie noch einmal auf die Pfeiltaste **Links** ←.

4	Staat	Währung	1 Euro	100 Euro	1000 Euro	10 Euro
5	England	Pfund	0,8387	83,87	=C5	Bezug C5
6	Norwegen	Kronen	9,6631	966,31		
7	Türkei	Lira	16,4107	1641,07		164,107

Ergebnis: Der animierte Rahmen wird auf die Zelle C5 gesetzt. Der dazugehörige Zellbezug wird in der Formel angezeigt.

8. Ergänzen Sie die Formel wie folgt: **=C5*1000** und bestätigen Sie die Eingabe.

4	Staat	Währung	1 Euro	100 Euro	1000 Euro	10 Euro
5	England	Pfund	0,8387	83,87	=C5*1000	7
6	Norwegen	Kronen	9,6631	966,31		96,631

21.3.5   Auto-Ausfülloptionen - Übertragen ohne Formate

Beim Übertragen werden die Zellinhalte und -formate übertragen. In vielen Fällen ist das Übertragen der Formate aber nicht erwünscht. Über die Schaltfläche **Auto-Ausfülloptionen** können Sie entscheiden, ob Sie nur die Formate oder nur die Inhalte übertragen möchten.

9. Übertragen Sie die Formel in E5 auf die Zellen E6 bis E10.

10. Heben Sie die Markierung auf, um das Ergebnis besser sehen zu können.

	Staat	Währung	1 Euro	100 Euro	1000 Euro	10 Euro
4						
5	England	Pfund		83,87	838,7	8,387
6	Norwegen	Kronen		66,.1	9663,1	96,631
7	Türkei	Lira		41,07	16410,7	164,107
8	Russland	Rubel		96,.8	114963,8	11
9	Island	Kronen		77,.1	142778,1	14
10	Japan	Yen	131,7050	13170,50	131705,0	1
11						
12						

unerwünschte Rahmenlinien

fehlende Linie

Hinweis: Vor dem Übertragen hatte die Zelle E5 nur eine <u>obere</u> Rahmenlinie. Diese Linie wurde auf die nachfolgenden Zellen übertragen. E5 hatte unten aber keine Rahmenlinie. Daher fehlt diese Linie nach dem Übertragen in der Zelle E10.

11. Klicken Sie auf die Schaltfläche **Auto-Ausfülloptionen** 🔲, um das Listenfeld dieser Schaltfläche zu öffnen.

8	Russland	Rubel	114,9638	11496,38	114963,8	1149,638
9	Island	Kronen	142.7781	14277.81	142778,1	1427,781
10	Japan	Yen			131705,0	1317,050
11						
12						

Auto-Ausfülloptionen

12. Klicken Sie auf den Listenpunkt **Ohne Formatierung ausfüllen**.

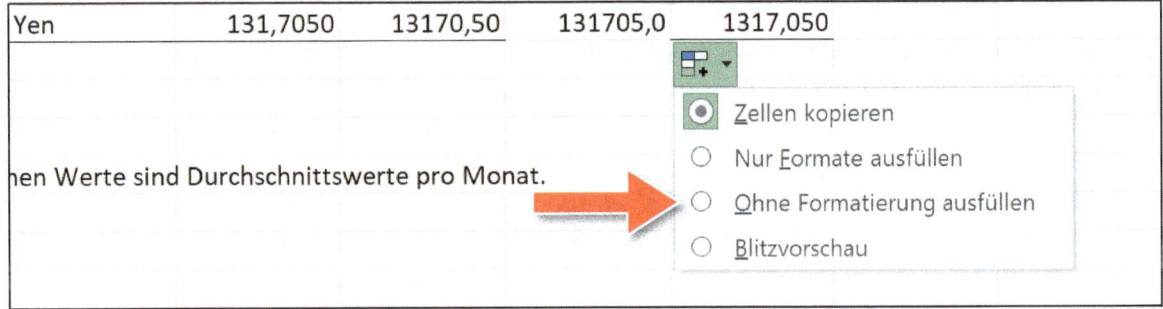

- ◉ Zellen kopieren
- ○ Nur Formate ausfüllen
- ○ Ohne Formatierung ausfüllen
- ○ Blitzvorschau

Ergebnis: Die falschen Rahmenlinien werden wieder entfernt. Nur die Formel wird übertragen.

21.3.6   Spalte zwischen andere Spalten schieben

Die Spalte F ist falsch einsortiert. Sie soll zwischen die Spalten C und D gesetzt werden.

13. Markieren Sie die Zellen F4 bis F10.

14. Zeigen Sie mit der Maus auf den Rand der Markierung. Zeigen Sie nicht auf den Anfasser.

3					
4	**Staat**	**Währung**	**1 Euro**	**100 Euro**	**1000 Euro**	**10 Euro**
5	England	Pfund	0,8387	83,87	838,7	8,387
6	Norwegen	Kronen	9,6631	966,31	9663,1	96,631
7	Türkei	Lira				164,107
8	Russland	Rube			114963,8	1149,638
9	Island	Kronen	142,7781	14277,81	142778,1	1427,781
10	Japan	Yen	131,7050	13170,50	131705,0	1317,050
11						
12						

Kreuz aus vier Pfeilen

Ergebnis: Am Mauszeiger wird ein Kreuz aus vier Pfeilen 🔀 angezeigt.

15. Drücken Sie die Taste *Umschalten* (Großschreibtaste) ⬆ und halten Sie sie gedrückt.

16. Ziehen Sie die Maus bei gedrückter Taste *Umschalten* ⬆ nach links zwischen die Spalten C und D. Achten Sie dabei auf die Position der grünen Linie.

3					
4	**Staat**	**Währung**	**1 Euro**	**100 Euro**	**1000 Euro**	**10 Euro**
5	England		0,8387	83,87	838,7	8,387
6	Norwegen		9,6631	966,31	9663,1	96,631
7	Türkei		6,4107	1641	10,7	164,107
8	Russland	Rubel	114,9638	11496	63,8	1149,638
9	Island	Kronen	142,7781	14277,	78,1	1427,781
10	Japan	Yen	131,7050	13170,50	131705,0	1317,050
11				D4:D10		
12						

grüne Linie

Maus

Hinweis: Die grüne Linie zeigt die neue Position der Zellen an. Sie muss wie in der Abbildung platziert werden. Dieser Vorgang erfordert ein wenig Übung. Sollten Sie die Zellen versehentlich an einer falschen Stelle eingefügt haben, klicken Sie auf die Schaltfläche *Rückgängig* ↺ und führen Sie den Vorgang erneut aus.

17. Lassen Sie zuerst die Maustaste und danach die Taste *Umschalten* ⬆ los.
    Ergebnis: Die Spalte F wird zwischen die Spalten C und D gesetzt.
    Hinweis: Diese Reihenfolge ist entscheidend. Würden Sie erst die Taste Umschalten loslassen, würden Sie die Zellen <u>auf</u> und nicht zwischen die anderen Zellen schieben.

18. Betrachten Sie das Ergebnis. Die Reihenfolge der Spalten ist korrigiert: 1, 10, 100 und 1000 €.

3					
4	**Staat**	**Währung**	**1 Euro**	**10 Euro**	**100 Euro**	**1000 Euro**
5	England	Pfund	0,8387	8,387	83,87	838,7

21.3.7   *Dezimalstellen ausblenden*

Alle Beträge sollen mit zwei Dezimalstellen und Tausender-Trennzeichen, aber ohne Euro-Zeichen dargestellt werden.

19. Markieren Sie die Zellen C5 bis F10.
20. Klicken Sie auf den kleinen Pfeil ⊠ in der Gruppe **Zahl**, um das Dialogfenster **Zellen formatieren** zu öffnen.

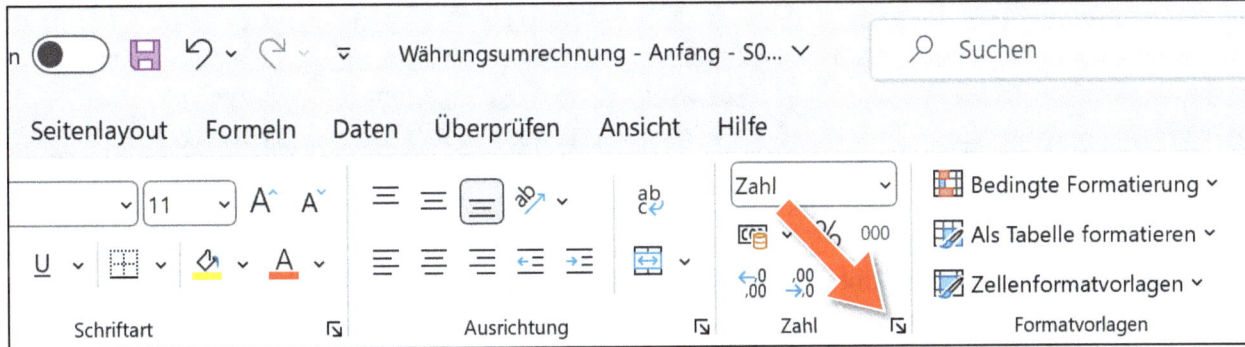

21. Klicken Sie auf die Kategorie **Zahl**, um diese Kategorie zu aktivieren.

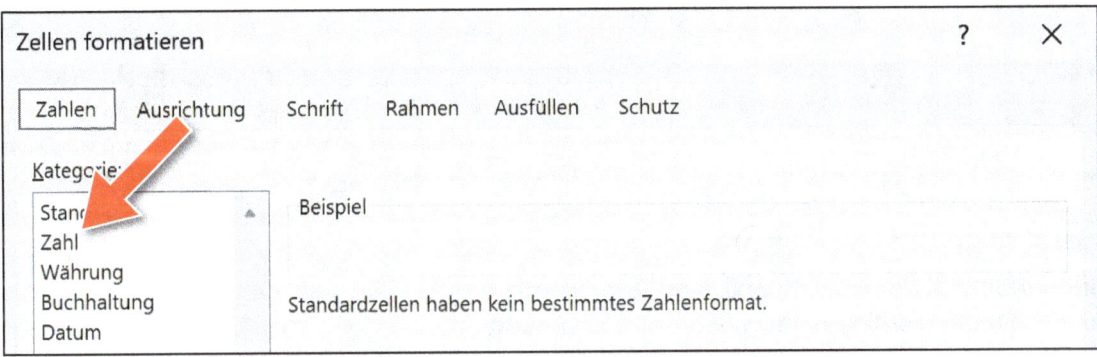

Ergebnis: Die Einstellungen dieser Kategorie werden angezeigt.

22. Klicken Sie auf das Kontrollkästchen **1000er-Trennzeichen verwenden**, um diese Option zu aktivieren.

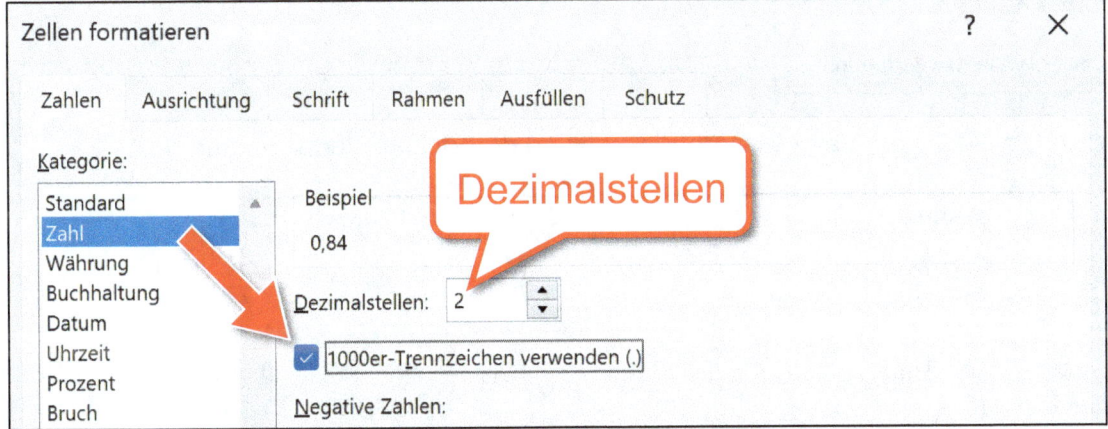

Hinweis: Zwei Dezimalstellen sind automatisch voreingestellt.

23. Klicken Sie auf die Schaltfläche **OK**, um die Einstellung zu übernehmen.

21.3.8   Sortieren

Die Währungen sollen nach Staaten aufsteigend sortiert werden.

24. Markieren Sie eine beliebige Zelle im Bereich von A5 bis A10.

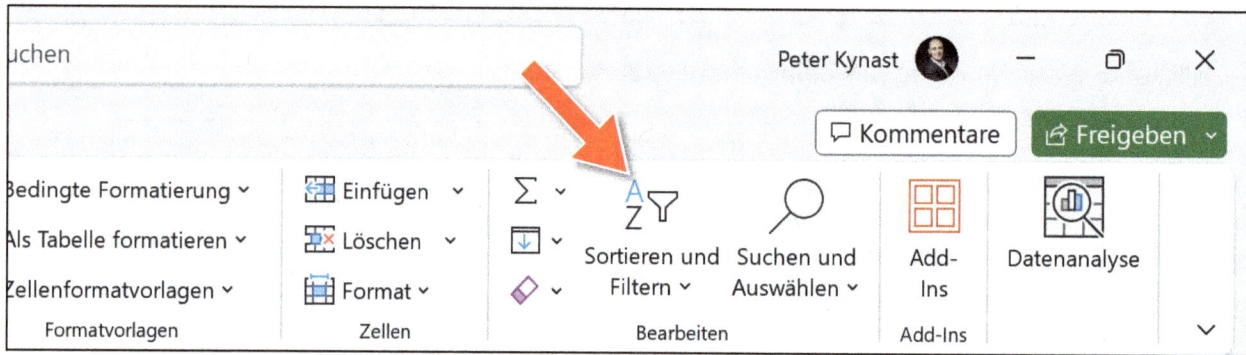

5	England	Pfund	0,84	8,39	83,87	838,70
6	Norwegen	Kro...		96,63	966,31	9.663,10
7	Türkei	Lira		164,11	1.641,07	16.410,70
8	Russland	Rubel	114,96	1.149,64	11.496,38	114.963,80
9	Island	Kronen	142,78	1.427,78	14.277,81	142.778,10
10	Japan	Yen	131,71	1.317,05	13.170,50	131.705,00

Zellzeiger

Hinweis: Mit dem Zellzeiger markieren Sie eine Spalte. Die anschließende Sortierung richtet sich nach dieser Spalte.

25. Klicken Sie auf die Schaltfläche **Sortieren und Filtern**, um dieses Listenfeld zu öffnen.

26. Klicken Sie auf den Listenpunkt **Von A bis Z sortieren**, um die Daten aufsteigend zu sortieren.
Ergebnis: Die Daten werden <u>zeilenweise</u> nach Staat sortiert.
Hinweis: Zeilen müssen beim Sortieren <u>grundsätzlich</u> zusammenbleiben! Würden nur die Zellen A5 bis A10 sortiert werden, würden die Daten verfälscht werden.

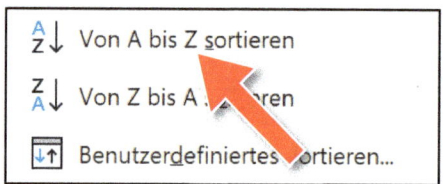

A↓ Von A bis Z sortieren
Z↓ Von Z bis A ...eren
↓↑ Benutzerdefiniertes ...ortieren...

27. Kontrollieren Sie die Daten. Vergewissern Sie sich von der Richtigkeit der Sortierung.

4	**Staat**	**Währung**	**1 Euro**	**10 Euro**	**100 Euro**	**1000 Euro**
5	England	Pfund	0,84	8,39	83,87	838,70
6	Island	Kronen	142,78	1.427,78	14.277,81	142.778,10
7	Japan	Y...	...	...	13.170,50	131.705,00
8	Norwegen	K...			966,31	9.663,10
9	Russland	R...			11.496,38	114.963,80
10	Türkei	Lira	16,41	164,11	1.641,07	16.410,70

Zeilen bleiben zusammen

Hinweis: Beim Sortieren bleiben die Zeilen zusammen. Die Daten werden nach dem Staat sortiert. Die dazugehörige Währung und die Werte werden mitsortiert.

21.3.9 *Abschluss*

28. Speichern Sie die Datei und schließen Sie Excel.

22   Aufgabe: Geräte

Die folgende Aufgabe dient als Lernkontrolle und ist der Abschluss des vierten Abschnittes. Anders als bei einer Anleitung wird der Lösungsweg hier nicht beschrieben. Eine Abbildung der fertigen Tabelle sehen Sie auf der rechten Seite.

22.1   Inhalte

* Automatismen unterbinden
* Zahlenformate korrigieren
* Textumbruch in einer Zelle
* mehrere Zellen gleichzeitig ausfüllen
* Zellbereiche zwischen Zellen schieben
* Daten sortieren
* Summen mit zwei Bereichen

22.2   Aufgabe

1. Öffnen Sie die Übungsdatei **Geräte - Anfang - S0499**.
2. Geben Sie in der Zelle A2 das Datum **September 2021** ein. Das Datum soll sich nicht automatisch in **Sep 21** ändern.
3. Korrigieren Sie die Zahlenformate in den Zellen E5 und B13. Es sollen einfache Zahlen angezeigt werden. In Magdeburg existieren drei Kopierer. In Nürnberg stehen vier Drucker.

	A	B	C	D	E
1	**Geräte**				
2	September 2021				
3					
4	**Computer und Geräte**	**Erfurt**	**Freiburg**	**Karlsruhe**	**Magdeburg**
5	Computer	12	7	4	8
6	Drucker	7	2	1	1
7	Kopierer	2	2	1	3
8	Summen	21	11	6	12
9					
10	**Computer und Geräte**	**Nürnberg**	**Olpe**	**Passau**	**Potsdam**
11	Computer	23	17	9	5
12	Drucker	4	3	2	2
13	Kopierer	2	3	1	2
14	Summen	29	23	12	9
15					
16	**Auswertung**	**Summen**			
17	Computer	85			
18	Drucker	22			
19	Kopierer	16			
20	Summe	123			
21					

Ergebnis: Geräte

4. Geben Sie in den Zellen A4 und A10 den Text **Computer und Geräte** ein. Fügen Sie nach dem Begriff **Computer** einen Textumbruch ein.
5. Ordnen Sie die Namen der Städte vertikal mittig an.
6. Geben Sie in den Zellen A7, A13 und A19 das Wort Drucker <u>gleichzeitig</u> ein. Erstellen Sie hierzu mit der Taste **Steuerung** eine Mehrfachmarkierung der Zellen A7, A13 und A19 und schließen Sie die Eingabe des Wortes **Drucker** mit der Tastenkombination **Steuerung + Enter** ab.
7. Auch die Städte sollen alphabetisch sortiert sein. Schieben Sie die Spalte der Stadt Freiburg zwischen die Städte Erfurt und Karlsruhe.
8. Formatieren Sie die drei Tabellen mit allen Rahmenlinien in der Linienfarbe **Orange, Akzent 2, dunkler 50%**.
9. Sortieren Sie alle drei Tabellen alphabetisch aufsteigend nach den Gerätenamen.
10. Errechnen Sie in der Zelle B17 die Summe der Computer. Es sollen alle acht Städte addiert werden. Erstellen Sie hierzu eine Summenfunktion, die beide Bereiche addiert.
11. Übertragen Sie die Formel aus B17 auf die Zellen B18 und B19.
12. Berechnen Sie in der Zelle B20 die Summe aller Geräte.
13. Speichern Sie die Datei und schließen Sie das Programm Excel.

Abschnitt 5

Erklärungen

Inhalte dieses Abschnittes:

- Funktionen
- Inhalte und Formate
- Zellbezüge
- Tastaturbefehle

23   Erklärung: Funktionen

23.1   Formeln und Funktionen

Es gibt Formeln mit und ohne Funktionen. Funktionen sind Befehle in einer Formel. Typische Funktionen sind: SUMME, MIN, MAX und MITTELWERT.

23.1.1   Beispiele für Formeln ohne Funktionen

=A1+A2   =A1-A2   =A1*A2   =A1/A2

23.1.2   Beispiele für Formeln mit Funktionen

=SUMME(A1:A10)   =MAX(A1:A10)   =A1-SUMME(A2:A10)   =SUMME(A1:A10;A20)

Durch Funktionen werden Rechenschritte vereinfacht. Viele Auswertungen sind auch nur mit einer Funktion möglich, z. B. das Ermitteln des größten Wertes (Funktion MAX). Mit den Grundrechenarten allein kann der größte Wert nicht ermittelt werden.

23.2   Schreibweise

Alle Funktionen haben eine festgelegte Schreibweise. Diese Schreibweise wird auch **Syntax** genannt. Bei der Eingabe einer Funktion wird diese Schreibweise in einem Tooltip angezeigt. Der Tooltip erscheint, sobald Sie die öffnende Klammer eingeben.

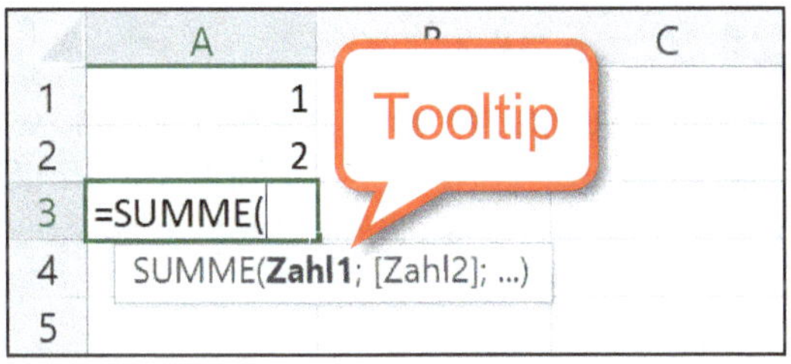

In der Abbildung rechts zeigt der Tooltip die folgende Schreibweise für die Funktion SUMME an.

SUMME(Zahl1; [Zahl2]; …)

Das eröffnende Gleichheitszeichen wird nicht im Tooltip angezeigt. Es ist nicht Teil der Funktion. Es gehört zur Formel und kommt in jeder Formel nur einmal am Anfang vor. Die Begriffe **Zahl1** und **Zahl2** sind eventuell missverständlich. Verständlicher wäre vielleicht die folgende Syntax:

SUMME(Bereich)

Dies ist die Art und Weise, wie die Funktion SUMME am häufigsten angewendet wird. Die Zellen in einem bestimmten Bereich werden summiert (addiert).

23.2.1   Weitere Beispiele

Formel	Erklärung
=SUMME(A1:A10)-SUMME(D1:D10)	Subtrahiert einen Bereich von einem anderen Bereich.
=SUMME(A1:A10;D1:D10)	Addiert zwei Bereiche.
=MAX(A1:A10;D1:D10)	Ermittelt den größten Wert aus zwei Bereichen.
=MITTELWERT(A1:A10;D1:D10)	Errechnet den Durchschnitt aus zwei Bereichen.
=SUMME(A1:A10;D1)	Addiert einen Bereich und eine Einzelzelle.
=MIN(A1:A10;D1)	Kleinster Wert aus einem Bereich und einer Einzelzelle.

In den folgenden Kursen werden Sie weitere Funktionen kennenlernen.

24   Erklärung: Inhalte und Formate

Die Darstellung einer Zelle ergibt sich immer aus dem Inhalt <u>und</u> dem Format der Zelle.

24.1   Inhalte

Bei dem Inhalt einer Zelle handelt es sich entweder um einen **Text**, eine **Zahl** oder eine **Formel**. Dies sind die wichtigsten Inhaltsarten. Weitere Arten werden in den Folgekursen vorgestellt.

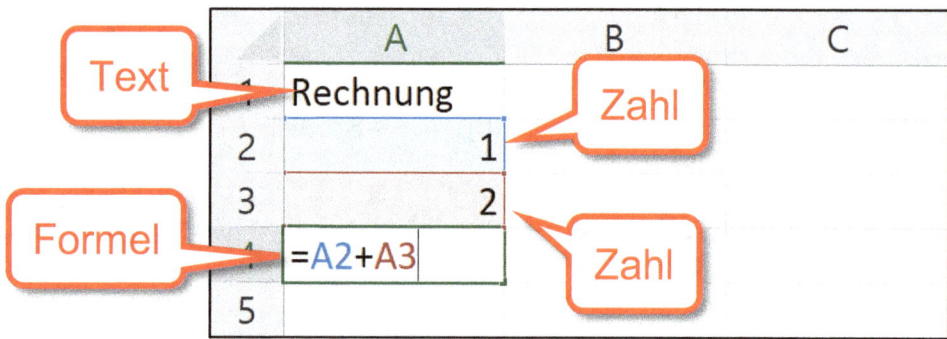

24.2   Formate

Bei den Formaten wird unterschieden zwischen: Zellformaten, Spaltenformaten, Zeilenformaten und Formaten für ganze Tabellenblätter und Seiten. Format bedeutet Eigenschaft. Es bestimmt das Aussehen oder die Darstellung einer Zelle, Zeile, Spalte oder eines Tabellenblattes.

24.2.1   Zellformate

Das Zellformat ist das wichtigste Format. Es ist in folgende Kategorien unterteilt. Zahlen, Ausrichtung, Schrift, Rahmen, Ausfüllen und Schutz. Diese Kategorien erscheinen als Register im Dialogfenster **Zellen formatieren**.

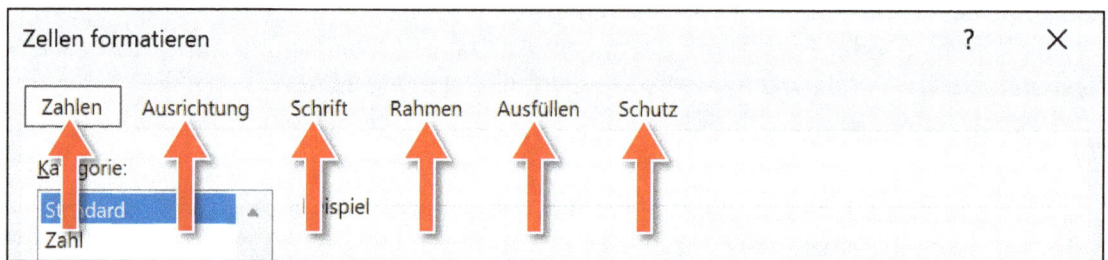

Kategorien	Beispiele
Zahlen	Standard, Währung, Prozent, Datum, Bruch, Uhrzeit usw.
Ausrichtung	Linksbündig, zentriert, rechtsbündig, in der Zelle oben, in der Zelle mittig, in der Zelle unten, verbundene Zellen usw.
Schrift	Schriftart, Schriftgröße, Schriftfarbe, Unterstreichung, Fett, Kursiv usw.
Rahmen	Alle Rahmenlinien, verschiedene Rahmenfarben, Linienarten, Linienstärken usw.
Ausfüllen	Hintergrundfarbe der Zelle (Füllfarbe), Hintergrundmuster usw.
Schutz	Zellen können für die Bearbeitung gesperrt werden. Dafür muss das Zellformat Schutz <u>und</u> der Blattschutz aktiviert sein.

25   Erklärung: Zellbezüge

Excel unterscheidet zwischen relativen, gemischten und absoluten Bezügen. Relative Bezüge werden beim Übertragen von Formeln automatisch verändert. Dies gilt sowohl für das Übertragen mit dem schwarzen Kreuz als auch für das Kopieren von Formeln. Die Begriffe Übertragen und Ausfüllen sind gleichbedeutend.

Ist eine Veränderung der Bezüge nicht gewünscht, muss ein gemischter oder absoluter Bezug verwendet werden. Gemischte und absolute Bezüge entstehen durch das Hinzufügen von Dollarzeichen ($). Dieses Zeichen verhindert die Veränderung eines Bezuges beim Übertragen. Das Dollarzeichen wird immer <u>vor</u> den Teil des Bezuges (Buchstabe oder Zahl) gesetzt, der nicht verändert werden soll.

Bezug	Bezeichnung	Erklärung
A1	relativer Bezug	Sowohl der Buchstabe als auch die Zahl können beim Übertragen verändert werden. Welcher Teil eines Bezuges verändert wird, hängt davon ab, ob die Formel senkrecht oder waagerecht übertragen wird. Im Excel Teil 1 haben Sie ausschließlich mit relativen Bezügen gearbeitet.
$A1	gemischter Bezug, auch absolute Spaltenangabe genannt	Beim waagerechten Übertragen einer Formel würde Excel die Buchstaben der Bezüge ändern. Das A ist aber durch das Dollarzeichen ($) festgesetzt. A wird <u>nicht</u> verändert.
A$1	gemischter Bezug, auch absolute Zeilenangabe genannt	Beim senkrechten Übertragen einer Formel würde Excel die Zahlen der Bezüge ändern. Die 1 ist aber durch das Dollarzeichen ($) festgesetzt. Die 1 wird <u>nicht</u> verändert.
A1	absoluter Bezug, absolute Spalten- <u>und</u> Zeilenangabe	Beide Teile des Bezuges sind festgesetzt. Ganz gleich, ob Sie die Formel senkrecht oder waagerecht übertragen. Bei einem absoluten Bezug findet keine Veränderung statt. In diesem Teil des Excel-Kurses kommen noch keine Formeln mit absoluten Bezügen vor. Der Vollständigkeit halber werden sie hier aber schon einmal erwähnt.

25.1   Relative Bezüge

Hinweis: Beim senkrechten Übertragen werden die Zahlen der Zellbezüge pro Zeile um den Wert 1 verändert.

Hinweis: Beim waagerechten Übertragen werden die Buchstaben der Zellbezüge pro Spalte um eine Stelle im Alphabet verändert.

25.1.1   *Beispiel für das senkrechte Übertragen mit relativen Bezügen*

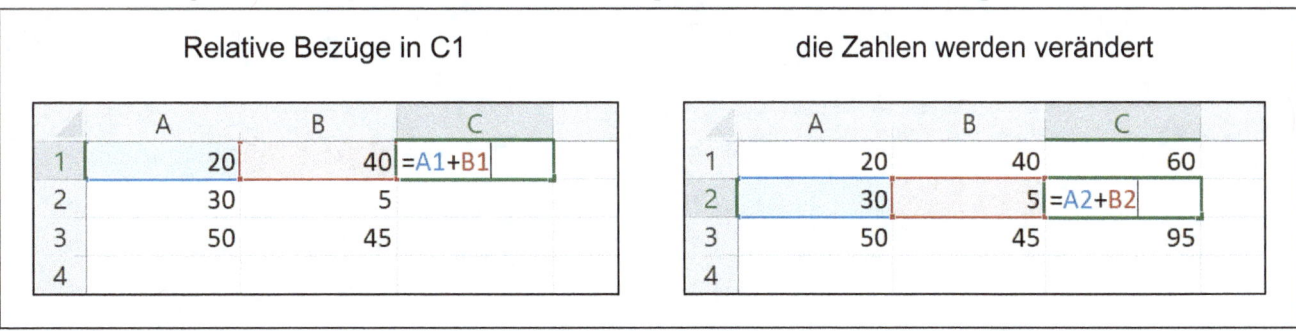

25.1.2   Beispiel für das waagerechte Übertragen mit relativen Bezügen

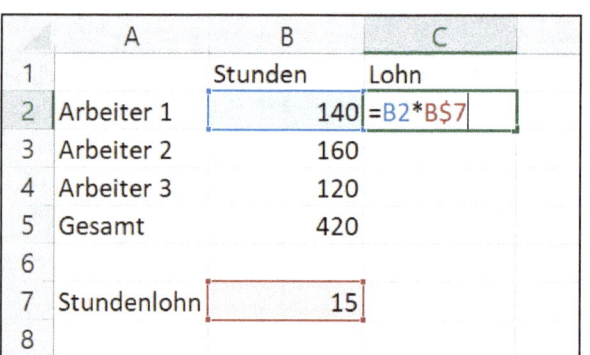

25.2   Gemischte Bezüge

Soll ein Bezug beim Übertragen <u>nicht</u> verändert werden, muss ein gemischter oder absoluter Bezug erzeugt werden. Gemischte und absolute Bezüge entstehen durch die Zugabe von Dollarzeichen.

Hinweis: Wird eine Formel mit gemischten oder absoluten Bezügen übertragen, bleiben die Buchstaben und Zahlen unverändert, wenn <u>davor</u> ein Dollarzeichen eingetragen ist.

25.2.1   Beispiel für das senkrechte Übertragen mit einem gemischten Bezug

C2 enthält einen relativen und einen gemischten Bezug. Das Dollarzeichen vor der 7…

… verhindert, dass die 7 beim senkrechten Ausfüllen verändert wird.

	A	B	C
1		Stunden	Lohn
2	Arbeiter 1	140	=B2*B$7
3	Arbeiter 2	160	
4	Arbeiter 3	120	
5	Gesamt	420	
6			
7	Stundenlohn	15	
8			

	A	B	C
1		Stunden	Lohn
2	Arbeiter 1	140	2100
3	Arbeiter 2	160	=B3*B$7
4	Arbeiter 3	120	1800
5	Gesamt	420	6300
6			
7	Stundenlohn	15	
8			

Achtung: Würden Sie die Formel **=B2*B$7** waagerecht übertragen, würden <u>beide</u> Buchstaben geändert werden, weil vor keinem Buchstaben ein Dollarzeichen steht. Natürlich macht das waagerechte Übertragen der Formel in dieser Tabelle keinen Sinn. Dieser Hinweis soll lediglich dem besseren Verständnis dienen.

26   Erklärung: Tastaturbefehle

Die nachfolgende Tabelle enthält Tastaturbefehle für Excel. Es handelt sich dabei um Einzeltasten und Tastenkombinationen. Eine Tastenkombination besteht aus zwei oder drei Tasten. Für alle Tastenkombinationen gilt: Halten Sie die erste bzw. die ersten beiden Tasten fest und drücken Sie die letzte Taste kurz. Lassen Sie danach die erste(n) Taste(n) wieder los.

Beispiel: Sie möchten die Tastenkombination ⎡Strg⎤ + ⎡F4⎤ drücken. Halten Sie dazu die Taste ⎡Strg⎤ fest und drücken Sie kurz die Taste ⎡F4⎤. Lassen Sie danach die Taste ⎡Strg⎤ wieder los.

Nr.	Funktion	Taste(n)	Beschreibung
1.	Hilfe	F1	Ruft die Programmhilfe auf.
2.	Schreibmodus	F2	Aktiviert den Schreibmodus.
3.	Letzte Aktion wiederholen	F4	Wiederholt die letzte Aktion, z. B. eine Formatierung. Gilt aber nicht für alle Aktionen. F4 wiederholt z. B. keine Eingaben.
4.	Bezüge festsetzen, Dollarzeichen einfügen	F4	Im Schreibmodus können Zellbezüge mit der Taste F4 festgesetzt werden. Der Cursor muss sich am entsprechenden Bezug befinden. Durch Drücken von F4 werden nacheinander die verschiedenen Bezugsarten erzeugt.
5.	Zellinhalte entfernen	Entf	Entfernt die Zellinhalte. Die Formate bleiben dabei erhalten! Sie müssen gegebenenfalls separat gelöscht werden.
6.	Markierten Zellbereich ausfüllen	Strg + ↵	Füllt den markierten Bereich automatisch aus. 1. Zellen markieren. 2. Eingabe in der aktiven Zelle vornehmen. 3. Strg + ↵ drücken.
7.	Zusammenhängenden Bereich markieren	Strg + A	Markiert den zusammenhängenden Tabellenbereich, in dem sich der Zellzeiger befindet.
8.	Textumbruch erzeugen	Alt + ↵	Beendet eine Zeile innerhalb einer Zelle. Schließt die Eingabe aber nicht ab.
9.	Erzeugt ein Hochkomma (')	⇧ + #	Das vorangestellte Hochkomma (') unterbindet automatische Umwandlungen von Eingaben.

Achtung: Die Tastaturen von Laptops unterscheiden sich oft von den Tastaturen von Standgeräten (Desktop-PCs). Auf Tastaturen von Desktop-PCs haben die Funktionstasten (⎡F1⎤ bis ⎡F12⎤) fast immer nur eine Belegung. Auf Laptops haben diese Tasten häufig <u>zwei</u> Belegungen. Die Taste F1 hat z. B. auf vielen Laptops auch die Funktion *Ton leiser* oder auch die Funktion *Bildschirm dunkler*. Leider kann hierzu keine allgemeingültige Aussage gemacht werden. Die Hersteller der Geräte entscheiden dies sehr unterschiedlich. Grundsätzlich gilt aber: Die jeweils zweite Funktion einer Taste wird an Laptops durch das <u>zusätzliche</u> Drücken der Taste ⎡Fn⎤ aktiviert. Die Taste Fn befindet sich meistens unten links auf der Laptop-Tastatur. Probieren Sie die Einstellung an Ihrem Gerät aus.

27   Stichwortverzeichnis

Mit dieser Auflistung können Sie Themen in dieser Unterlage nachschlagen. Zum besseren Auffinden sind einige Inhalte mit mehreren Stichwörtern hinterlegt.

Weitere Bücher von Wissenssprung

Scannen Sie den jeweiligen QR-Code mit Ihrer Handykamera, um das Buch bei Wissenssprung oder Amazon aufzurufen.

Excel 365 - Tipps + Tricks - Teil 1

Wissenssprung   **Amazon**

Excel 365 - Teil 1

Wissenssprung   **Amazon**

Word 365 - Teil 1

Wissenssprung   **Amazon**

PowerPoint 365 - Teil 1

Wissenssprung   **Amazon**